図解でわかる

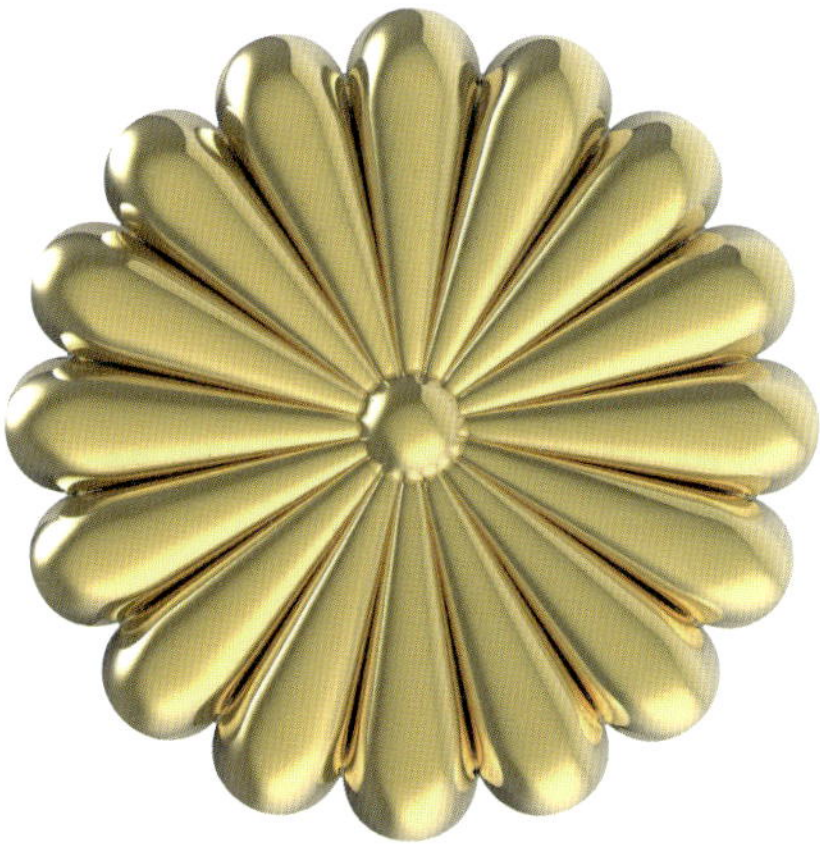

14歳からの天皇と皇室入門

監修　山折哲雄
大角　修／インフォビジュアル研究所・著

図解でわかる14歳からの天皇と皇室入門［もくじ］

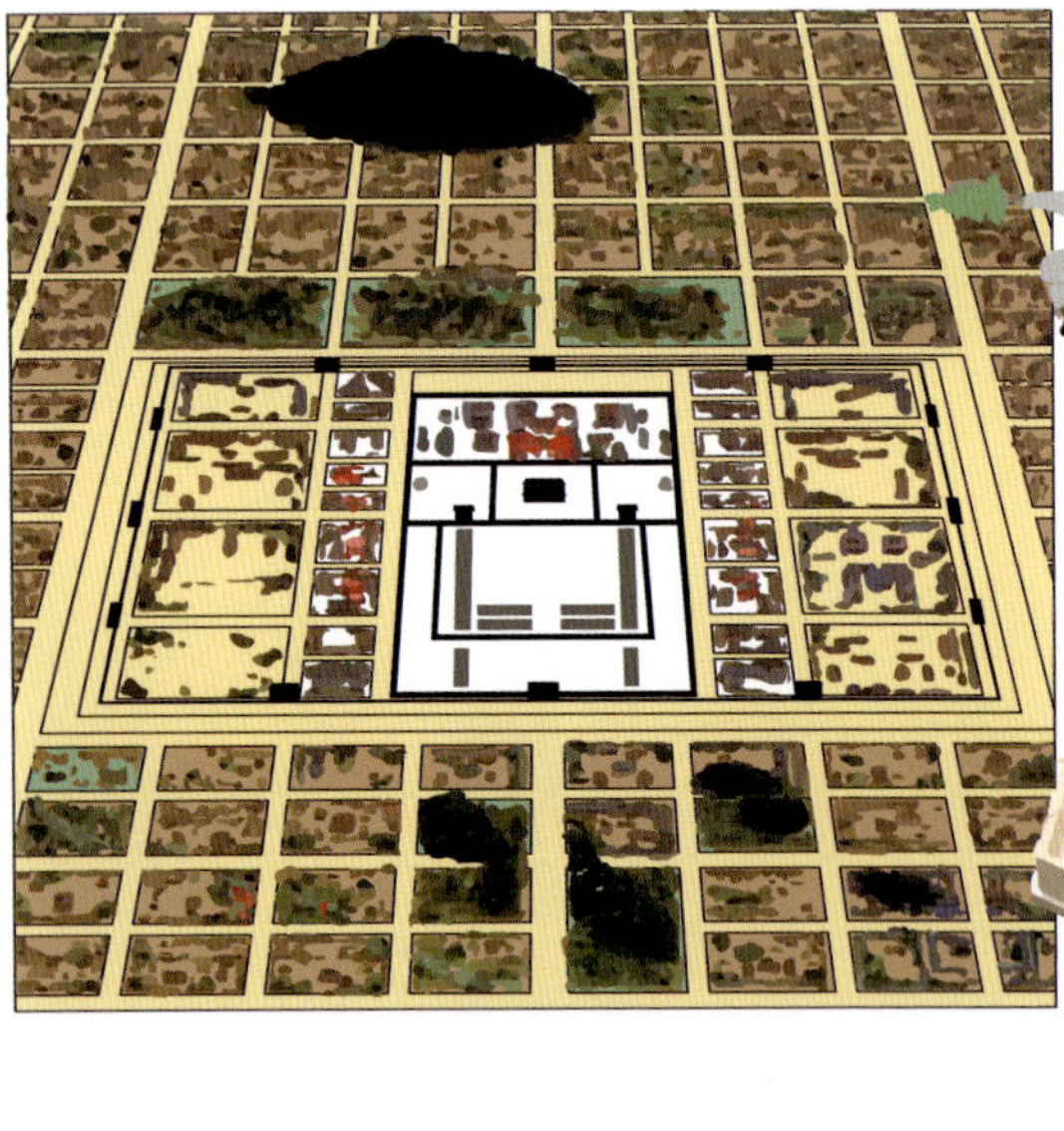

1868年(明治元年)、明治天皇が江戸に行幸し、江戸を東京と改めることになった。現在の天皇は、このときからはじまる。この図は錦《にしき》の御《み》旗《はた》をかかげて多《た》摩《ま》川《がわ》を渡る天皇の行列。
(武州六郷船渡図)

はじめに

憲法第一条の「象徴天皇」と第九条の「戦争放棄」は一体不可分である

山折哲雄

平成30年を区切りに、その翌年には平成時代の象徴天皇が退位することになりました。この重要な時期に、日本では憲法改正をめぐってさまざまな議論がおこなわれるようになりました。そのなかで大きな話題になっているのが、憲法第九条の「戦争放棄」ですが、それとともに第一条の「象徴天皇」の問題を欠かすことのできないのはいうまでもありません。戦後の日本はこの二つの理念にもとづいて国づくりをはじめ、それを主軸にして主権在民と国民の統合の実現にむかって歩んできたからです。

ところが、ここに重大な異変がおこりました。なぜなら２０１２年の自民党憲法改正草案は、その天皇条項のなかで天皇を「元首」と位置づけようとしているからです。これがどのような国民の審判をうけるかは今後の問題ですが、さしあたり第一に指摘しなければならないのは象徴天皇制と元首天皇制とは根本的に矛盾するということです。ところが現在のところ、この重要課題がかならずしも議論の対象になっていない、国民のあいだでもメディアの分野でも緊急のテーマとしてとりあげられていません。

自民党の草案によれば、天皇を元首とする場合、その起点はどうやら明治天皇にあるようです。今年は明治元年から満１５０年にあたる「明治１５０年」だというわけです。最近では「文化の日」の11月3日を「明治の日」にしようとの声も聞こえてきます。もしもこの明治１５０年を祝うことになれば、現天皇の退位と新天皇の即位

天皇陛下ご一家の近影
（平成30年1月1日・御所にて／写真　宮内庁）

も明治天皇を重要な参考にするのではないかとの危惧《きぐ》の念が生じます。とするとその退位・即位の儀式もまたその動きと関連づけておこなわれるようになるかもしれません。しかし、現在の天皇はこれまで、そのようなかつての元首制は避け、周知のように現憲法下における象徴天皇となるための努力を半生にわたってつづけてこられました。

この戦後の象徴天皇制を真に理解しようとするならば、われわれはたんに百年、二百年の時間幅ではなく、もっと長期にわたる千年単位で日本の歴史を見なければなりません。

これまでこの国には長くつづく平和な時代が二度もあったからです。具体的にいえばそれが平安時代の３５０年と江戸時代の２５０年です。それが可能だったのは、度重なる政争や戦いなどの紆余曲折《うよきょくせつ》があったにもかかわらず、独自の「象徴」制ともいうべき政治・社会的システムを作りあげることができたからでした。すなわち政治はカリスマ的（象徴的）権威を侵さず、またカリスマ的権威は政治的権力と一線を画すという相互を抑制する二元体制を実現することができたからでした。

しかしそれが、幕末の大政奉還を機に、明治維新の幕が切って落とされ新しい時代がはじまりました。というのも日本の伝統的な多神教的な神道がキリスト教の影響を受けて一神教化し、国家神道へと変化していったからです。そのうえ、世界の帝国主義列強による激しい大波に巻きこまれ、しだいに戦争の時代に突入していきました。その過程で明治天皇はまさにこの国の元首として、専制君主的な性格をつよめていったのです。

現在の天皇陛下は皇太子時代、嵯峨《さが》天皇（７８６〜８４２年）への思いをこのように語っています。疫病の流行や飢饉《ききん》に苦しむ民生の安定を祈った嵯峨天皇以来の写経の精神が、自分のよって立つべきところだ、と。これは、「明治天皇のような専制君主にはならない、自らが進むべき道は嵯峨天皇のような象徴天皇の道である」という決意表明だったと推察されます。以後、即位されてからの天皇の行動をつらぬくものがその一点にしぼられていったことは、先年明らかにされた「生前退位」のビデオ・メッセージからも明らかです。

今後、日本人の天皇観がどのように変化するかは分かりませんが、このさきこの国の天皇が象徴天皇でありつづけるのか、それとも元首天皇の性格を帯びるようになるのか、そこにはこの国の根幹にかかわる問題が介在していると考えられます。

憲法第一条の「象徴天皇」条項と第九条の「戦争放棄」条項は、やはり一体不可分の最重要課題として議論していかなければならないのです。そのために本書が役立つことを願っています。

第1部
現在の天皇と皇室について
1

世界には国家を代表するさまざまな立場の人がいる

日本は象徴天皇制《しょうちょうてんのうせい》の国。世界には、どんな国々があるのだろう？

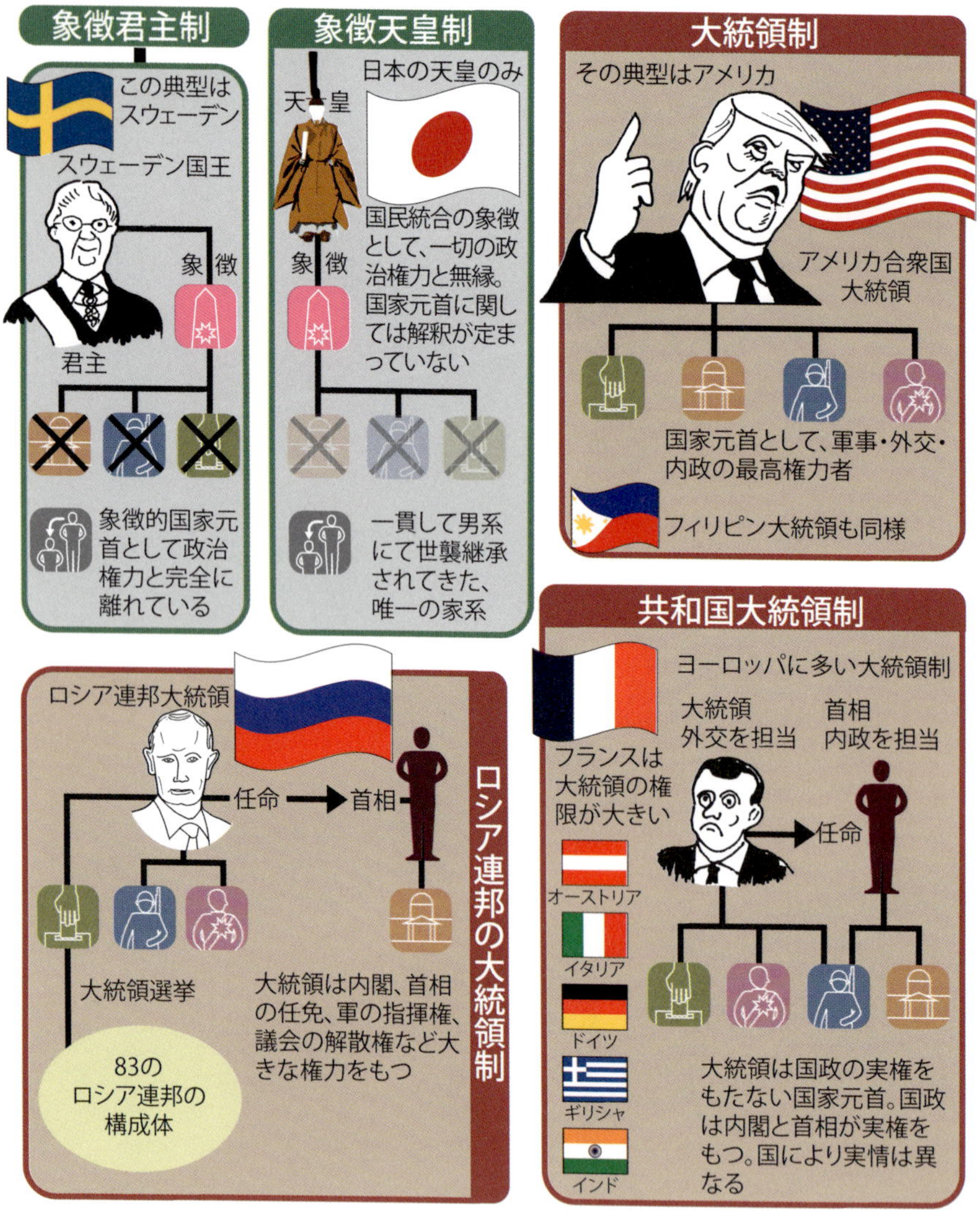

象徴君主制
この典型はスウェーデン
スウェーデン国王
象徴
君主
象徴的国家元首として政治権力と完全に離れている
象徴天皇制
日本の天皇のみ
天皇
象徴
国民統合の象徴として、一切の政治権力と無縁。国家元首に関しては解釈が定まっていない
一貫して男系にて世襲継承されてきた、唯一の家系
大統領制
その典型はアメリカ
アメリカ合衆国大統領
国家元首として、軍事・外交・内政の最高権力者
フィリピン大統領も同様
共和国大統領制
ヨーロッパに多い大統領制
大統領
外交を担当
首相
内政を担当
フランスは大統領の権限が大きい
任命
オーストリア
イタリア
ドイツ
ギリシャ
インド
大統領は国政の実権をもたない国家元首。国政は内閣と首相が実権をもつ。国により実情は異なる
ロシア連邦の大統領制
ロシア連邦大統領
任命
首相
大統領選挙
83のロシア連邦の構成体
大統領は内閣、首相の任免、軍の指揮権、議会の解散権など大きな権力をもつ

大統領の国と首相の国

毎年1回、サミットという国際会議が行われます。サミットは山頂という意味で、現在は世界の先進7か国のトップの会合です。参加者は各国の代表ですが、正確には行政のトップなので、政府首脳の会議という意味で日本語では主要国首脳会議といいます。その首脳には大統領《だいとうりょう》と首相《しゅしょう》がいます。大統領はアメリカ、フランスの2か国、首相は日本、イギリス、ドイツ、イタリア、カナダの5か国です。では、大統領と首相はどう違うのでしょうか。

首相は国王の大臣

イギリスの首相は英語でPrime minister、君主（国王）に仕える第一の大臣です。国会で首相に指名した人を国王が任命します。形式的な任命ですが、国の象徴である王に任じられることで首相の権威が高まります。

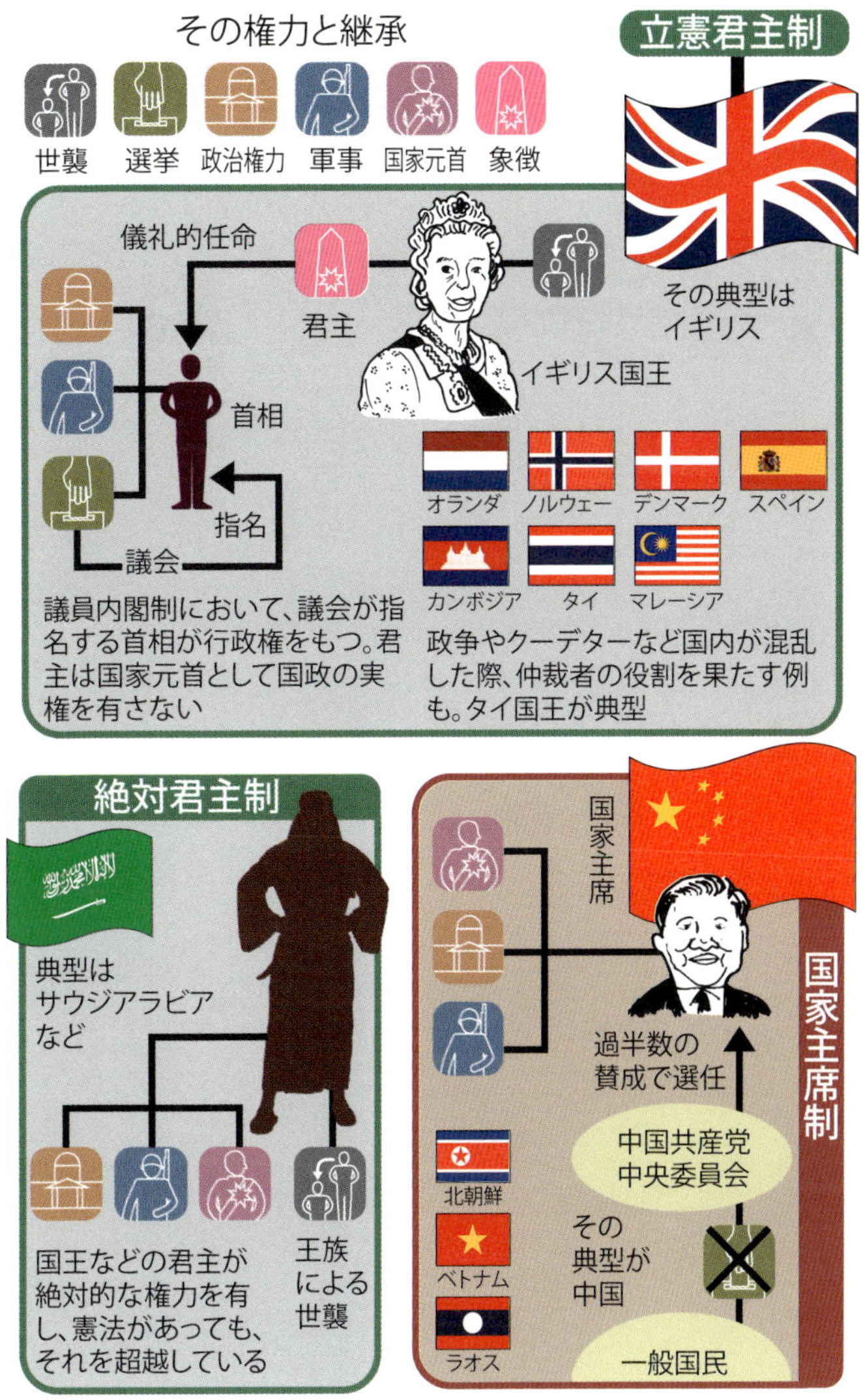

立憲君主制
その権力と継承
世襲
選挙
政治権力
軍事
国家元首
象徴
儀礼的任命
君主
イギリス国王
その典型は
イギリス
首相
指名
議会
オランダ
ノルウェー
デンマーク
スペイン
カンボジア
タイ
マレーシア
議員内閣制において、議会が指名する首相が行政権をもつ。君主は国家元首として国政の実権を有さない
戦争やクーデターなど国内が混乱した際、仲裁者の役割を果たす例も。タイ国王が典型
絶対君主制
典型は
サウジアラビア
など
国王などの君主が絶対的な権力を有し、憲法があっても、それを超越している
王族
による
世襲
国家主席制
国家主席
過半数の
賛成で選任
中国共産党
中央委員会
北朝鮮
ベトナム
ラオス
その
典型が
中国
一般国民

日本の首相も英語ではPrime ministerです。イギリスと同様に国会で内閣の長（内閣総理大臣）に指名され、天皇に任じられます。これは憲法に定められていることなので、このような国の制度を立憲君主制《りっけんくんしゅせい》といいます。日本の天皇は憲法で「日本国民統合の象徴」と定められていることから特に象徴天皇制といいます。

立憲君主制の国でもスウェーデンは首相の任命などの形式的なことも含めて一切の政治的な行動をしないので象徴君主制といいます。

君主制はそれぞれの国の歴史と伝統をふまえた制度で、天皇も国王も選挙ではなく、世襲《せしゅう》で皇位・王位につきます。世界には国会がなく国王自身が法を定めて行政（王政）を行う絶対君主制の国もあります。

大統領の共和国

君主制に対し、国民が国家の代表を選ぶ制度を共和制《きょうわせい》といいます。それは18世紀にフランスで起こった市民革命《しみんかくめい》で君主制を廃止したことから始まり、国民の投票によって大統領を選ぶようになりました。このため、フランスの大統領は正式には「共和国大統領」とよばれます。

フランスと同様の共和制の国はヨーロッパに多いのですが、大統領の権限には大きな違いがあります。

じつはドイツにもイタリアにも大統領がいて、選挙で選ばれて国家の元首《げんしゅ》とされます。しかし、憲法の規定によって行政の権限はもっていません。行政は首相が行うので、サミットには首相が出席しています。

また、君主がいない共和国でも、中国には大統領がいません。中国は労働者を主権者とする社会主義の国で、労働者の党とされる共産党が国家を指導する制度です。共産党が選んだ国家主席が国を代表する元首になっています。

上図の「その権力と継承」は、それぞれの国の君主や大統領がどのような性格かをアイコンで示しています。たとえば政治権力が×印の大統領は国の象徴的な元首で、行政の権力は首相などにゆだねています。

第1部
現在の天皇と皇室について
2

天皇とイギリス国王とアメリカ大統領の違いは大きい

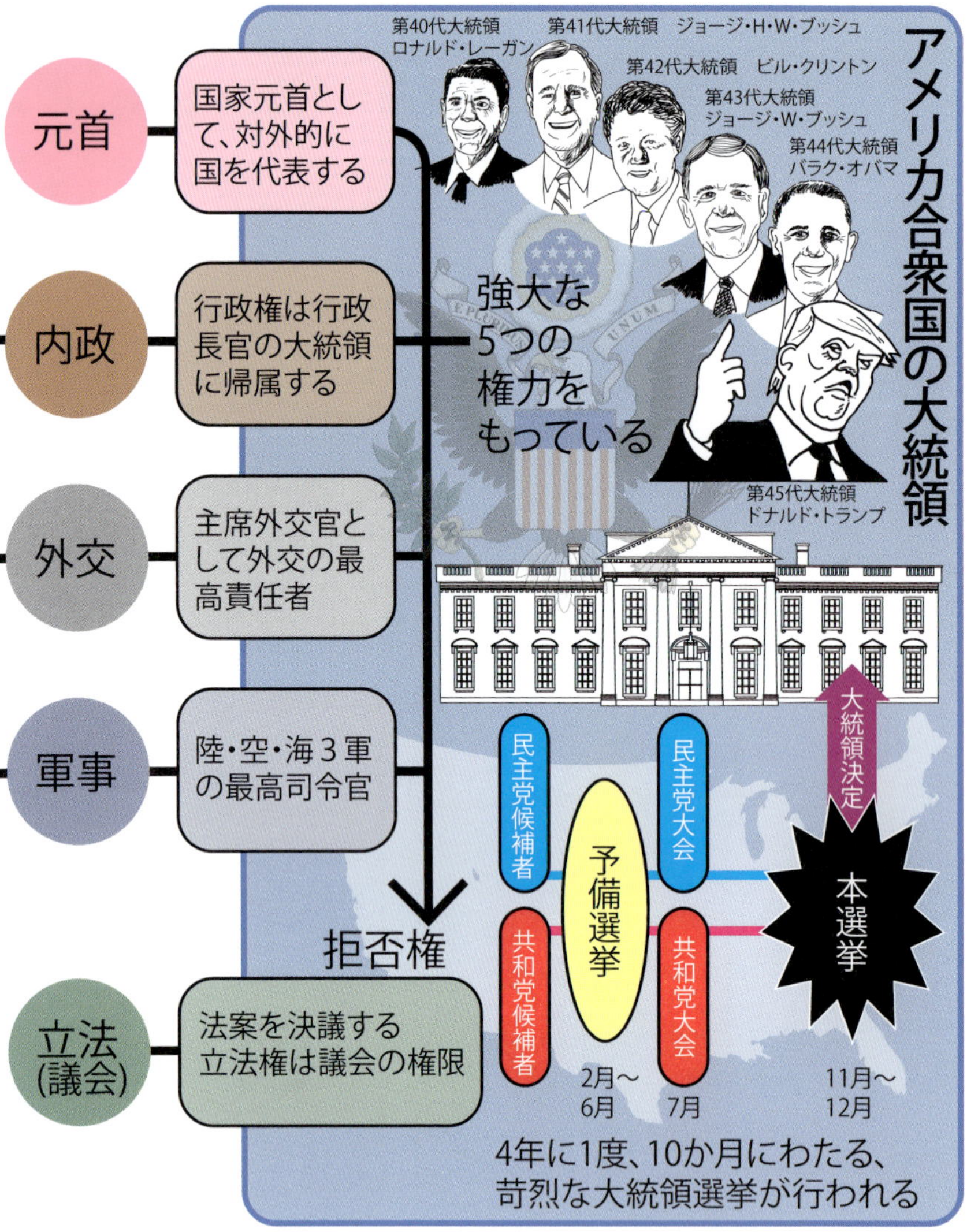

アメリカ合衆国の大統領
第40代大統領 ロナルド・レーガン
第41代大統領 ジョージ・H・W・ブッシュ
第42代大統領 ビル・クリントン
第43代大統領 ジョージ・W・ブッシュ
第44代大統領 バラク・オバマ
第45代大統領 ドナルド・トランプ
強大な5つの権力をもっている
元首
国家元首として、対外的に国を代表する
内政
行政権は行政長官の大統領に帰属する
外交
主席外交官として外交の最高責任者
軍事
陸・空・海３軍の最高司令官
拒否権
立法（議会）
法案を決議する立法権は議会の権限
民主党候補者
共和党候補者
予備選挙
民主党大会
共和党大会
大統領決定
本選挙
2月～6月
7月
11月～12月
4年に1度、10か月にわたる、苛烈な大統領選挙が行われる

行政との関係が大きく違う。日本とイギリスは似ているが、違いも大きい。

大きな権力をもつアメリカ大統領

上図はアメリカの大統領、日本の天皇、イギリスの国王の性格を表しています。アメリカの大統領の権限は内政・外交・軍事の全般におよびます。立法に関しても議会（国会）で決めた法案に拒否権がみとめられています。ただし、予算は議会の承認をえなければならないなど、議会を無視して何でもできるわけではありません。また、4年に一度の選挙で国民に選ばれなければ大統領になることはできません。

その選挙は政党があらかじめ候補者を選び（上図の予備選挙）、国民による本選挙では、その候補者から大統領を選びます。

日本の象徴天皇

現在の天皇は日本国憲法で「日本国民統合の象徴」と定められ、行政は内閣、立法

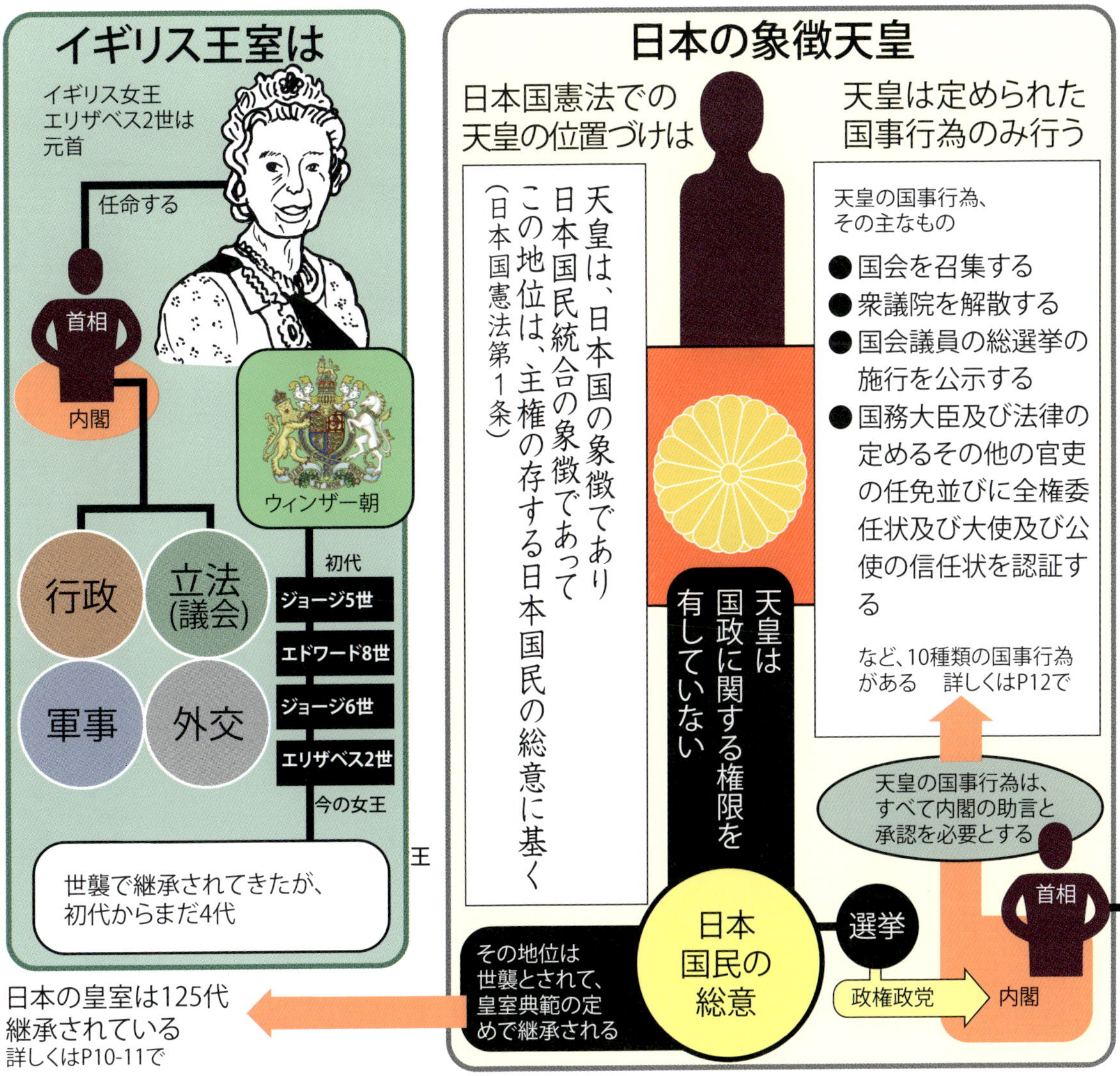

は国会にすべてをゆだねています。イギリスの国王も同様です。

女王の国イギリス

God save our gracious Queen,
Long live our noble Queen,

これはイギリスで国歌としてうたわれる歌の冒頭です。「神よ我らが慈悲ぶかき女王（国王）陛下を護《まも》りたまえ／我等が高貴な女王（国王）陛下よ、永遠《とわ》にましませ」

　この歌はイギリスだけでなく、オーストラリア、カナダ、南アフリカなどでもうたわれます。それらの国々は19世紀にはイギリスの植民地だったところで、独立した今もイギリスの女王（国王）のもとにあるという意識が強いのです。6ページのサミット参加国のカナダは名目的にイギリス国王をカナダ国王としているので、大統領ではなく、首相が行政の長になるのです。

　それほどの権威をもつイギリス王室ですが、現在のウィンザー朝という王室は初代アン女王（1665〜1714年）から4代を数えるにすぎません。それにくらべて日本の天皇の歴史ははるかに長いのが特色です。

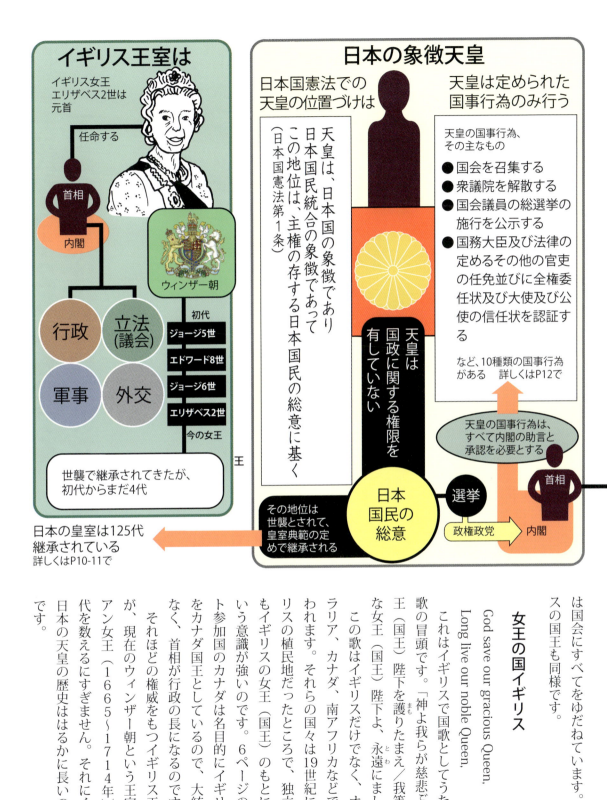

古代から125代もつづく天皇の家系は世界に例のない長さだ

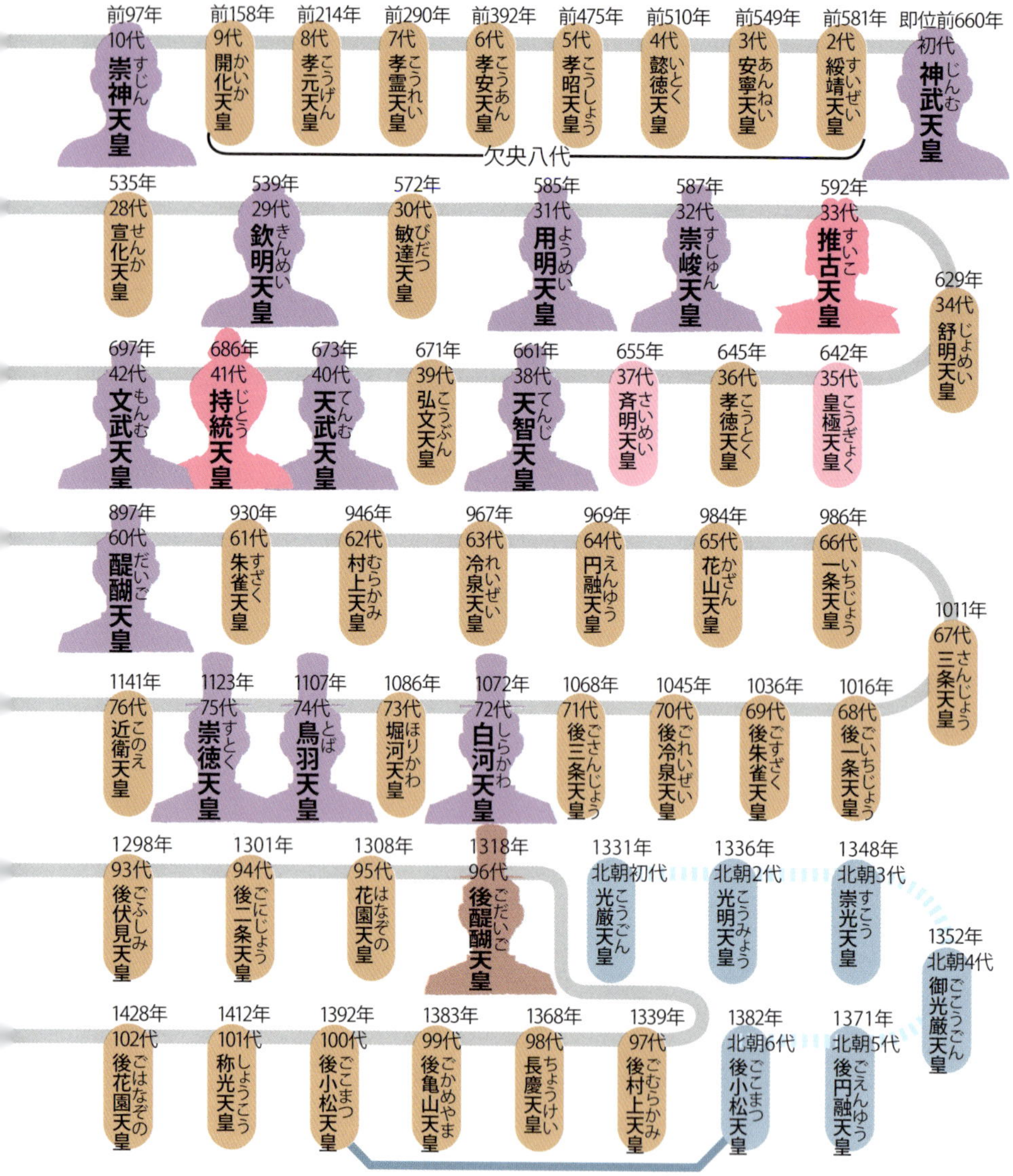
前97年 10代 崇神《すじん》天皇
前158年 9代 開化《かいか》天皇
前214年 8代 孝元《こうげん》天皇
前290年 7代 孝霊《こうれい》天皇
前392年 6代 孝安《こうあん》天皇
前475年 5代 孝昭《こうしょう》天皇
前510年 4代 懿徳《いとく》天皇
前549年 3代 安寧《あんねい》天皇
前581年 2代 綏靖《すいぜい》天皇
即位前660年 初代 神武《じんむ》天皇
欠央八代
535年 28代 宣化《せんか》天皇
539年 29代 欽明《きんめい》天皇
572年 30代 敏達《びだつ》天皇
585年 31代 用明《ようめい》天皇
587年 32代 崇峻《すしゅん》天皇
592年 33代 推古《すいこ》天皇
629年 34代 舒明《じょめい》天皇
697年 42代 文武《もんむ》天皇
686年 41代 持統《じとう》天皇
673年 40代 天武《てんむ》天皇
671年 39代 弘文《こうぶん》天皇
661年 38代 天智《てんじ》天皇
655年 37代 斉明《さいめい》天皇
645年 36代 孝徳《こうとく》天皇
642年 35代 皇極《こうぎょく》天皇
897年 60代 醍醐《だいご》天皇
930年 61代 朱雀《すざく》天皇
946年 62代 村上《むらかみ》天皇
967年 63代 冷泉《れいぜい》天皇
969年 64代 円融《えんゆう》天皇
984年 65代 花山《かざん》天皇
986年 66代 一条《いちじょう》天皇
1011年 67代 三条《さんじょう》天皇
1141年 76代 近衛《このえ》天皇
1123年 75代 崇徳《すとく》天皇
1107年 74代 鳥羽《とば》天皇
1086年 73代 堀河《ほりかわ》天皇
1072年 72代 白河《しらかわ》天皇
1068年 71代 後三条《ごさんじょう》天皇
1045年 70代 後冷泉《ごれいぜい》天皇
1036年 69代 後朱雀《ごすざく》天皇
1016年 68代 後一条《ごいちじょう》天皇
1298年 93代 後伏見《ごふしみ》天皇
1301年 94代 後二条《ごにじょう》天皇
1308年 95代 花園《はなぞの》天皇
1318年 96代 後醍醐《ごだいご》天皇
1331年 北朝初代 光厳《こうごん》天皇
1336年 北朝2代 光明《こうみょう》天皇
1348年 北朝3代 崇光《すこう》天皇
1352年 北朝4代 御光厳《ごこうごん》天皇
1428年 102代 後花園《ごはなぞの》天皇
1412年 101代 称光《しょうこう》天皇
1392年 100代 後小松《ごこまつ》天皇
1383年 99代 後亀山《ごかめやま》天皇
1368年 98代 長慶《ちょうけい》天皇
1339年 97代 後村上《ごむらかみ》天皇
1382年 北朝6代 後小松《ごこまつ》天皇
1371年 北朝5代 後円融《ごえんゆう》天皇

日本の皇統《こうとう》の起源は『古事記』『日本書紀』の神話時代にさかのぼる。

古代からつづく天皇の系譜

天皇の起源は『古事記《こじき》』『日本書紀《にほんしょき》』に記されている神武《じんむ》天皇です。この天皇の即位を紀元元年とする皇紀《こうき》では平成30年は皇紀２６７８年にあたるといわれます。その間、天皇の系譜は一度もとぎれることなく継承《けいしょう》されてきました。上図の左端にある世界の主な王室とくらべても、こんなに長い天皇の歴史は世界に例がありません。

初代神武天皇の物語は34ページであらためて取り上げますが、神話時代のことなので、確かなことはわかりません。しかし、大阪府堺市にある世界でも最大規模の巨大古墳は考古学で5世紀の建造とされ、そのころには大きな力をもつ大王がいたことは確かです。それは上図の応神《おうじん》・仁徳《にんとく》天皇のころにあたります。大王は「おおきみ」とよばれ、天皇のもとになりました。

世界の他の王室とくらべる

デンマーク王室

**デンマーク女王
マルグレーテ2世**

デンマークの王政は、日本に次いで古く7世紀から。いまの女王はグリュクスボー朝の5代目。王家の始まりは8世紀といわれる。1972年、父王の死去に伴いデンマーク王国憲法を改正して即位した。

スウェーデン王室

**スウェーデン国王
カール16世
グスタフ**

現在の王室ベルナドット家は、1818年にナポレオンの側近だったベルナドットが即位したことに始まる。フランスの平民出身の王であるため、世界で最も庶民的な王室として知られる。

オランダ王室

JE MAINTIENDRAI

**ウィレム・
アレクサンダー
国王**

長いスペイン統治から、オラニエ・ナッサウ家のウィレム1世がネーデルランドを解放。以後、同家がオランダの王を世襲している。現国王は、ベアトリクス前女王の長男。

タイ王室

**タイ国王
ラーマ10世**

タイ王室チャクリー家は、1782年にトンブリ朝のタクシン王に代わり、新王位についたチャクリー司令官から始まる。現ラーマ10世は、2016年に父ラーマ9世の崩御によって継承。世界で最も豊かな王族として知られる。

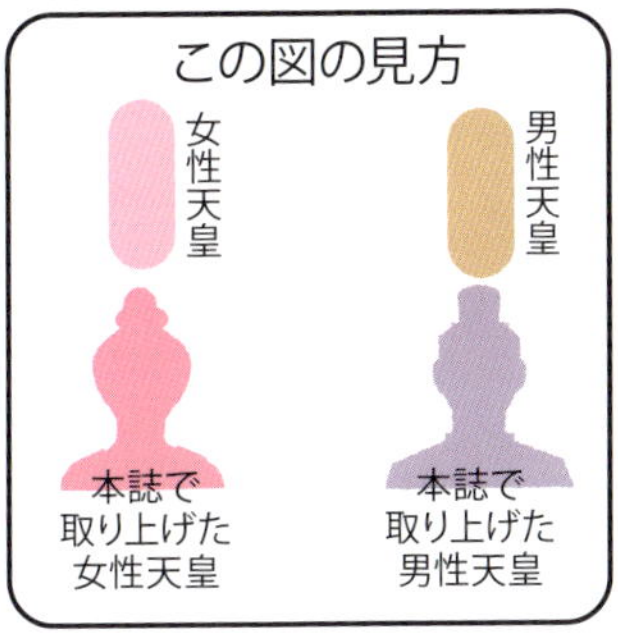
この図の見方
女性天皇
男性天皇
本誌で取り上げた女性天皇
本誌で取り上げた男性天皇

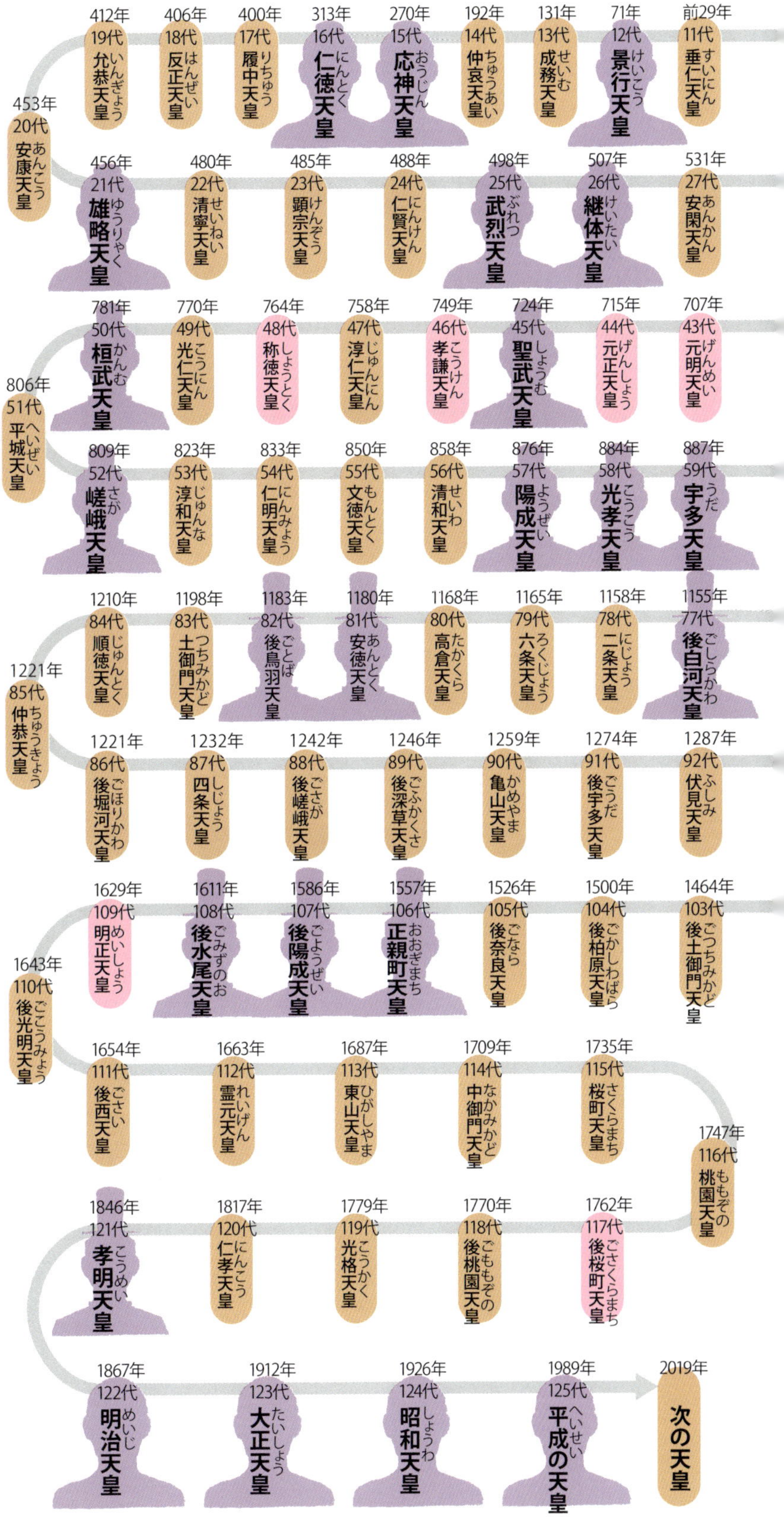
前29年 11代 垂仁《すいにん》天皇
71年 12代 景行《けいこう》天皇
131年 13代 成務《せいむ》天皇
192年 14代 仲哀《ちゅうあい》天皇
270年 15代 応神《おうじん》天皇
313年 16代 仁徳《にんとく》天皇
400年 17代 履中《りちゅう》天皇
406年 18代 反正《はんぜい》天皇
412年 19代 允恭《いんぎょう》天皇
453年 20代 安康《あんこう》天皇
456年 21代 雄略《ゆうりゃく》天皇
480年 22代 清寧《せいねい》天皇
485年 23代 顕宗《けんぞう》天皇
488年 24代 仁賢《にんけん》天皇
498年 25代 武烈《ぶれつ》天皇
507年 26代 継体《けいたい》天皇
531年 27代 安閑《あんかん》天皇
707年 43代 元明《げんめい》天皇
715年 44代 元正《げんしょう》天皇
724年 45代 聖武《しょうむ》天皇
749年 46代 孝謙《こうけん》天皇
758年 47代 淳仁《じゅんにん》天皇
764年 48代 称徳《しょうとく》天皇
770年 49代 光仁《こうにん》天皇
781年 50代 桓武《かんむ》天皇
806年 51代 平城《へいぜい》天皇
809年 52代 嵯峨《さが》天皇
823年 53代 淳和《じゅんな》天皇
833年 54代 仁明《にんみょう》天皇
850年 55代 文徳《もんとく》天皇
858年 56代 清和《せいわ》天皇
876年 57代 陽成《ようぜい》天皇
884年 58代 光孝《こうこう》天皇
887年 59代 宇多《うだ》天皇
1155年 77代 後白河《ごしらかわ》天皇
1158年 78代 二条《にじょう》天皇
1165年 79代 六条《ろくじょう》天皇
1168年 80代 高倉《たかくら》天皇
1180年 81代 安徳《あんとく》天皇
1183年 82代 後鳥羽《ごとば》天皇
1198年 83代 土御門《つちみかど》天皇
1210年 84代 順徳《じゅんとく》天皇
1221年 85代 仲恭《ちゅうきょう》天皇
1221年 86代 後堀河《ごほりかわ》天皇
1232年 87代 四条《しじょう》天皇
1242年 88代 後嵯峨《ごさが》天皇
1246年 89代 後深草《ごふかくさ》天皇
1259年 90代 亀山《かめやま》天皇
1274年 91代 後宇多《ごうだ》天皇
1287年 92代 伏見《ふしみ》天皇
1464年 103代 後土御門《ごつちみかど》天皇
1500年 104代 後柏原《ごかしわばら》天皇
1526年 105代 後奈良《ごなら》天皇
1557年 106代 正親町《おおぎまち》天皇
1586年 107代 後陽成《ごようぜい》天皇
1611年 108代 後水尾《ごみずのお》天皇
1629年 109代 明正《めいしょう》天皇
1643年 110代 後光明《ごこうみょう》天皇
1654年 111代 後西《ごさい》天皇
1663年 112代 霊元《れいげん》天皇
1687年 113代 東山《ひがしやま》天皇
1709年 114代 中御門《なかみかど》天皇
1735年 115代 桜町《さくらまち》天皇
1747年 116代 桃園《ももぞの》天皇
1762年 117代 後桜町《ごさくらまち》天皇
1770年 118代 後桃園《ごももぞの》天皇
1779年 119代 光格《こうかく》天皇
1817年 120代 仁孝《にんこう》天皇
1846年 121代 孝明《こうめい》天皇
1867年 122代 明治《めいじ》天皇
1912年 123代 大正《たいしょう》天皇
1926年 124代 昭和《しょうわ》天皇
1989年 125代 平成《へいせい》の天皇
2019年 次の天皇

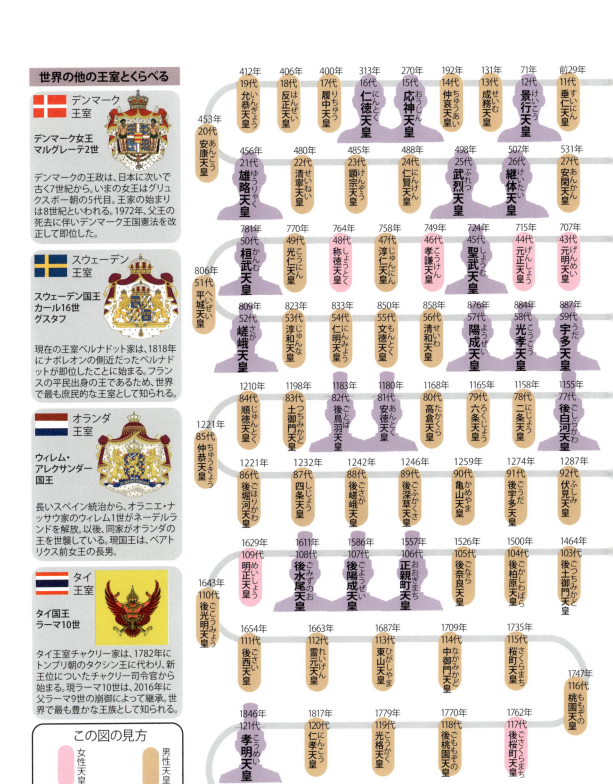

天皇の仕事の第一は首相の任命などの国事行為

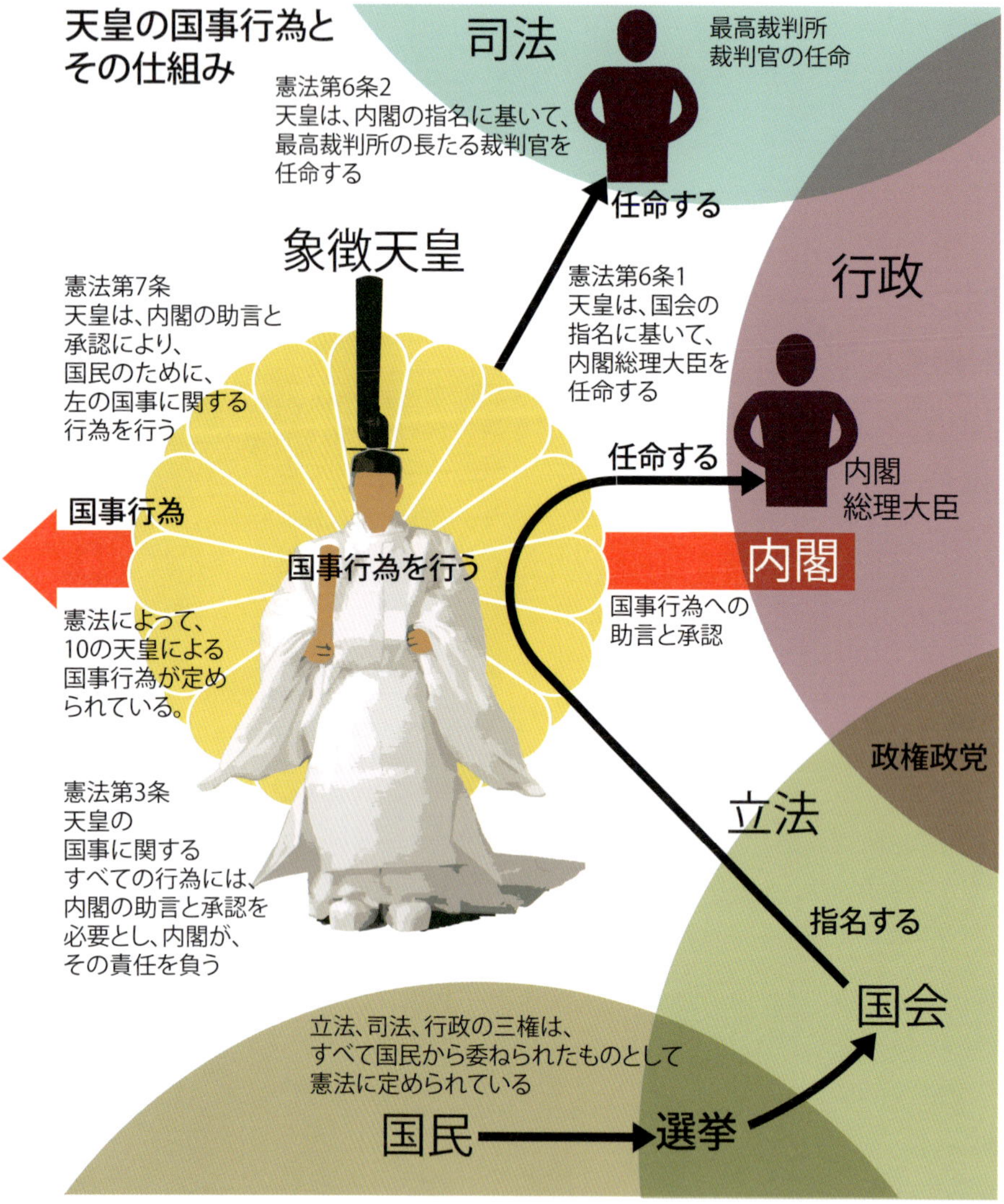
天皇の国事行為と
その仕組み
司法
最高裁判所
裁判官の任命
憲法第6条2
天皇は、内閣の指名に基いて、
最高裁判所の長たる裁判官を
任命する
任命する
象徴天皇
憲法第6条1
天皇は、国会の
指名に基いて、
内閣総理大臣を
任命する
行政
憲法第7条
天皇は、内閣の助言と
承認により、
国民のために、
左の国事に関する
行為を行う
任命する
内閣
総理大臣
国事行為
国事行為を行う
内閣
国事行為への
助言と承認
憲法によって、
10の天皇による
国事行為が定め
られている。
政権政党
憲法第3条
天皇の
国事に関する
すべての行為には、
内閣の助言と承認を
必要とし、内閣が、
その責任を負う
立法
指名する
国会
立法、司法、行政の三権は、
すべて国民から委ねられたものとして
憲法に定められている
国民
選挙

天皇の国事行為は10項目。
なぜ、わざわざ国事行為が
決められているのだろう。

天皇の国事行為

現在の日本は国民主権《こくみんしゅけん》と三権分立《さんけんぶんりつ》の民主主義国家です。三権とは上図の立法《りっぽう》、司法《しほう》、行政《ぎょうせい》の３つです。

では、この三権分立と天皇の関係はどうなっているのでしょうか。

日本国憲法第４条には「天皇は、この憲法の定める国事《こくじ》に関する行為のみを行い、国政に関する権能《けんのう》を有しない」と定められています。「国政に関する権能を有しない」とは、天皇は選挙で立候補したり投票したりできないことはもちろん、政治で問題になっていることに対して、賛成とか反対といった意見も口にしてはいけないということです。もし天皇が政治的な発言をすると、国民に大きな影響を与えるからです。

では、天皇がおこなう「国事に関する行為」とは何を意味しているのでしょうか。

天皇が捺印する天皇の印鑑

御璽《ぎょじ》　国璽《こくじ》

「璽」は印鑑のこと。御璽は「天皇御璽」、国璽には「大日本国璽」と刻まれている。御璽は各種の詔書、国璽は勲章の証書などに押される。閣議を経て天皇に回されてくる書類は年間1.000通にもおよび、天皇が署名捺印する。ただし捺印は侍従職(じじゅうしょく)が代わっておこなっている。この署名捺印が天皇の国事行為の中核。

それは憲法第7条に「天皇は、内閣の助言と承認により、国民のために」として右の図にある10項目の国事行為が定められています。その第3項に「衆議院《しゅうぎいん》を解散すること」とありますが、衆議院の解散は首相の権限です。それなのに天皇が解散するとは、どういうことでしょうか。

それは、天皇は「内閣の助言と承認《しょうにん》」を拒否することはできないからです。しかし、内閣が決めたことを天皇が認めることによって国民の多くが納得しやすくなります。それは、たとえば家族会議でみんなが決めたことでも、最後にお父さんかお母さんが「よし、そうしよう」と言うことで「これで決まり」となるようなことです。

そのような天皇の働きが憲法第1条にいう「天皇は、日本国の象徴であり日本国民統合の象徴」ということです。国事行為の10項目は日本の国家と国民にとってとくに重要なことなので、天皇が詔書《しょうしょ》という文書に署名捺印《しょめいなついん》する手続きをへて象徴的に認証《にんしょう》したり公布《こうふ》したりしています。

憲法第7条によって定められた、天皇の国事行為
1 憲法改正、法律、政令及び条約を公布すること
2 国会を召集すること
3 衆議院を解散すること
4 国会議員の総選挙の施行の公示
5 各大臣、官吏の任免、全権委任状、大使・公使の信任状の認証
6 大赦、特赦、減刑、刑の執行の免除、復権の認証
7 栄典を授与する
8 批准書、その他の外交文書の認証
9 外国の大使・公使の接受
10 儀式を行うこと

宮内庁では憲法の他の規定を含めて13項目をあげる。

第1部
現在の天皇と皇室について
5

皇居には神社のような建物があり天皇が神をまつっている

天皇の3つの行為のひとつに宮中祭祀《きゅうちゅうさいし》がある。これは私的行為とされる。

皇居は神社だった

前ページの天皇の国事行為の第10項に「儀式を行うこと」とあります。この儀式は国にとって重要な儀式で、たとえば2019年に予定されている譲位《じょうい》（退位）と即位《そくい》の儀式などです。昔の譲位・即位の儀式は天皇家の祖先とされる天照大神《あまてらすおおみかみ》をはじめとする天神地祇《てんじんちぎ》（略して神祇《じんぎ》といわれる日本の神々）と歴代天皇の霊に新天皇の即位を報告し、国家の安泰《あんたい》を祈るもので、宗教的な色あいの強いものでした。そもそも皇族を「宮家《みやけ》」というのも神社を「宮」というのと同じで、神をまつるところということです。その中心が天皇で、皇居も「宮」でした。したがって天皇の即位にあたって神々に国家の安泰《あんたい》を祈るのは当然のことでした。

そうした伝統は今も各国でうけつがれています。たとえばイギリス国王の即位式はウェストミンスター寺院という教会でおこなわれ、司祭《しさい》が新国王の頭に王冠をのせます。これを戴冠式《たいかんしき》といいますが、英語ではconsecration（聖別式《せいべつしき》／神によって特別の人として選ばれること）といいます。アメリカの大統領も就任の宣誓式《せんせいしき》では聖書に手をおき、「この国に神の恵みがありますように」と祈りのことばを述べます。

皇居の宮中三殿とは

日本では、太平洋戦争後に制定された日本国憲法（1947年施行《しこう》）によって政教《せいきょう》分離原則《ぶんりげんそく》がきびしく適用《てきよう》されています。天皇をはじめ、政府や都道府県庁などの公的機関が宗教行事を行うことは憲法違反とされます。そこで天皇の祭祀《さいし》（神々をまつること）は国事行為とは区別して私的な行為とされ、そのための施設として皇居内に宮《きゅう》中三殿《ちゅうさんでん》があります。賢所《かしこどころ》・皇霊殿《こうれいでん》・神殿《しんでん》の3つです。賢所には三種の神器《じんぎ》の鏡がおかれて皇祖《こうそ》の天照大神をまつり、皇霊殿では歴代天皇と皇族の霊、神殿では天神地祇の神々がまつられ、附属の建物に神楽《かぐら》を奉納《ほうのう》する神楽殿などがあります。ここで1年のおりおり、左図の祭祀が天皇によっておこなわれています。

祭祀は内廷《ないてい》(天皇の私的な場とその組織）の掌典職《しょうてんしょく》という職員があたり、費用も内廷費でまかなわれます。内廷費は国から支給されますが、一般の公務員がもとは税金の給料を自分の生活費につかい、神社でお賽《さい》銭《せん》を出しても問題はないように、宮中祭祀が天皇の私事として行われるなら憲法違反になりません。しかし、本来は天皇のもっとも重大な仕事であるはずの国民のための祈りが私的行為にすぎないとされることに対して反対の意見もあります。

天皇が行う一年の宮中祭祀

一月一日 四方拝《しほうはい》
天皇の年中最初の行事。神嘉殿南庭で四方の神々を遥拝する祭典

同日 歳旦祭《さいたんさい》
早朝に三殿で行われる年始の祭典

一月三日 元始祭《げんしさい》
年始にあたり、国家国民の繁栄を祈られる

一月四日 奏事始《そうじはじめ》
内廷の掌典の長が年始に当たって、前年の伊勢神宮および宮中祭事の成果を天皇陛下に申し上げる行事

一月七日 昭和天皇祭《しょうわてんのうさい》
昭和天皇崩御相当日に皇霊殿で行われる祭典

一月三十日 孝明天皇例祭《こうめいてんのうれいさい》
孝明天皇の崩御相当日に皇霊殿で行われる祭典

二月十七日 祈年祭《きねんさい》
三殿で行われる年穀豊穣祈願の祭典

春分の日 春季皇霊祭《しゅんきこうれいさい》
春分の日に皇霊殿で行われるご先祖祭

同日 春季神殿祭《しゅんきしんでんさい》
春分の日に神殿で行われる神恩感謝の祭典

四月三日 神武天皇祭《じんむてんのうさい》
神武天皇御崩御当日、皇霊殿で行われる祭祀

六月十六日 香淳皇后例祭《こうじゅんこうごうれいさい》
香淳皇后の崩御相当日に皇霊殿で行われる祭典

六月三十日 節折《よおり》
天皇のために行われるお祓いの行事

同日 大祓《おおはらい》
神嘉殿の前で、皇族をはじめ国民のために行われるお祓いの行事

七月三十日 明治天皇例祭《めいじてんのうれいさい》
明治天皇の崩御相当日に皇霊殿で行われる祭典

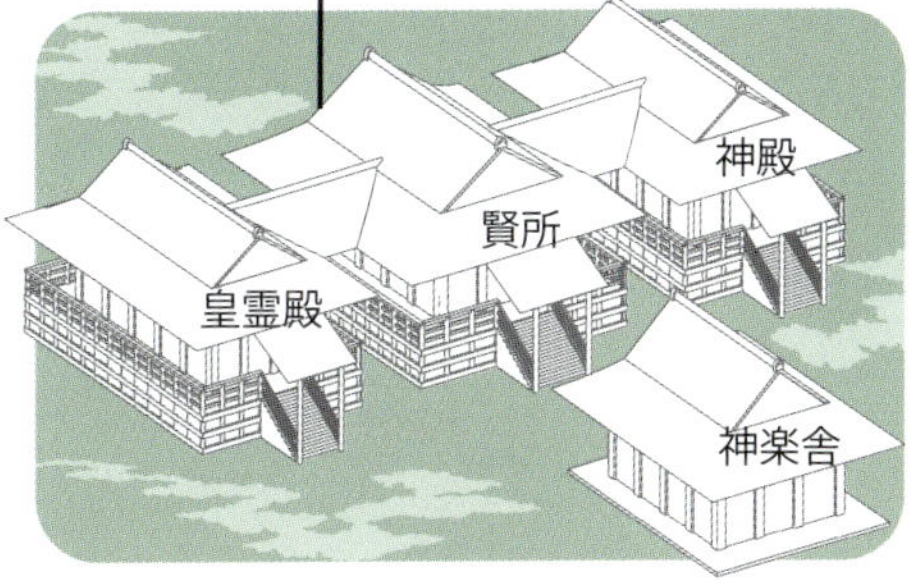

秋分の日 秋季皇霊祭《しゅうきこうれいさい》
秋分の日に皇霊殿で行われるご先祖祭

同日 秋季神殿祭《しゅうきしんでんさい》
秋分の日に神殿で行われる神恩感謝の祭典

十月十七日 神嘗祭《かんなめさい》
賢所に新穀をお供えになる神恩感謝の祭典

十一月二十三日 新嘗祭《にいなめさい》
天皇が神嘉殿に新穀を神々に供え、神恩を感謝し自ら食される祭典。宮中恒例祭典の中の最も重要なもの

十二月中旬 賢所御神楽《かしこどころみかぐら》
夕刻から賢所に御神楽を奉奏して神霊をなごめる祭典

十二月二十三日 天長祭《てんちょうさい》
今上天皇のお誕生日を祝して三殿で行われる祭典

十二月二十五日 大正天皇例祭《たいしょうてんのうれいさい》
大正天皇の崩御相当日に皇霊殿で行われる祭典

十二月三十一日 節折《よおり》
天皇のために行われるお祓いの行事

同日 大祓《おおはらい》
神嘉殿の前で、皇族をはじめ国民のために行われるお祓いの行事

天皇の三種の神器

八咫鏡《やたのかがみ》

天照大神が天《あま》の岩戸《いわと》に隠《かく》れたとき、ある神がつくって岩戸のすきまから天照大神に見せて外に出てもらったという鏡。古代の銅鏡のような鏡で、伊勢神宮《いせじんぐう》に御神体《ごしんたい》としてまつられ、その形代《かたしろ》(レプリカ)が賢所におかれている。

草薙剣《くさなぎのつるぎ》

須佐之男命《スサノオノミコト》が退治したヤマタノオロチの尾から出てきたという剣。第12代景行《けいこう》天皇の皇子日本武尊《ヤマトタケル》が東国の野原で敵に囲まれて火におそわれたとき、草をなぎはらった剣だという。名古屋市の熱田神宮《あつたじんぐう》にまつられ、皇居の剣璽《けんじ》の間《ま》に形代がおかれている。

八尺瓊勾玉《やさかにのまがたま》

勾玉は縄文時代の遺跡や古墳などから出土する日本独自の石製の装飾品で、王や巫《み》女《こ》が身につけたと考えられる。三種の神器の勾玉は天照大神の岩戸隠れのときにつくられたと伝えられ、皇居の剣《けん》璽《じ》の間《ま》におかれている。

＊神器の写真はイメージ

いろいろなご公務で天皇陛下は超多忙

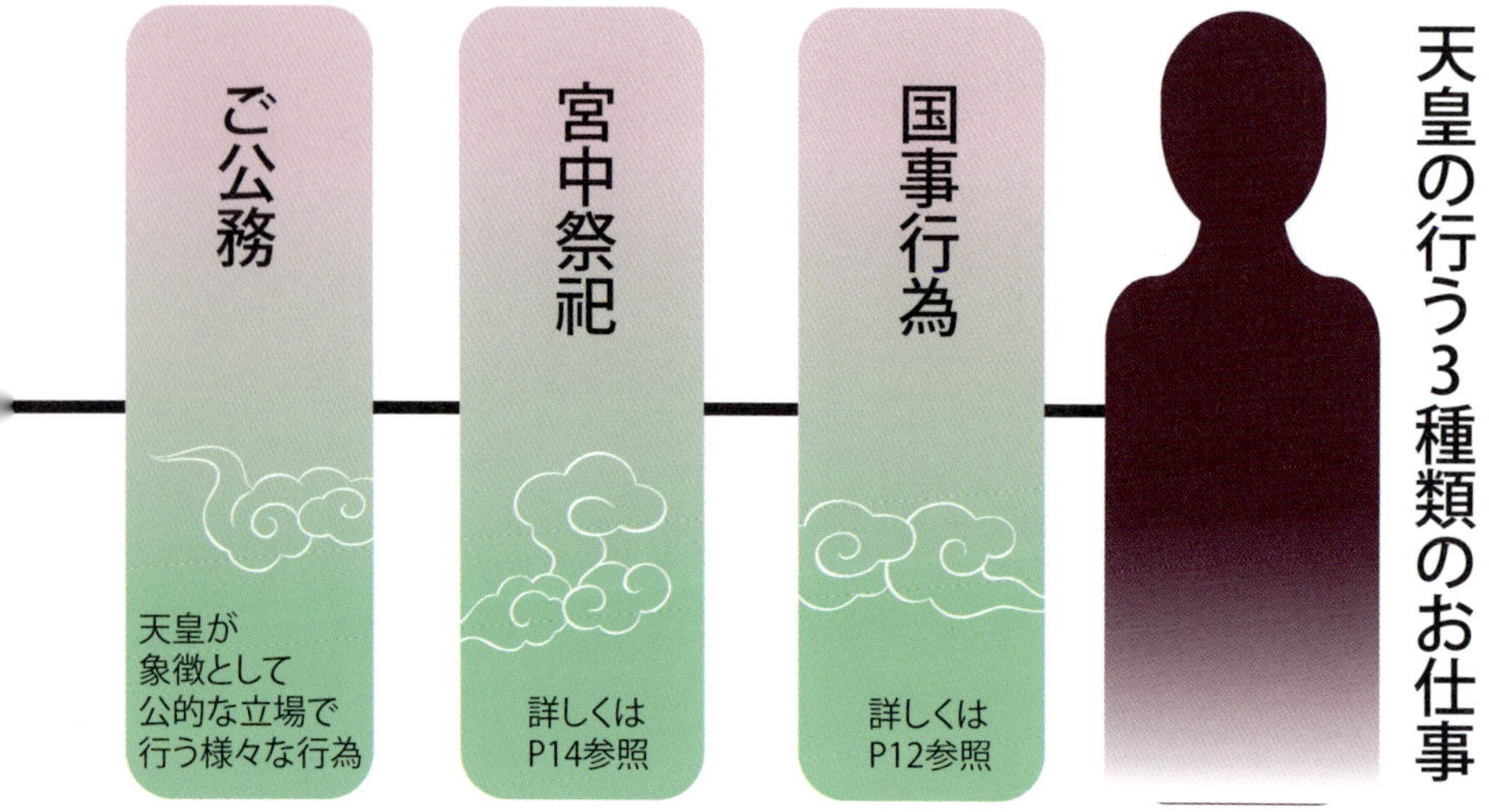
天皇の行う3種類のお仕事
国事行為
詳しくは
P12参照
宮中祭祀
詳しくは
P14参照
ご公務
天皇が
象徴として
公的な立場で
行う様々な行為

ご公務はさまざま

ご公務《こうむ》は憲法で定められている10項目の国事行為と宮中祭祀《きゅうちゅうさいし》をのぞき、公的な性格が強いとされる行為です。「公的なお仕事」という意味で「ご公務」といいます。

そのご公務の内容はさまざまです。来日した外国の要人を皇居に迎えての晩餐会《ばんさんかい》のような宮廷の催しもあれば、訪問した町の施設などで一般の人と接することまで、ほとんど毎日、いろいろなご公務があります。

ご公務には皇后や皇族方が同行されることもよくあります。また、天皇・皇后とは別に皇族方が行われるご公務もあります。

国事行為とご公務

左図は天皇の国事行為とご公務の代表的なものです。ご公務は国事行為にはあてはまらないけれど、公的な性格が強い行為ということですが、その違いが区別しにくい行事もあります。たとえば、毎年1月1日の「新年祝賀《しんねんしゅくが》」は天皇・皇后と皇族方が衆・参両院の議長・内閣総理大臣・最高裁判所長官などの要人を皇居に迎えて新年のあいさつを受ける行事で、国事行為の儀式にあたるとされています。しかし、1月2日に一般の人の新年の祝賀を受ける一般参賀《いっぱんさんが》はご公務にあたります。

また、新しく内閣がつくられたときにおこなわれる総理大臣と国務大臣（各省の大臣など）の親任式《しんにんしき》は、ご公務です。12ページの図で見たように総理大臣の任命は天皇の国事行為で詔書《しょうしょ》に署名捺印《しょめいなついん》されますが、その詔書を手渡す親任式までは国事行為にふくまれないということです。

天皇の多忙な毎日

宮内庁公式サイトの「天皇皇后両陛下の

宮中でも地方でも、天皇・皇后が臨席するいろいろな行事がある。

★＝国事行為　★＝ご公務

親任式・認証官任命式★
憲法6条に定められた公務。内閣総理大臣、最高裁長官の任命は天皇によって行われる。国務大臣、行政府のトップの任官に当たっては天皇出席のもと、内閣総理大臣が辞令を渡し、天皇からのお言葉がある

上奏書など国書類の決裁★
天皇の重要な国事行為が、内閣からの閣議決定された上奏書や、宮内庁関連書類、叙勲関連書類など膨大な量の書類の決裁。これらの書類に天皇が目を通し、押印される。閣議のある火曜と金曜の午後は、天皇は執務室で待機される

新年祝賀と一般参賀★★
憲法7条10号の「儀式を行う」に定められた公務。毎年元日に天皇が皇族、3権の長、在外外交官などから新年の祝賀をうける。2日には、宮殿の長和殿により、天皇皇后、皇族が一般国民からの祝賀をうけ、天皇からの新年のお言葉がある

外国外交官との会見★

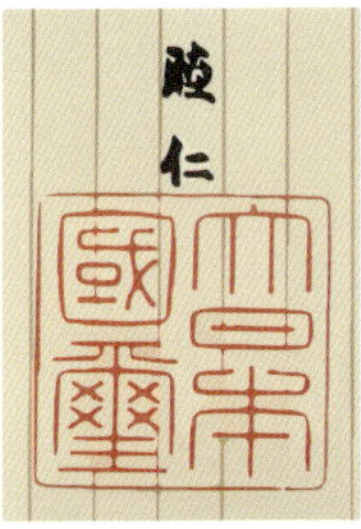

被災地のお見舞い★
天皇皇后は全国の自然災害、特に東日本大震災の被災地を訪れ、被災者を励まし、復興の模様を視察しつづけている。

午餐・晩餐会を主催★
天皇は、来日する外国の元首・夫人などの賓客との会見、来日外国大使・公使とのご引見などを行う。また、それらの賓客のために宮中での午餐・晩餐会を主催される

様々な式典・行事へのご臨席★
天皇皇后そして、皇室の方々は全国で催される式典・行事へご臨席される。恒例の全国戦没者追悼式と各種授与式から、地方へご巡幸されての植樹祭、国民体育大会など様々な公務がある

園遊会を主催される★
天皇が主催する、赤坂御苑の春の桜と秋の菊を愛でる園遊会は、各界の功労者や政府・自治体の功労者と配偶者2000名近くが招かれる。

ご日程」というページに、これまで天皇・皇后がどんなことをされてきたかが毎日書かれています。

それを見ると、とくに多忙なのは正月などの行事が多い日のほか、地方の催しにでかけられたときです。

たとえば2017年9月29日・30日に愛媛県松山市で開かれた国民体育大会（えひめ国体）では式典に臨席されるだけでなく、愛媛県知事や県議会議長との歓談、県勢の説明を聴取《ちょうしゅ》、松山市長や国体関係者などを招いての昼食会の主催、愛媛県美術館の視察、道後温泉《どうごおんせん》本館（国指定重要文化財）への訪問、愛媛県民の提灯《ちょうちん》奉迎《ほうげい》にお応えなどが2日にわたってぎっしりと書きこれています。

そのなかに「ご執務《しつむ》（松山全日空ホテル）」という項目もあります。国事行為として目をとおして署名捺印する書類がたくさんあるので、地方におでかけになったときでも休めないのです。

これら天皇のお仕事を支えているのが宮内庁という国の役所で、職員は国家公務員です。とくに御所《ごしょ》で天皇の仕事の世話をする職員を侍従職《じじゅうしょく》といいます。

皇居には天皇のお住まいのほかにだれでも入れる公園がある

日本武道館
科学技術館
北の丸公園
国立近代美術館
皇居
天守台
江戸城本丸跡
皇居東御苑
三の丸尚蔵館
宮内庁病院
大手門
この内側が皇居

皇居と赤坂御用地

皇居のもとは徳川将軍の江戸城。今もお城のなごりがある。

天皇・皇后と皇族方の住まい

皇居は東京都千代田区《ちよだく》1丁目にあります。この番地は東京の中心地、ひいては日本の中心地であることを表しています。英語で皇居はThe Imperial Palace（皇帝の宮殿）と表記され、国事行為の儀式や外国からのお客様を迎えての晩餐会《ばんさんかい》などをもよおす宮殿があります。天皇・皇后の住まいは吹上《ふきあげ》御所《ごしょ》で、生物学研究所では天皇が稲刈《いねか》りをされます。

この皇居から少しはなれて港区《みなとく》の赤坂御《あかさかご》用地《ようち》というところに皇太子《こうたいし》ご一家の東宮御《とうぐうご》所《しょ》があります。東宮とは皇太子（皇嗣《こうし》）のことです。この赤坂御用地には皇族方の住まいもあります。

2019年には今の平成の天皇が退位され、上皇《じょうこう》になられる予定です。上皇は皇居の御所から仙洞御所《せんとうごしょ》とよばれる住まいに移

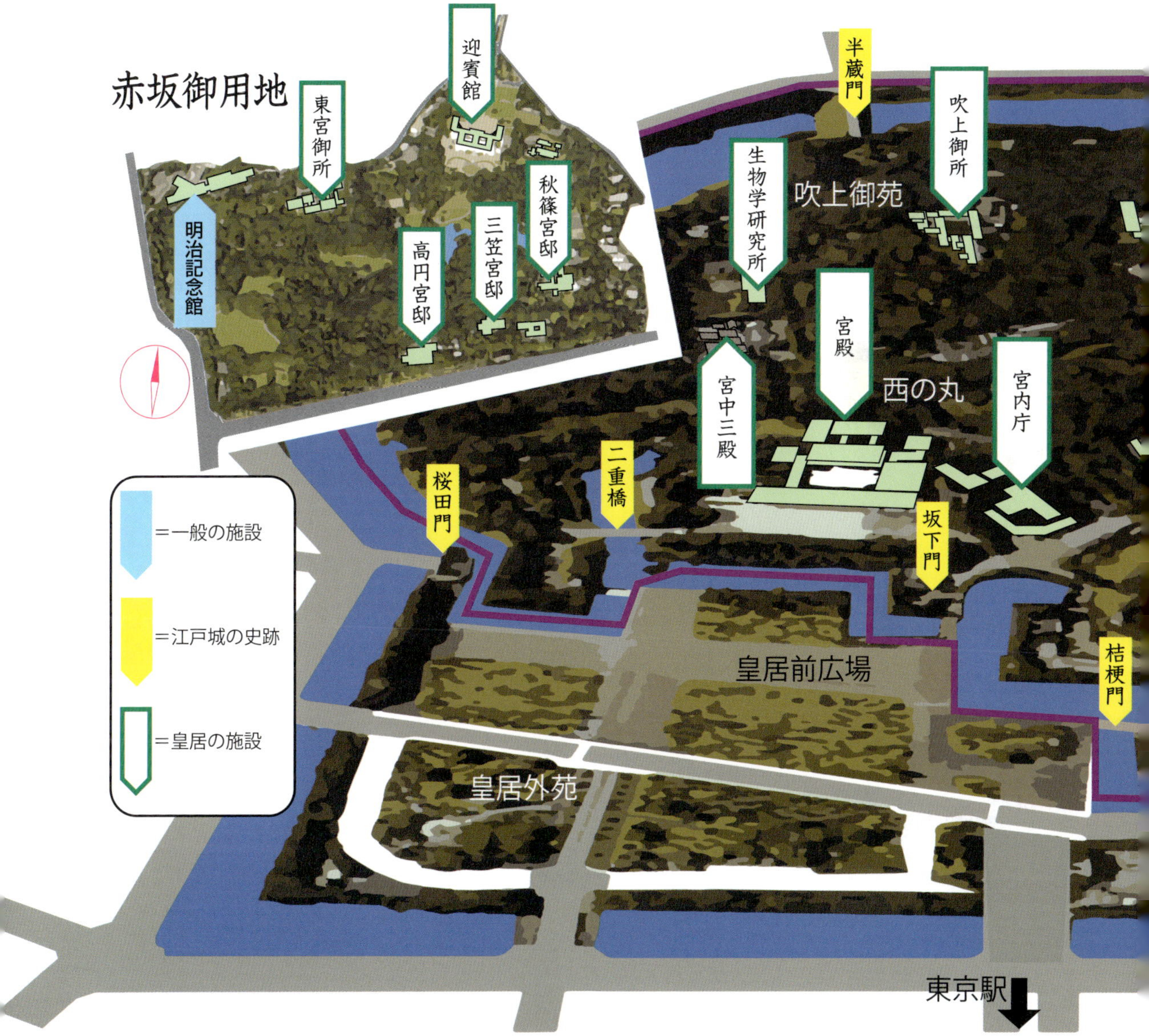
赤坂御用地
迎賓館
東宮御所
明治記念館
秋篠宮邸
三笠宮邸
高円宮邸
半蔵門
吹上御所
生物学研究所
吹上御苑
宮殿
宮中三殿
西の丸
宮内庁
二重橋
桜田門
坂下門
桔梗門
皇居前広場
皇居外苑
＝一般の施設
＝江戸城の史跡
＝皇居の施設
東京駅

り、次の天皇と入れかわります。仙洞御所は今の東宮御所《とうぐうごしょ》になる予定です。

もとは江戸城だった皇居

昔は皇居のことを内裏《だいり》、禁裏《きんり》、禁中《きんちゅう》などといいました。内裏は朝廷《ちょうてい》や国の役所があった大内裏《だいだいり》（宮城《きゅうじょう》）の中の天皇の住まいがあるところ、禁裏と禁中は立ち入りが禁じられたところという意味で、その門を禁《きん》門《もん》ともいいました。

現在の皇居は徳川将軍《とくがわしょうぐん》の江戸城《えどじょう》だったところで、１８６９年（明治２）に明治天皇が京都御所から移って、「皇城《こうじょう》」とよばれるようになり、今は皇居とよばれます。そのため今もお濠《ほり》にかこまれているほか、大《おお》手門《てもん》、坂下門《さかしたもん》などは昔の城門のなごりをとどめる厳《いか》めしい門です。

しかし、現在の皇居の東御苑《ひがしぎょえん》は一般に開放されています。また、あらかじめ申し込みが必要ですが、１日に二度、宮内庁の職員が案内する見学コースで宮殿などを見てまわることができます。

皇居の面積は約１１５万㎡の広大さです。大部分は緑地で多様な動植物が生きているところとしても貴重です。

第1部
現在の天皇と皇室について

8

東京の皇居のほかに京都御所や御用邸がある

静養のための御用邸《ごようてい》が3か所。そのほか御料牧場《ごりょうぼくじょう》などがある。

京都御苑の御所と離宮

京都市中心部の京都御苑《ぎょえん》という広大な公園のなかに、江戸時代の天皇の住まいだった京都御所《きょうとごしょ》があります。もとは平安時代にはじまりますが、現在の御所の建物は江戸時代に再建されました。くわしくは66ページをみてください。

京都御所は一般に公開されており、昔の内裏の清涼殿《せいりょうでん》や紫宸殿《ししんでん》などを見ることができます。ときおり雅楽《ががく》や蹴鞠《けまり》などの催しもあり、平安時代以来の宮廷の文化を見ることもできます。また、天皇が即位するときの玉座《ぎょくざ》である高御座《たかみくら》が置かれており、2019年の次の天皇の即位に際しては東京の皇居に運ばれます。

京都御苑には上皇の住まいだった仙洞《せんとう》御所、現代の伝統工芸の粋《すい》を尽くして建設された京都迎賓館《げいひんかん》（2005年オープン）もあり、いずれも公開されています。

また、京都には江戸時代に御所や皇族の住まいが建てられた桂離宮《かつらりきゅう》、修学院離宮《しゅがくいんりきゅう》があります。

3つの御用邸と御料牧場

ご公務で多忙の天皇・皇后以下の皇族が静養のために滞在されるのが御用邸《ごようてい》で、那《な》須《す》・葉山《はやま》・須崎《すざき》の3つがあります。いちばん古いのは神奈川県三浦半島の付け根の海岸にある葉山御用邸です。1894年（明治27）につくられ、昭和天皇が磯の魚類を研究されたところとしても有名です。

那須御用邸は栃木県の那須高原にあり、1926年（大正15）につくられました。おもに夏のご静養に用いられます。

須崎御用邸は1971年（昭和46）、静岡県伊豆半島南端の下田市の海岸につくられました。温暖で風光明媚《ふうこうめいび》なところです。

また、栃木県には高根沢町と芳賀《はが》町にまたがって面積252万㎡の広大な御料牧場があります。以前は千葉県の成田空港の土地にありましたが、空港の建設にともなって現在地に移転しました。

ここでは儀式のおりに使われる馬車の馬が飼われています。また、皇族の方々の日常の食材や晩餐会《ばんさんかい》などに用いる野菜と畜産品が安全に管理されて生産されています。

御料牧場で生産できない海産物などは御所の職員が調達します。また、各地の農産物品評会などで高い評価を得たものなどが献上品《けんじょうひん》としてさしだされています。いわゆる「皇室御用達《ごようたし》」の品です。その献上ルートは都道府県知事を通すなどの決まりがあり、勝手にさしあげることはできません。

皇室の方々は上質の食べ物を召し上がっているのですが、日々の食事のメニューは一般の国民とあまり変わらないそうです。

御料牧場
栃木県高根沢町にある、皇室専用の農園と牧場。皇室で使用する肉用家畜から、乗馬用のサラブレッドの育成も行われている

1 那須御用邸
面積約31万坪もある広大な敷地を持つ。大正15年に、昭和天皇のご成婚時の那須高原の夏の別邸として造営された。現在は天皇家の夏の別荘としてご利用

4 京都御所
京都市街のほぼ中央、南北1.3km、東西700mの敷地の京都御苑は、明治の東京遷都以前、公家の屋敷が連なっていた場所。その中心に天皇の住まいの京都御所がある。
詳細はP67に

2 葉山御用邸
明治27年に建設され、大正天皇が好まれて滞在され、晩年の病気療養ののち亡くなられた場所でも。昭和天皇ご一家の夏の別荘としてご利用される

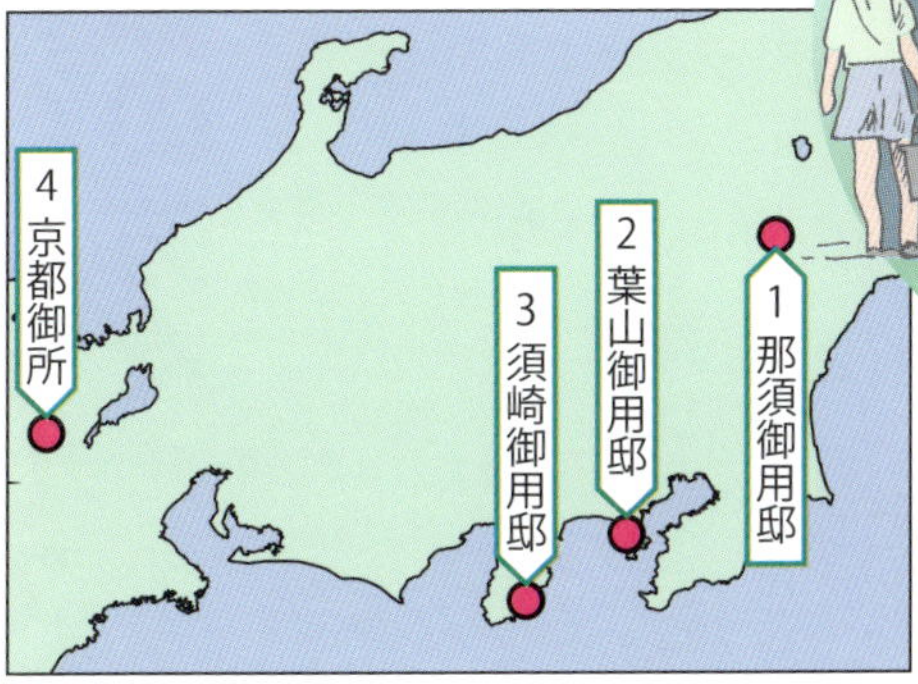

現在天皇家が御使用になっているのは、那須、葉山、須崎の3御用邸。これらは法的に天皇家に無償でお貸ししている。浜離宮のような庭園は自治体に寄贈され、それ以外は老朽化により整理されている

戦前の天皇・皇室は全国に多数の離宮、御用邸を有していた。京都の桂離宮、箱根離宮、東京の浜離宮、新宿御苑も天皇家の所有だった。その数は18に上る。戦後それらの皇室財産は国有財産とされている

3 須崎御用邸
駿河湾から富士が望める景勝の地。天皇ご一家は冬の別荘としてご利用される

皇室の財産は国有

皇居や京都御所、御用邸などの皇室の財産は皇族の所有ではなく国有です。その運営にかかわる経費も、皇室経済法《こうしつけいざいほう》という法律によって国会で議決されています。

新年祝賀や宮中晩餐会などで着る礼服も、妃殿下・内親王が頭につけるティアラも国有財産です。

ふだんの洋服などの日用品以外には皇族は私物をもたれていません。

なお、皇室には御物《ぎょぶつ》とよばれる代々伝わる美術・工芸品が多数あります。その代表的なものは奈良の正倉院御物《しょうそういんぎょぶつ》で、宮内庁が管理しています。

また、１９８９年（平成１）に天皇家の御物が国に寄贈され、１９９３年に皇居の東御苑内に三の丸尚蔵館《しょうぞうかん》が開館しました。収蔵点数は約１万点におよびます。平安時代の小野道風《おののとうふう》の書、鎌倉時代の『蒙古襲来《もうこしゅうらい》絵詞《えことば》』、江戸時代の伊藤若冲《いとうじゃくちゅう》の絵、近現代の横山大観《よこやまたいかん》・東山魁夷《ひがしやまかいい》などの日本画まで収蔵されています。ただし、展示品はおりおりに入れ替えられるので一度に見ることはできません。

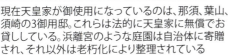

皇族とは男系の血すじでつながる天皇の子や孫の方々

皇位継承権《こういけいしょうけん》も男子のみ。内親王は結婚で皇籍《こうせき》を離脱《りだつ》。

皇室の人々

天皇と宮家のご一家を「皇室」といいます。皇室典範《こうしつてんぱん》という皇室に関する基本法によると、皇族は天皇のほか「皇后、太皇太后《たいこうたいごう》、皇太后《こうたいごう》、親王《しんのう》、親王妃、内親王《ないしんのう》、王、王妃および女王」です。太皇太后と皇太后は天皇の退位・崩御《ほうぎょ》された天皇の皇后、親王は天皇の男の子と孫、内親王は女の子と孫、王と女王は三世（曾孫《そうそん》）以下の男女で宮家《みやけ》に属する人です。このうち天皇ご一家と皇太子ご一家は内廷《ないてい》に属し、生活費も国から内廷費が支給されます。天皇・皇后の男子が成人し、内廷から外廷《がいてい》にうつると、宮家となります。その生活費は国から皇族費として支給されます。職員は公務員ではなく、皇族が私的に雇用《こよう》されています。

現在の皇室の人数は内廷5人、外廷14人です。敬称は、天皇・皇后は「陛下《へいか》」、皇太子以下は「殿下《でんか》」と決められています。

皇室に戸籍はなく皇籍がある

一般の国民は子どもが生まれると市町村の役所に届けて戸籍に入れますが、皇室に戸籍はありません。皇族は法律的に一般の国民とは別の存在なのです。

皇室に子どもが生まれると皇統譜《こうとうふ》という系図に記入されて「皇籍《こうせき》」に入ります。皇統譜は皇室典範にもとづいて作成され、男系の血縁でつながる系譜であることが大きな特色です。このため、皇室に養子縁組《ようしえんぐみ》は認められていません。

皇室に誕生した方以外に皇籍に入ることができるのは皇室の男子と結婚した女性だけです。皇室の女性は一般の男性と結婚すると皇籍から離れて、その夫とともに一般の戸籍に入ります。したがって、外廷の宮家を創設できるのも男子のみということになります。

皇位継承順位も男系です。第1位は天皇の長男（皇太子）、次に皇太子の長男なのですが、現在はいないので、第2位は皇太子の弟宮《おとみや》の秋篠宮文仁親王《あきしののみやふみひと》、第3位はその長男の悠仁《ひさひと》親王となっています。現在19人の皇族のうち、皇位継承権があるのは4人だけです。2019年には皇太子が即位され、秋篠宮文仁親王が皇嗣《こうし》となられる予定ですが、そうなると皇位継承者は3人で、悠仁親王の世代は1人だけになります。

これでは皇統の継続やご公務の維持が危ぶまれるので、皇室典範を改めて女性天皇、女性宮家も認められるべきだという意見があります。過去には10代の女性天皇がありました。しかし、女性天皇の子が皇位についた例、つまり女系天皇の例はないことから、女性天皇・女性宮家の創設には伝統重視の立場から反対する意見があります。

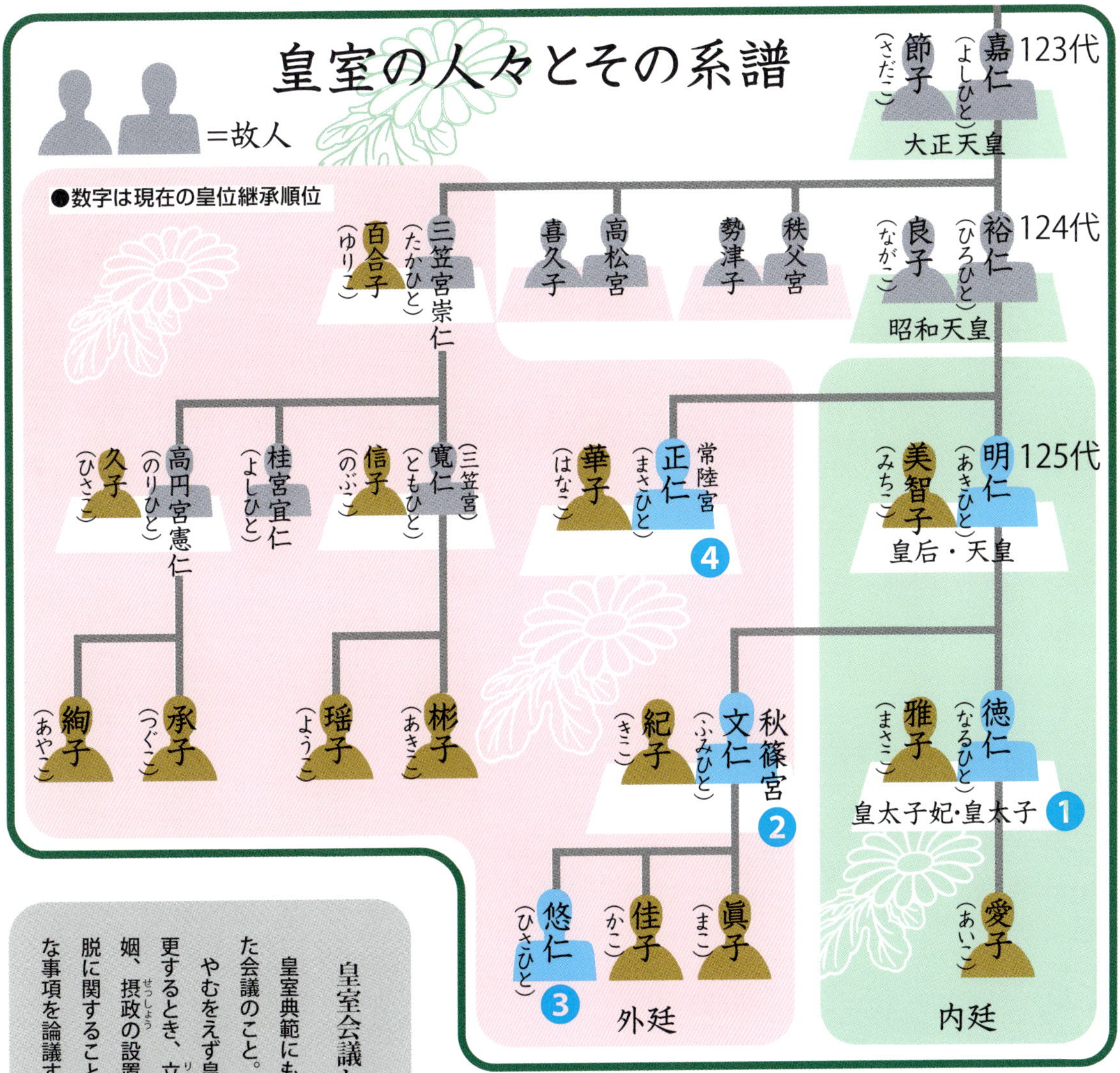
皇室の人々とその系譜
＝故人
●数字は現在の皇位継承順位
123代
嘉仁（よしひと）
節子（さだこ）
大正天皇
124代
裕仁（ひろひと）
良子（ながこ）
昭和天皇
秩父宮
勢津子
高松宮
喜久子
三笠宮崇仁（たかひと）
百合子（ゆりこ）
125代
明仁（あきひと）
美智子（みちこ）
皇后・天皇
常陸宮正仁（まさひと）
華子（はなこ）
4
寛仁（ともひと）（三笠宮）
信子（のぶこ）
桂宮宜仁（よしひと）
高円宮憲仁（のりひと）
久子（ひさこ）
徳仁（なるひと）
雅子（まさこ）
皇太子妃・皇太子
1
秋篠宮文仁（ふみひと）
紀子（きこ）
2
彬子（あきこ）
瑶子（ようこ）
承子（つぐこ）
絢子（あやこ）
愛子（あいこ）
眞子（まこ）
佳子（かこ）
悠仁（ひさひと）
3
外廷
内廷

皇室会議とは

皇室典範にもとづいて設置された会議のこと。

やむをえず皇位継承の順序を変更するとき、立后《りっこう》と皇族男子の婚姻、摂政《せっしょう》の設置、皇族の身分の離脱に関することなど、皇室の重大な事項を論議する。

議員は皇族2人、衆・参両院の議長・副議長、内閣総理大臣、宮内庁長官、最高裁判所長官・同判事1人の計10人で構成される。

皇族の2人は任期4年で、成人皇族の互選で決められる。

現在は秋篠宮文仁《あきしののみやふみひと》親王、常陸宮《ひたちのみや》正仁《まさひと》親王妃華子殿下のお二方である。

皇族の結婚と離婚

皇族の男子の婚姻《こんいん》は皇室会議で了承されなければなりません。皇族の女子の婚姻にその規定はありませんが、皇籍を離れることは皇室会議の議論にふされるので、やはりまったく自由ではありません。離婚《りこん》して皇籍を離れるときも同様です。

この点で皇族には、日本国憲法第24条の「婚姻は、両性の合意のみに基いて成立」という基本的人権にかかわる規定があてはまりません。皇族に恋愛の自由があるのかは議論の余地のあるところですが、いずれにせよ、一般の国民のようなわけにはいかないのが皇族の婚姻です。

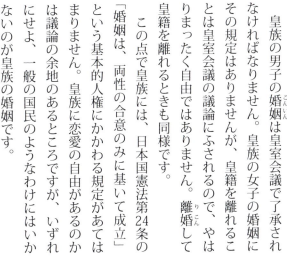

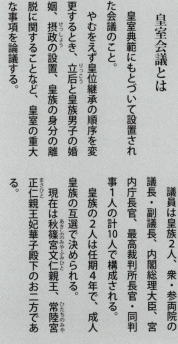

第1部
現在の天皇と皇室について
10

天皇と皇族の一年 さまざまな行事と日常の暮らし

いちばん行事が多いのは正月。

年の初めに

天皇の一年は元旦未明の四方拝《しほうはい》から始まります。宮中三殿に附属する神嘉殿《しんかでん》という建物で伊勢神宮の天照大神をはじめ、各地の天神地祇、歴代天皇の霊、十二支の方位の神々に礼拝する神事です。天皇は重要な儀式のときに天皇だけが着すことを許された黄櫨染御袍《こうろぜんのごほう》という平安時代から伝わる衣《い》冠束帯《かんそくたい》で四方拝に臨まれます。

その後、「晴《はれ》の御膳《ごぜん》」に向かわれます。一般のお節料理にあたるもので山海のめでたいものの料理です。ただし、これも儀式で天皇は箸を立てるだけで食べず、一年の豊饒《ほうじょう》を祈ります。その後のご家族そろっての朝食にはお餅《もち》を召し上がります。それは白味噌《しろみそ》とゴボウを餅で包んだ菱葩《ひしはなびら》という和菓子のような餅です。平安時代にはじまり、今の雑煮《ぞうに》のもとになったといわれます。

その後、洋装の礼服に着替えて、皇后、皇族方とともに新年祝賀の儀に臨まれます。皇居の宮殿で衆・参両院議長、内閣総理大臣、最高裁判所長官、都道府県知事・議会議長、各国の外交使節団の長などから新年の祝賀を受ける国事行為です。

一年のおもな行事

皇室の一年は元旦の儀式から始まり、1月2日には天皇・皇后と皇族方が宮殿で一般参賀に臨まれます。その後、一年間に15ページに掲載した宮中祭祀《きゅうちゅうさいし》がつづきます。そのうち元旦の四方拝とともに重要な祭祀は11月23日の新嘗祭《にいなめさい》です。これは秋の新穀《しんこく》の稔りを祝う儀式で、皇居内の水田で天皇みずから植えられた稲を用いて行われます。古代からの収穫の祭りで、今日の勤労感謝の日のもとになりました。

新年祝賀の儀にはじまる天皇の国事行為も、国会の召集など一年間にさまざまなことがあります（→12ページ）。そして、さらに多岐《たき》にわたるのがご公務です。よくテレビや新聞で報道される恒例《こうれい》の行事をあげれば、次のようなものがあります。

◎講書始《こうしょはじめ》の儀……1月。さまざまな分野の学問の権威を皇居に招き、天皇・皇后、皇族方が説明をお聴《き》きになる。

◎歌会始《うたかいはじめ》の儀……1月、天皇の御製《ぎょせい》をはじめ、一般公募で入選した歌が披露《ひろう》される。

◎春・秋の園遊会……赤坂御苑で衆・参両院議長、内閣総理大臣ほか各界の功労者、各国の外交使節団の長などを招いて行われる。

◎春・秋の勲章《くんしょう》親授式……皇居で天皇から受章者に勲章が授与される。

◎全国戦没者追悼式《ついとうしき》……8月15日の終戦記念日に政府主催で日本武道館で行われる

式典に臨席され、お言葉をのべられる。
◎国民体育大会（国体）全国植樹祭……
各都道府県の持ち回りで毎年開かれ、天皇・皇后または皇太子・同妃が臨席される。

5月　天皇の御田植え
皇居内の水田に天皇みずからが田植えをされる。

11月　新嘗祭へ
秋に収穫された稲が新嘗祭にお供えされ、伊勢神宮の神嘗祭にも供えられる
午後6時より、神嘉殿という特別な御殿で、天皇と4人の采女(天皇の祭祀の助手)のみによって行われる。収穫の稔りを天照大神と共に食する秘儀

12月　12月31日大晦日　節折、大祓
5本の細い篠竹を持ちて、天皇の身体の寸法を5か所測り印をつけ、その印の箇所を折るなど、独特の汚れ祓いの祭祀が行われる

年間　その他の多彩な年間行事
春・秋の園遊会
春・秋の勲章親授式
全国植樹祭
全国戦没者追悼式
国民体育大会　などなど

1月　新年元旦　未明から始まる天皇の祭祀　　四方拝

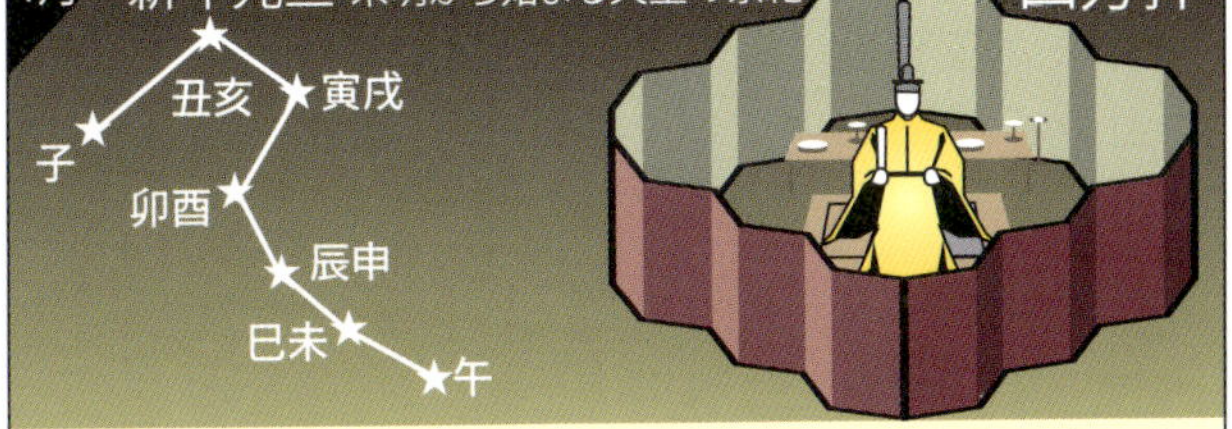

天皇は干支を北斗七星に配置した属星から拝礼し、ついで北の天を、北西の地を拝礼したと伝えられ、北東南西と拝礼する

元旦の未明5時より、天皇一人によって行われる秘儀。その年の方位に、そして四方の神域への拝礼を行い、この年の国家と国民の安寧を願う

新年のご挨拶

天皇皇后は、宮殿にて、ご家族、政府関係者から新年のご挨拶を受けられる。2日は、一般参賀にて国民からの挨拶を受けられる

5月　皇后の御養蚕

5月の初めに、宮内庁の御養蚕所で皇后陛下によって、孵化した蚕に桑の葉が与えられ、その後御養蚕が6月末まで行われる。これは歴代皇后によって受け継がれたもの

講書始の儀
人文科学、社会科学、自然科学の3分野の権威を招き、天皇を始め、皇室の方々がその講義を拝聴する

歌会始の儀
1月10日前後に行われる、天皇への歌の献上の儀式。その年のお題に広く歌が寄せられる

皇族の日常生活

ご公務に多忙な天皇・皇后にもプライベートな時間はあります。今の天皇・皇后はウォーキングやテニスを楽しまれたり、楽器の演奏、読書などの趣味の時間ももたれています。天皇は皇居内で愛用の自動車を運転されることもあります。公道ではないので運転免許証は不要ですが、天皇は免許証をもたれています。テレビ・新聞もよく御覧になっているそうです。

天皇は園遊会などに招かれた人と短い会話をされますが、招待者のプロフィールの書類に目を通すだけでなく、世事にも通じていることが大切なのでしょう。

音楽は皇族の方々の大切な趣味、素養になっています。今の皇太子はビオラの演奏がご趣味で、学習院OBのオーケストラの定期演奏会に参加されています。また、登山がお好きで、那須御用邸での静養のおりなどに登山に出かけられています。

外廷の皇族方の日常生活は、内廷の天皇・皇太子ご一家にくらべて自由度が大きく、買い物なども楽しまれています。スマホもお持ちで、友人とメールのやりとりもされるようです。また、皇族方も公益法人などの職員として勤められる例があり、一般の職員と同様に仕事をされます。

第1部
現在の天皇と皇室について
11

天皇と皇族の一生 誕生から葬儀まで

もしも皇族に生まれたら、こんな一生を送る

懐妊から出産、成人まで

皇太子妃や宮家の妃殿下がご懐妊されると、宮内庁病院で検査を受けられて、宮内庁が国民に発表します。懐妊5か月目の戌《いぬ》の日には安産を願って「御着帯《おんちゃくたい》の儀」が行われます。出産は宮内庁病院で行われてきましたが、秋篠宮紀子妃《あきしののみやきこひ》が2006年（平成18）9月6日に悠仁《ひさひと》親王を出産されたのは恩賜財団母子愛育会の愛育病院でした。

誕生された赤ちゃんは「新宮」と呼ばれます。誕生当日に天皇から守り刀をいただく「賜剣《しけん》の儀」が行われ、枕元に守り刀が置かれます。お七夜には名前がつけられる「命名の儀」が行われます。親王は「仁（ひと）」、内親王は「子」とつけ、漢字2字の名がならわしです。

また、皇太子の新宮には称号が与えられます。愛子内親王の敬宮《としのみや》が称号です。また、皇族にはお一人ずつ「お印《しるし》」が決められます。お印は持ち物などに付けられるシンボルです。たとえば、愛子内親王はゴヨウツツジ、悠仁親王は高野槇《こうやまき》のお印です。

昔の皇室では新宮は乳母にあずけて育てられましたが、現在は誕生時からご両親のもとで育てられます。そうなったのは現在の皇太子の浩宮徳仁《ひろのみやなるひと》親王が1960年（昭和35）2月23日に誕生されてからです。

生後50日くらいには宮中三殿へのお参り、120日目くらいに「箸初《はしぞ》めの儀」などがつづき満18歳になると成年式を迎えます。

皇族の教育

皇族は学習院で学ばれます。もとは江戸時代の1847年（弘化4）に京都につくられた皇族のための学校で、現在は学習院大学・学習院女子大学と付属の初等科・中等科・高等科があり、一般の子どもも入学できます。今は他の大学に進学される皇族もおられます。

結婚

皇族の結婚は皇族会議で審議される重大なことです（→23ページ）。相手が決まると、まず一般の結納にあたる「納采《のうさい》の儀」が行われ、次に「告期《こっき》の儀」が行われて、式の日取りが決まります。親王の結婚は国家の儀式として皇居で営まれ、その後、御成婚《ごせいこん》のパレードが行われます。

譲位と即位

歴史的には生前に退位して次の天皇に譲《じょう》位《い》し、上皇になる例がよくありました。しかし、今の皇室典範には第4条「天皇が崩《ほう》じたときは、皇嗣《こうし》が、直ちに即位する」とあるだけで、生前の退位が想定されていません。しかし、現在の天皇がご高齢のため

大喪《たいそう》の儀が・・・

天皇が亡くなることを崩御(ほうぎょ)といい、その式典を大喪の儀という。50日ほどの間に様々な儀式が行われて、天皇は葬られる

そして時が経ち

大嘗祭《だいじょうさい》に臨まれる

天皇が即位して初めての新嘗祭が大嘗祭。この大嘗祭を終えて天皇の即位が成ると言われる

お誕生

天皇から守り刀が贈られる

命名の儀 7日目

天皇から御名が贈られる。男子には仁の、女子には子の字がつけられる

新宮

秋篠宮妃紀子様

秋篠宮悠仁様

天皇から身の回りの品に徴すお印が贈られる。この儀式の後に、皇室の正式な一員となる

5歳

着袴の儀と深曽木の儀

男子は滝の意匠の「落滝津の御服」に白絹の袴、女子は濃色の小袖と袴を着する。その後に、手に小松と山橘を持ち碁盤に乗り髪を切り、掛け声とともに飛び降りる

そして御即位

元号が定まる

新天皇の在位に合わせて、新しい元号が閣議決定されます

天皇の国事行為に必要な、日本国の国璽と天皇の御璽が新天皇に引き継がれる

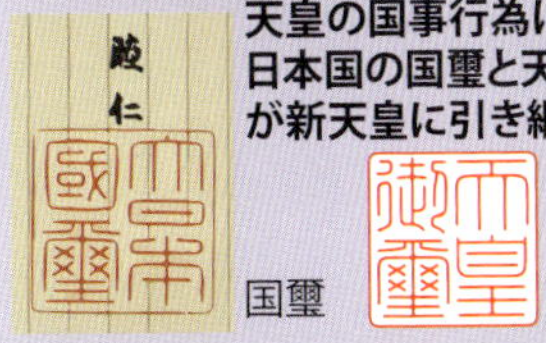

国璽　御璽

天皇は「高御座」(たかみくら)から、即位のお言葉を述べられる

18歳　成年式

加冠の儀(かかんのぎ)と朝見の儀

天皇・皇后と参列者の前に成年前の姿で現れ、成年の冠を被った後に、成年の覚悟と感謝をのべる

そして
ご成婚

結婚の儀と朝見の儀

宮中三殿での拝礼が結婚の儀。その後、ご夫婦として初めて天皇・皇后へのご挨拶を行い感謝と抱負をのべる

御成婚パレード

平成の天皇の御成婚パレードは沿道を53万人が埋め、初めてテレビでの実況中継が行われた

に退位を希望するお気持ちを発表されたことを受けて皇室典範の特例法が国会で議決され、２０１９年４月30日に退位、翌日、現在の皇太子が即位される予定です。

　新天皇の即位には３つの段階があります。まず、践祚《せんそ》（皇位をうけつぐこと）の儀式です。三種の神器と御璽《ぎょじ》・国璽《こくじ》（→13ページ）をうけつぐ「剣爾渡御《けんじとぎょ》の儀」が行われ、即位式は日をおいて行われます。さらに11月に天皇一代に一度の特別の新嘗祭《にいなめさい》である大嘗祭《だいじょうさい》が行われます。大嘗祭の挙行によって即位が完了するものとされています。

天皇と皇族の葬儀

　天皇・皇后・皇太后が崩御《ほうぎょ》（死亡）されると、国家の儀式として「大喪《たいそう》」が行われます。それは一般の葬儀にあたる儀式で、このとき「○○天皇」という天皇号がつけられます。亡くなってからおくる名なので追号《ついごう》といいます。「昭和天皇」というのも追号で、生前は「裕仁《ひろひと》」という名が使われていました。ご遺体は東京都八王子市にある武蔵陵墓地《むさしりょうぼち》に埋葬されます。

　皇族方は東京都文京区にある豊島岡墓地《としまがおかぼち》に遺骨《いこつ》が埋葬されます。

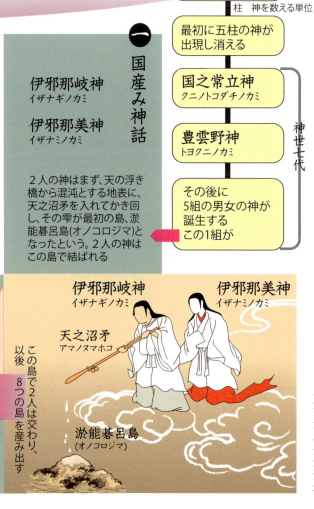

天地の誕生と日本の国土創造のものがたり

天地のはじまり

古事記では

天
地

初めに
天と地が分かれた。
その前のことは
書かれていない

日本書紀では

天
混沌
地

天と地が分かれる前は、
すべては卵のように
混沌(こんとん)と混ざり
あっていた。
そこから空気のように
澄んだものが天に、
泥のように濁ったものが
地となった
天に生まれた神々

柱　神を数える単位

最初に五柱の神が出現し消える

国之常立神
クニノトコタチノカミ

豊雲野神
トヨクニノカミ神世七代
その後に
5組の男女の神が
誕生する
この1組が

㊀ 国産み神話

伊邪那岐神
イザナギノカミ

伊邪那美神
イザナミノカミ

２人の神はまず、天の浮き橋から混沌とする地表に、天之沼矛を入れてかき回し、その雫が最初の島、淤能碁呂島(オノコロジマ)となったという。２人の神はこの島で結ばれる

伊邪那岐神
イザナギノカミ
伊邪那美神
イザナミノカミ
天之沼矛
アマノヌマホコ
淤能碁呂島
(オノコロジマ)

この島で２人は交わり、以後８つの島を産み出す

初めに天と地が分かれた。高天原《たかまがはら》に神々が出現し、地に日本の島々をつくった。

天地の始まりの物語

『古事記《こじき》』は「天と地が初めて分かれたとき、高天原《たかまがはら》（天界）に神々が次々にあらわれ、伊邪那岐神《イザナギノカミ》と妻の伊邪那美神《イザナミノカミ》の夫婦神が、どろどろだった地に島をつくった」と始まります。そのお話が上図の㊀国産《くにう》み神話です。矛《ほこ》で泥をかきまぜると、淤能碁呂《おのころ》島《じま》ができました。そこから㊁大八洲《おおやしま》（日本の島々）が生まれてきます。それからイザナミが海や風の神を産みだします（㊂）。日本の古代神話では、物事が「神」の名でよばれるので、海や風が生まれたということです。そして火の神を産んだとき、イザナミは大やけどをして死んでしまい、死の国である黄泉《よみ》に行きました。イザナギは妻をおいかけて黄泉に行きますが、逃げ帰ってきます。そして、川で体を洗ったとき、両眼と鼻から三貴神《さんきしん》が生まれました（㊃）。

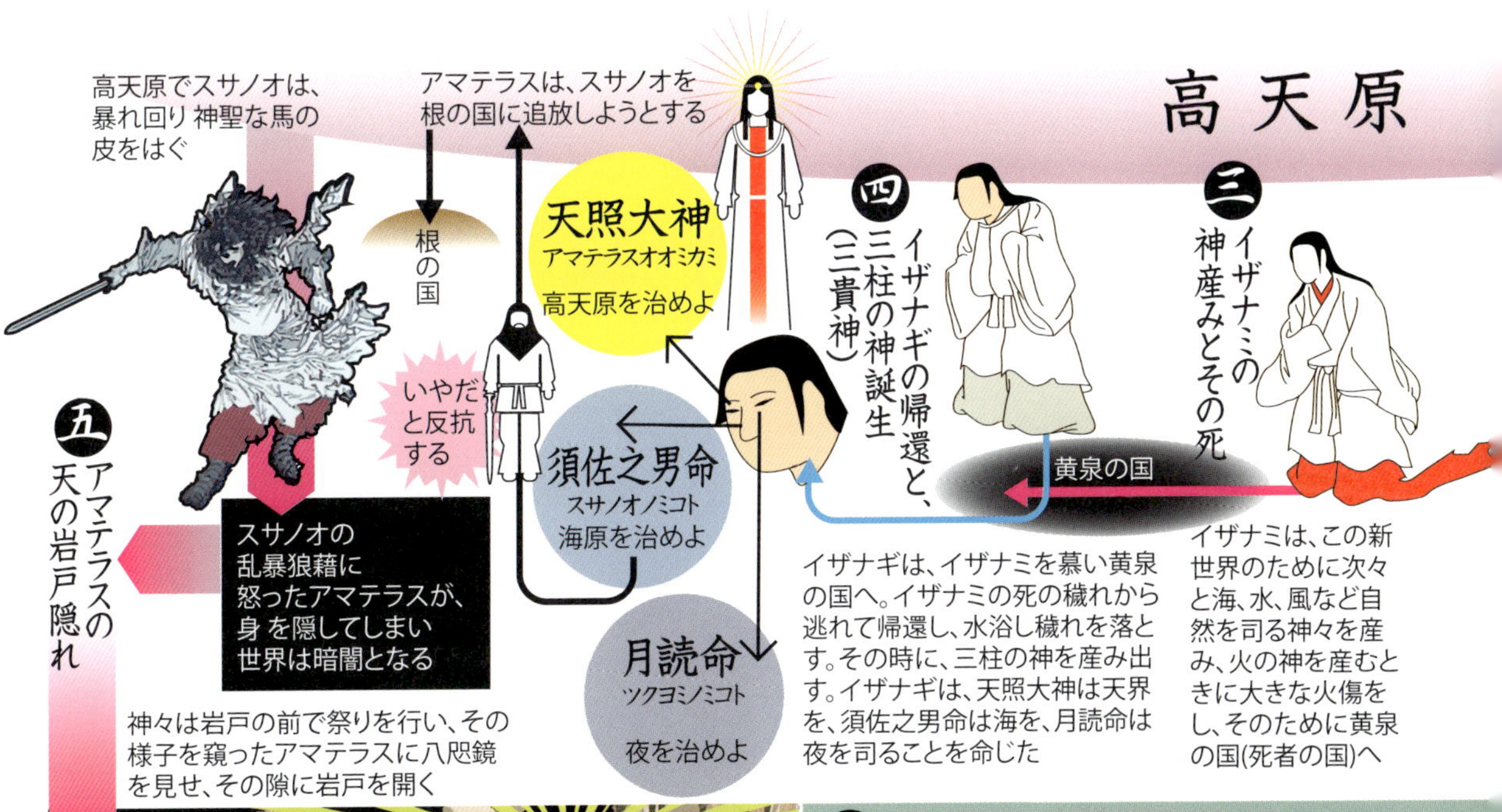
高天原
三 イザナミの神産みとその死
イザナミは、この新世界のために次々と海、水、風など自然を司る神々を産み、火の神を産むときに大きな火傷をし、そのために黄泉の国(死者の国)へ
黄泉の国
四 イザナギの帰還と、三柱の神誕生(三貴神)
イザナギは、イザナミを慕い黄泉の国へ。イザナミの死の穢れから逃れて帰還し、水浴し穢れを落とす。その時に、三柱の神を産み出す。イザナギは、天照大神は天界を、須佐之男命は海を、月読命は夜を司ることを命じた
天照大神
アマテラスオオミカミ
高天原を治めよ
須佐之男命
スサノオノミコト
海原を治めよ
月読命
ツクヨミノミコト
夜を治めよ
いやだと反抗する
根の国
アマテラスは、スサノオを根の国に追放しようとする
高天原でスサノオは、暴れ回り神聖な馬の皮をはぐ
スサノオの乱暴狼藉に怒ったアマテラスが、身を隠してしまい世界は暗闇となる
五 アマテラスの天の岩戸隠れ
神々は岩戸の前で祭りを行い、その様子を窺ったアマテラスに八咫鏡を見せ、その隙に岩戸を開く

ここで三種の神器の八咫鏡が登場

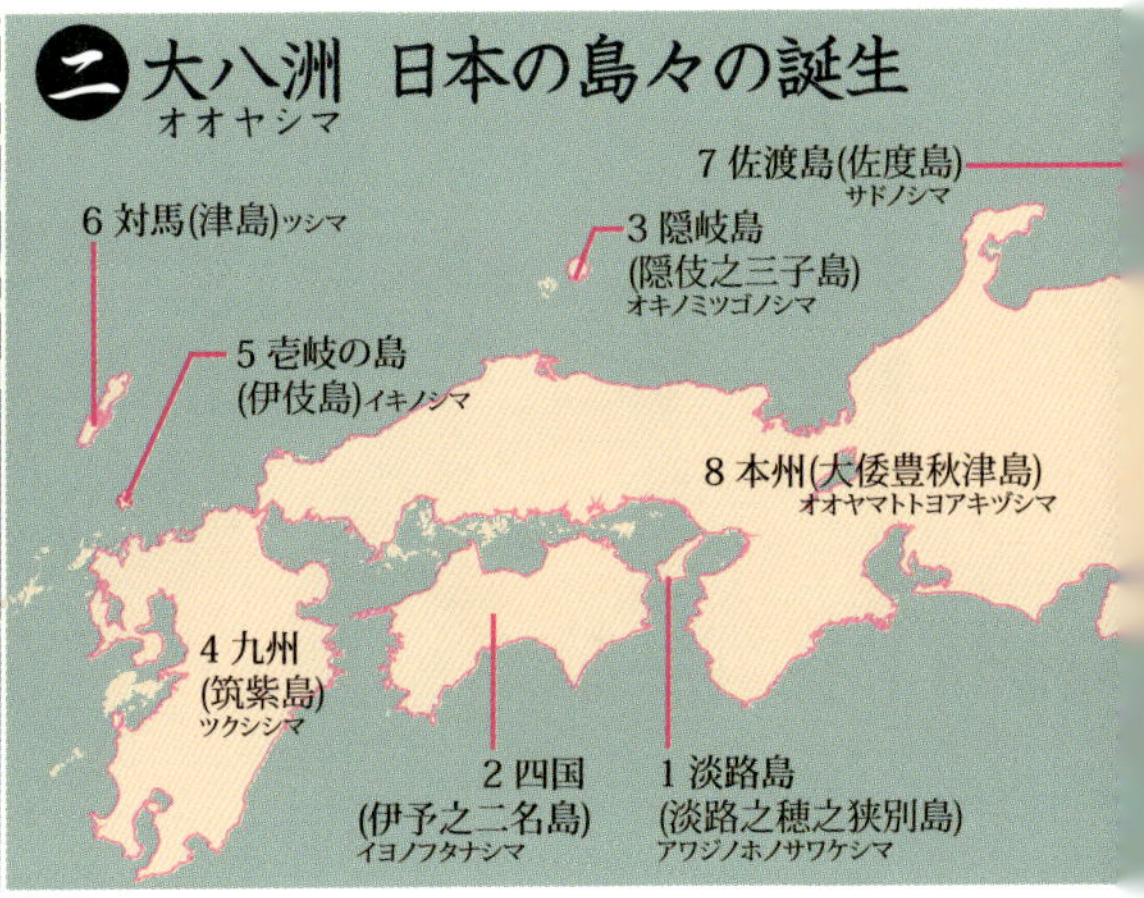
二 大八洲 日本の島々の誕生
オオヤシマ
1 淡路島
(淡路之穂之狭別島)
アワジノホノサワケシマ
2 四国
(伊予之二名島)
イヨノフタナシマ
3 隠岐島
(隠伎之三子島)
オキノミツゴノシマ
4 九州
(筑紫島)
ツクシシマ
5 壱岐の島
(伊伎島)イキノシマ
6 対馬(津島)ツシマ
7 佐渡島(佐度島)
サドノシマ
8 本州(大倭豊秋津島)
オオヤマトトヨアキヅシマ

そのなかの須佐之男命《スサノオノミコト》は乱暴で、姉の天照《アマテラス》大神《オオミカミ》が天《あま》の岩戸《いわと》に隠《かく》れて世の中が真っ暗になることがありました。そのとき八咫鏡《やたのかがみ》がつくられたということです（五）。

『古事記』『日本書紀』と『風土記』

　このような創世神話は世界の民族・部族ごとに自分たちの先祖や土地の由来（そこに住む権利があること）を語るもので、敵を打ち破る戦いの神がよく登場します。

『古事記』は712年、『日本書紀《にほんしょき》』は720年、各地の部族のなかで大王《おおきみ》（天皇）の地位が確立してきた奈良時代の初期に天皇の命令という形で編まれました。『古事記』は国の誕生の神話をつづり、『日本書紀』は創世神話に加えて初代神武《じんむ》天皇から持統《じとう》天皇（在位690〜697年）までの歴代天皇の年代記で、国家の正史として編まれました。

　同じ時期に全国の国ごとに土地の由来や産物を調べて朝廷《ちょうてい》に報告するようにと『風《ふ》土記《どき》』の編集が諸国に命じられました。いわば史上初の国勢調査《こくせいちょうさ》です。これらの書物は飛鳥《あすか》・奈良の都を建設した大和《やまと》王権と天皇の成立をものがたります。

＊神名と漢字の表記は『古事記』と『日本書紀』ですこし異なる。本書では一般的なほうに統一した。

スサノオと大国主のものがたり 三種の神器の剣の出現

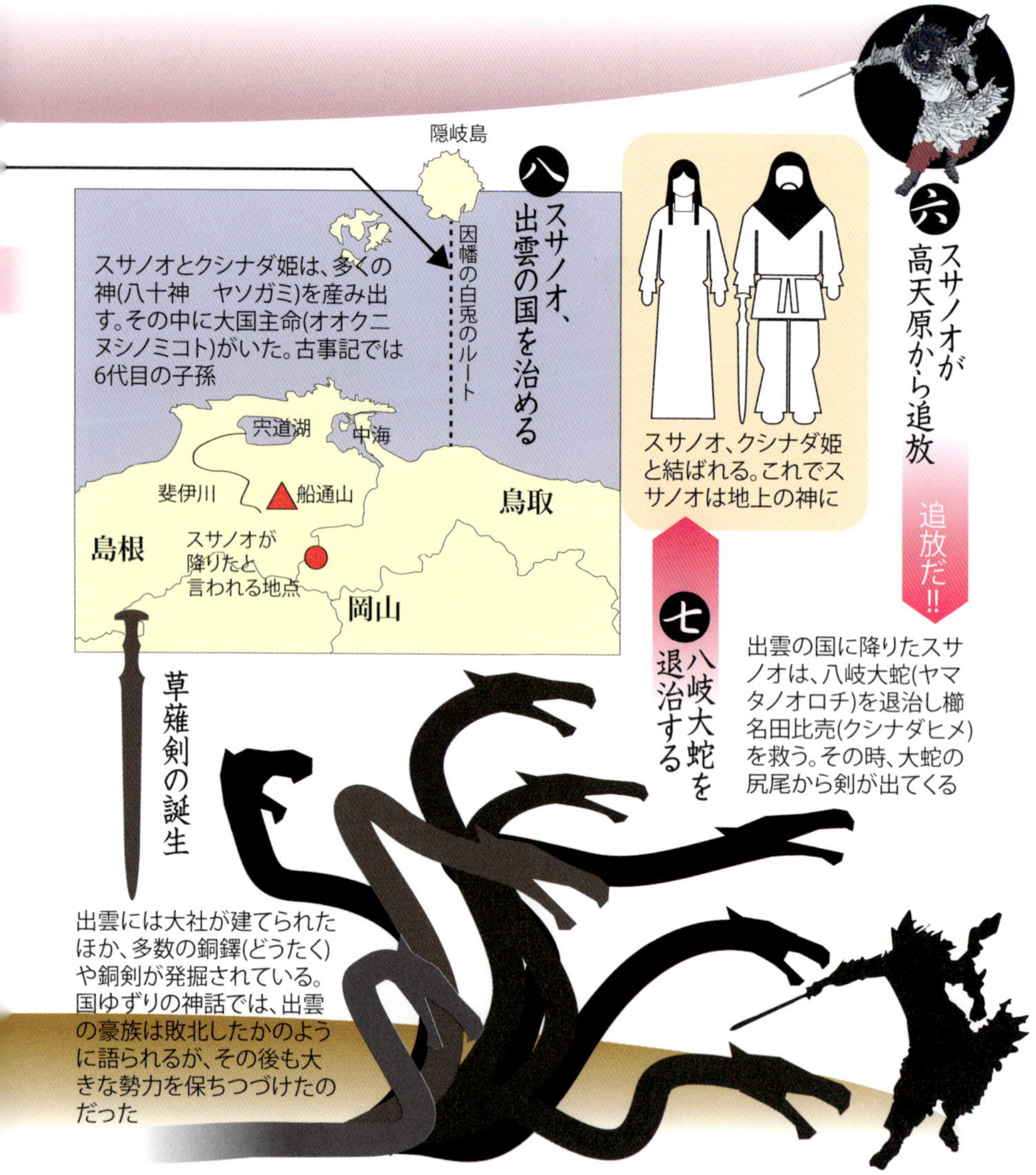
六 スサノオが高天原から追放
追放だ!!
スサノオ、クシナダ姫と結ばれる。これでスサノオは地上の神に
七 八岐大蛇を退治する
出雲の国に降りたスサノオは、八岐大蛇(ヤマタノオロチ)を退治し櫛名田比売(クシナダヒメ)を救う。その時、大蛇の尻尾から剣が出てくる
八 スサノオ、出雲の国を治める
隠岐島
因幡の白兎のルート
スサノオとクシナダ姫は、多くの神(八十神　ヤソガミ)を産み出す。その中に大国主命(オオクニヌシノミコト)がいた。古事記では6代目の子孫
宍道湖
中海
斐伊川
船通山
鳥取
島根
スサノオが降りたと言われる地点
岡山
草薙剣の誕生
出雲には大社が建てられたほか、多数の銅鐸(どうたく)や銅剣が発掘されている。国ゆずりの神話では、出雲の豪族は敗北したかのように語られるが、その後も大きな勢力を保ちつづけたのだった

スサノオが地上を治めた。その子孫の大国主《おおくにぬし》が出雲《いずも》に豊かな国をつくった。

古代神話の天地

『古事記《こじき》』『日本書紀《にほんしょき》』に語られている古代の神話は、あわせて「記紀《きき》神話」といいます。その世界は天と地と、そのまわりの国に分かれています。天の国は高天原《たかまがはら》、地は葦原中国《あしはらのなかつくに》（中つ国）です。稲《いね》がよくそだつ湿原《しつげん》に人が暮らす中心の国があるというわけでしょうが、黄泉《よみ》という死者の国が地下にあるとすると、天と地下の中間に地上の「中つ国」があることになります。

乱暴な須佐之男命《スサノオノミコト》は中つ国から、この世とあの世の境にある黄泉比良坂《よもつひらさか》のむこうの「根《ね》の堅州国《かたすのくに》（根の国）」に追いやられたという話もあります。そこは黄泉の国の同じようなところです。また、どこか遠くに「常世《とこよ》の国」というユートピアがあるといいます。

スサノオは伊邪那岐神《イザナギノカミ》の子で、海を治め

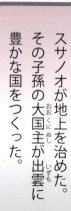

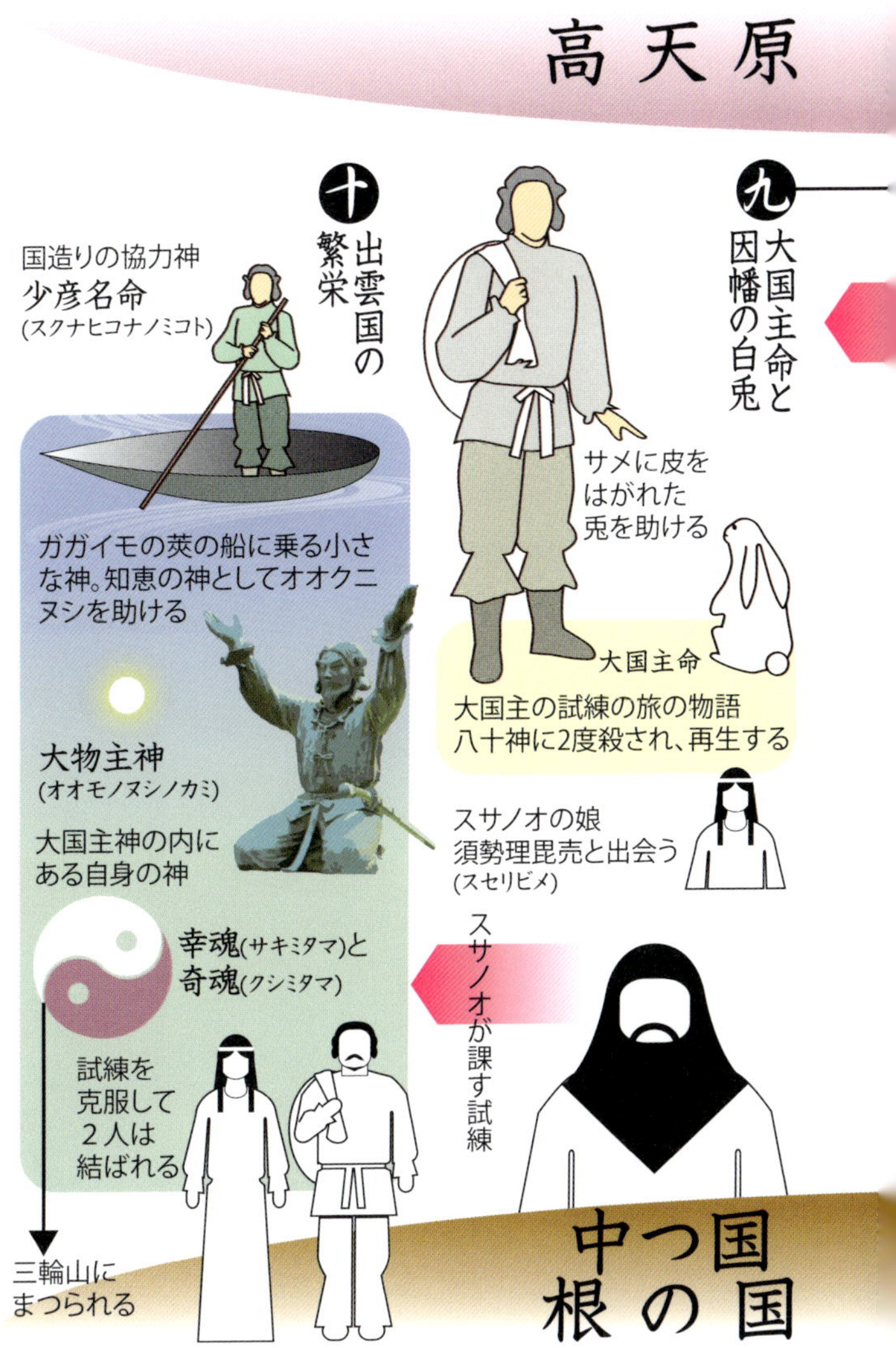
高天原
九
大国主命と因幡の白兎
サメに皮をはがれた兎を助ける
大国主命
大国主の試練の旅の物語
八十神に2度殺され、再生する
スサノオの娘
須勢理毘売と出会う
(スセリビメ)
スサノオが課す試練
十
出雲国の繁栄
国造りの協力神
少彦名命
(スクナヒコナノミコト)
ガガイモの莢の船に乗る小さな神。知恵の神としてオオクニヌシを助ける
大物主神
(オオモノヌシノカミ)
大国主神の内にある自身の神
幸魂(サキミタマ)と
奇魂(クシミタマ)
試練を克服して2人は結ばれる
三輪山にまつられる
中つ国
根の国

るように命じられていましたが、それに反して地上に豊かな国をつくりました。稲、麦などの穀物《こくもつ》もスサノオの体から生まれたといいます。

出雲の国の栄え

さて、前ページの神話のつづきです。スサノオは姉の天照大神《アマテラスオオミカミ》によって高天原から追放されました（六）。そして出雲《いずも》の国（島根県出雲市あたり）に来て、泣いている老夫婦に出会いました。聞くと、八岐大蛇《やまたのおろち》という八頭《とう》八尾《び》のヘビが娘の櫛名田比売《クシナダヒメ》を食べに来るというのです。スサノオは大蛇《おろち》を退治し、尾から剣をみつけました。天叢雲《あめのむらくもの》剣《つるぎ》といいますが、のちに草薙剣《くさなぎのつるぎ》とよばれ、三種の神器のひとつになります（七）。

スサノオはクシナダヒメと結婚して出雲の国を治め、多くの神を産みだしました（八）。その6代目の子孫に大穴牟遅神《オオナムチノカミ》がいました。のちに大国主《オオクニヌシ》とよばれ、因幡《いなば》の白《しろ》兎《うさぎ》の話で知られる神です（九）。オオクニヌシは兄の神々に憎まれて殺されますが、母の神と高天原の神がよみがえらせました。

兄たちはいよいよオオクニヌシを憎みます。そこで木国《きのくに》（紀伊《きい》／和歌山県）にのがれ、さらにスサノオがいる根の堅州国に逃げました。

そこにスサノオの娘、須勢理毘売《スセリビメ》がいました。スセリビメはオオクニヌシと結婚したいと父のスサノオに願います。スサノオはオオクニヌシをヘビやムカデがいっぱいの部屋にとじこめるなど、数々の試練《しれん》を与えました。スサノオは試練に負けなかったオオクニヌシに「大国主」という名を与えて中つ国を治めるように命じたのです。

オオクニヌシは出雲の国にもどり、ガガイモという草の実の莢《さや》に乗る少彦名《スクナヒコナ》という神とともに国づくりをはじめました（十）。

ところで、スクナヒコナは常世の国にいたとき、海にかがやくものを見ました。それは豊かな稔りをもたらす水の神で、大物《オオモノ》主《ヌシ》といいます。この神はオオクニヌシの分身のような神です。豊かさをもたらすという幸魂《さきみたま》・奇魂《くしみたま》とともに三輪山《みわやま》のふもとの大《おお》神神《みわ》社（奈良県桜井市）にまつられています。

天皇家の祖先の神が地に下って国々の神をしたがえた

天照大神《あまてらすおおみかみ》は孫を地に下し、地上を治めさせることにした。

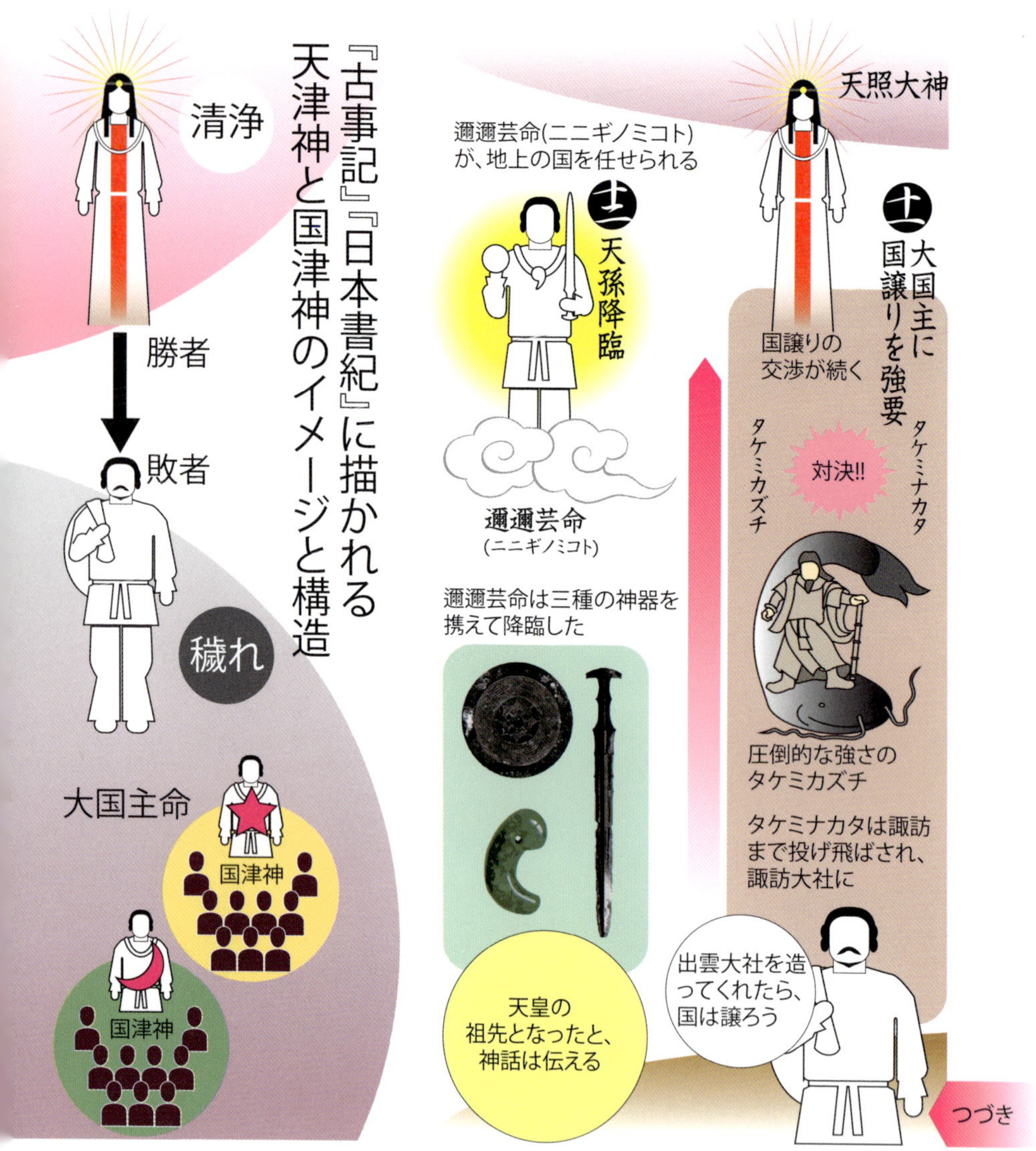
『古事記』『日本書紀』に描かれる天津神と国津神のイメージと構造
清浄
勝者
敗者
穢れ
大国主命
国津神
国津神
天照大神
⑪ 大国主に国譲りを強要
国譲りの交渉が続く
タケミナカタ
タケミカヅチ
対決!!
圧倒的な強さのタケミカヅチ
タケミナカタは諏訪まで投げ飛ばされ、諏訪大社に
出雲大社を造ってくれたら、国は譲ろう
邇邇芸命(ニニギノミコト)が、地上の国を任せられる
⑫ 天孫降臨
邇邇芸命
(ニニギノミコト)
邇邇芸命は三種の神器を携えて降臨した
天皇の祖先となったと、神話は伝える
つづき

出雲の国ゆずり

出雲《いずも》にはオオクニヌシによって豊かな国がつくられました。高天原《たかまがはら》の天照大神《アマテラスオオミカミ》は、それを見て、その豊かな国は自分の子孫が治めるべきだと考えて高天原の神を使者にして地に下し、オオクニヌシに国をゆずるようにと交渉《こうしょう》しました（⑪）。使者は何度も行きましたが、そうかんたんに決着はつきません。最後に建御雷《タケミカヅチ》が高天原から出雲に下されました。地震をひきおこすナマズに乗るともいわれる強力な武神です。

オオクニヌシの子の事代主《コトシロヌシ》は出雲にオオクニヌシをまつる神社（今の出雲大社《いずもたいしゃ》）をつくることを条件として国をゆずることを承知しました。しかし、もう1人の子の建《タケ》御名方《ミナカタ》は承伏しません。タケミカヅチに戦いをいどんで負け、信濃国《しなののくに》の諏訪湖《すわこ》のあたりまで追いはらわれて今の諏訪大社（長野

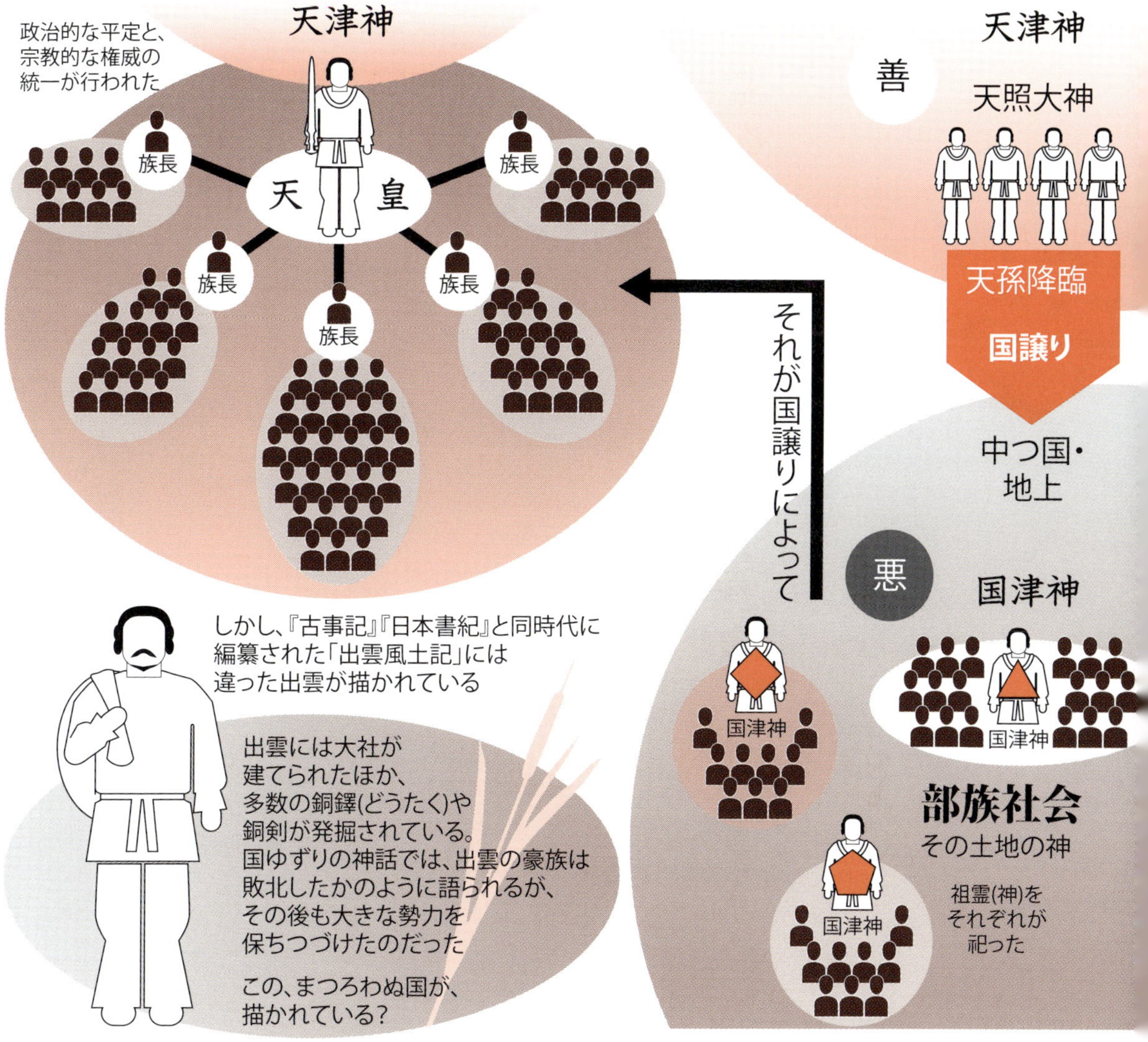
天津神
政治的な平定と、宗教的な権威の統一が行われた
族長
族長
天
皇
族長
族長
族長
それが国譲りによって
天津神
善
天照大神
天孫降臨
国譲り
中つ国・地上
悪
国津神
国津神
国津神
部族社会
その土地の神
国津神
祖霊(神)をそれぞれが祀った
しかし、『古事記』『日本書紀』と同時代に編纂された「出雲風土記」には違った出雲が描かれている
出雲には大社が建てられたほか、多数の銅鐸(どうたく)や銅剣が発掘されている。国ゆずりの神話では、出雲の豪族は敗北したかのように語られるが、その後も大きな勢力を保ちつづけたのだった
この、まつろわぬ国が、描かれている?

県諏訪市）にまつられています。

天津神と国津神

出雲の国ゆずりで地上の葦原中国《あしはらのなかつくに》を手に入れた天照大神は孫の邇邇芸命《ニニギノミコト》に地上を治めさせることにし、日向国《ひゅうがのくに》（宮崎県）の高《たか》千穂峰《ちほのみね》に下しました。天照大神の孫が下ってきたので天孫降臨《てんそんこうりん》といいます（⓬）。このとき、天照大神は自分の身代わりとして、三種の神器の八咫鏡《やたのかがみ》を孫のニニギに与え、天叢雲剣《あめのむらくものつるぎ》（草薙剣《くさなぎのつるぎ》）を持たせました。もうひとつの神器の勾玉《まがたま》はニニギが身につけていたのでしょう。

ところで、この神話によると、地上の葦原中国は出雲（島根県）か日向（宮崎県）にあるといえます。それは、出雲と日向のあたりに大きな豪族《ごうぞく》がいたことを伝えるものだと考えられます。大和、信濃などの各地にも大小の豪族がいたのでしょう。そのなかで勢力をました豪族が高天原の神々（天津神《あまつかみ》）の子孫だといい、各地の神々（国津神《くにつかみ》）を祖先神《そせんしん》とする豪族を支配して、地上の国、すなわち葦原中国全体を治めるようになっていきます。上図は天津神《あまつかみ》と国《くに》津神《つかみ》の関係を表します。

神武天皇が東に遠征して大和で初代天皇になった

山幸彦《やまさちひこ》から男系の皇統《こうとう》が始まる。
神武東征《じんむとうせい》によって大和政権と
初代天皇が誕生した。

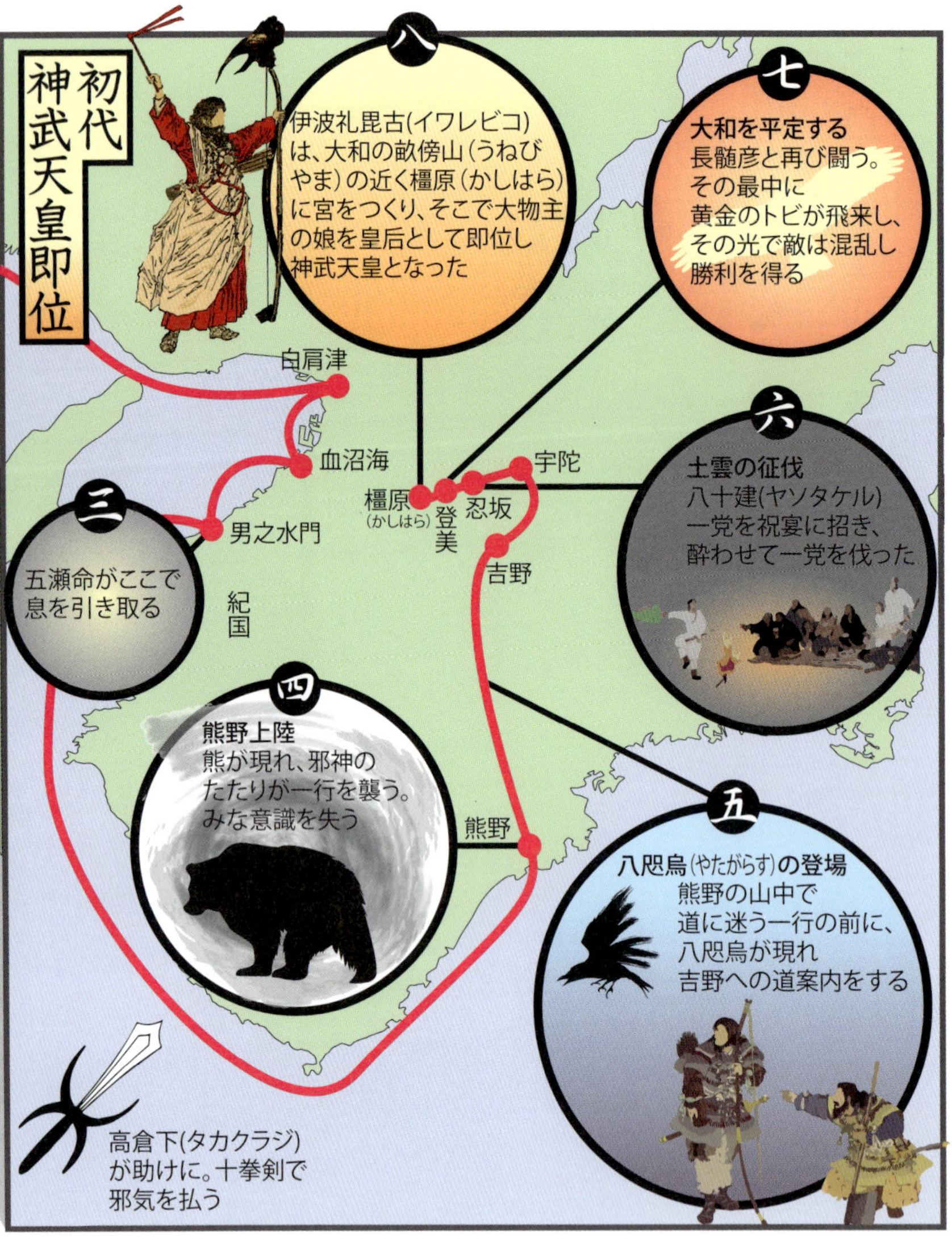
初代
神武天皇即位
八
伊波礼毘古(イワレビコ)は、大和の畝傍山(うねびやま)の近く橿原(かしはら)に宮をつくり、そこで大物主の娘を皇后として即位し神武天皇となった
七
大和を平定する
長髄彦と再び闘う。その最中に黄金のトビが飛来し、その光で敵は混乱し勝利を得る
六
土雲の征伐
八十建(ヤソタケル)一党を祝宴に招き、酔わせて一党を伐った
白肩津
血沼海
男之水門
橿原(かしはら)
登美
忍坂
宇陀
吉野
紀国
熊野
三
五瀬命がここで息を引き取る
四
熊野上陸
熊が現れ、邪神のたたりが一行を襲う。みな意識を失う
五
八咫烏(やたがらす)の登場
熊野の山中で道に迷う一行の前に、八咫烏が現れ吉野への道案内をする
高倉下(タカクラジ)が助けに。十拳剣で邪気を払う

海幸彦と山幸彦の話

日向《ひゅうが》の高千穂峰《たかちほのみね》に下った天孫《てんそん》ニニギは、上木花之佐久夜毘売《コノハナノサクヤビメ》という娘と結婚して、図左側の海幸彦《うみさちひこ》・山幸彦《やまさちひこ》の兄弟を産みました。山幸彦が兄に借りた釣り針を海でなくしてしまい、どうしても返せと言われて、海にさがしにいく物語で知られています。山幸彦は海の神に助けられて針を見つけました。そして海の神の娘の豊玉姫《トヨタマヒメ》と結婚し、生まれた男の子（鸕鶿草葺不合尊《ウガヤフキアエズノミコト》）がニニギの血統をつぎます。天皇家が男系で継承《けいしょう》されることにつながる神話です。

神武東征

さて、天照大神から5代目の子孫のとき、朝廷《ちょうてい》（大和政権）の成立という大きな出来事があったと記紀神話は伝えています。

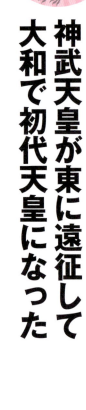

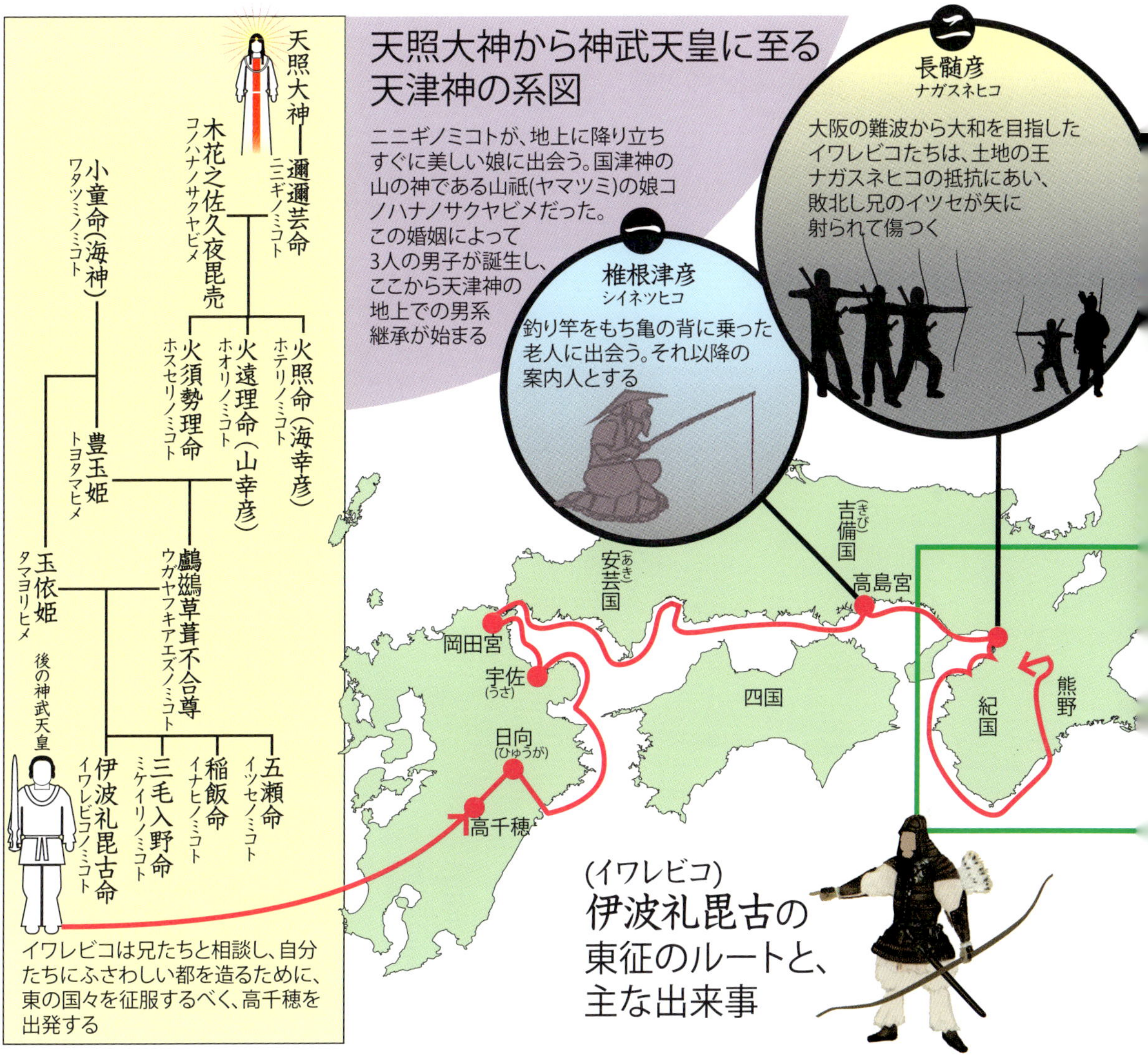

天照大神から神武天皇に至る天津神の系図
ニニギノミコトが、地上に降り立ちすぐに美しい娘に出会う。国津神の山の神である山祇(ヤマツミ)の娘コノハナノサクヤビメだった。この婚姻によって3人の男子が誕生し、ここから天津神の地上での男系継承が始まる
天照大神
瓊瓊芸命 ニニギノミコト
木花之佐久夜毘売 コノハナノサクヤビメ
小童命(海神) ワタツミノミコト
火照命(海幸彦) ホデリノミコト
火遠理命(山幸彦) ホオリノミコト
火須勢理命 ホスセリノミコト
豊玉姫 トヨタマヒメ
鸕鷀草葺不合尊 ウガヤフキアエズノミコト
玉依姫 タマヨリヒメ
五瀬命 イツセノミコト
稲飯命 イナヒノミコト
三毛入野命 ミケイリノミコト
伊波礼毘古命 イワレビコノミコト
後の神武天皇
イワレビコは兄たちと相談し、自分たちにふさわしい都を造るために、東の国々を征服するべく、高千穂を出発する
一
椎根津彦 シイネツヒコ
釣り竿をもち亀の背に乗った老人に出会う。それ以降の案内人とする
二
長髄彦 ナガスネヒコ
大阪の難波から大和を目指したイワレビコたちは、土地の王ナガスネヒコの抵抗にあい、敗北し兄のイツセが矢に射られて傷つく
吉備国(きび)
安芸国(あき)
高島宮
岡田宮
宇佐(うさ)
日向(ひゅうが)
高千穂
四国
紀国
熊野
(イワレビコ)伊波礼毘古の東征のルートと、主な出来事

伊波礼毘古命《イワレビコノミコト》が兄の五瀬命《イツセノミコト》とともに軍勢をひきいて東方に遠征したのです。瀬戸内海を海路で東に向かいました。途中の吉備《きび》（岡山県）で、そこの国津神《くにつかみ》だという釣り人に出会い、イワレビコは「私に仕えよ」と言って船に乗せ、椎根津彦《シイネツヒコ》という名を与えて道案内をさせます。名を与えるのは家来にすることを意味し、これが国造《くにのみやつこ》（大和朝廷のもとで各地を治めた地方豪族《ごうぞく》）の始まりだということです。

しかし、味方になる豪族だけではありません。大和（奈良県）を治める長髄彦《ナガスネヒコ》の一族に今の大阪府の海岸で迎え撃たれ、兄のイツセが矢に当たって死にました。

イワレビコは熊野《くまの》にまわって上陸し、熊に化けた土地の神などと戦い、3本足の八《や》咫烏《たがらす》に道案内されて、ついに大和を征服しました。『日本書紀』によれば「辛酉《かのととり》の年の正月朔日《しょうがつついたち》」に奈良県橿原《かしはら》市の畝傍山《うねびやま》のふもとで最初の天皇として即位して神武《じんむ》天皇になりました。これが神武東征《じんむとうせい》と大和朝廷の始まりの物語です。神武天皇即位の日は明治時代に新暦に換算《かんさん》して西暦の紀元前660年2月11日とされ、紀元節《きげんせつ》という祝日になりました。今の建国記念の日です。

ヤマトタケルの征服神話は大和政権の拡大を表す

ここから、大和政権の勢力拡大の闘いが始まる

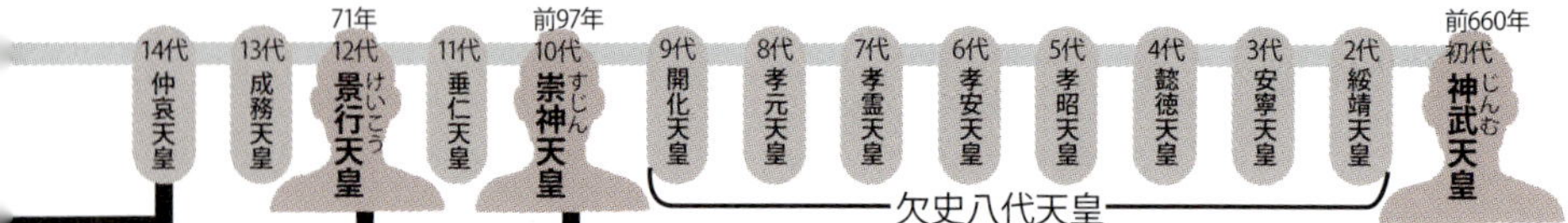
前660年
初代
神武《じんむ》天皇
2代
綏靖天皇
3代
安寧天皇
4代
懿徳天皇
5代
孝昭天皇
6代
孝安天皇
7代
孝霊天皇
8代
孝元天皇
9代
開化天皇
欠史八代天皇
これらの天皇の記述はほとんどない
前97年
10代
崇神《すじん》天皇
崇神天皇が実在した最初の天皇と考えられている
11代
垂仁天皇
71年
12代
景行《けいこう》天皇
皇子
日本武尊
13代
成務天皇
14代
仲哀天皇
仲哀天皇皇后
仲哀天皇の急死をうけ、自らが新羅に遠征したと伝えられる

神功皇后

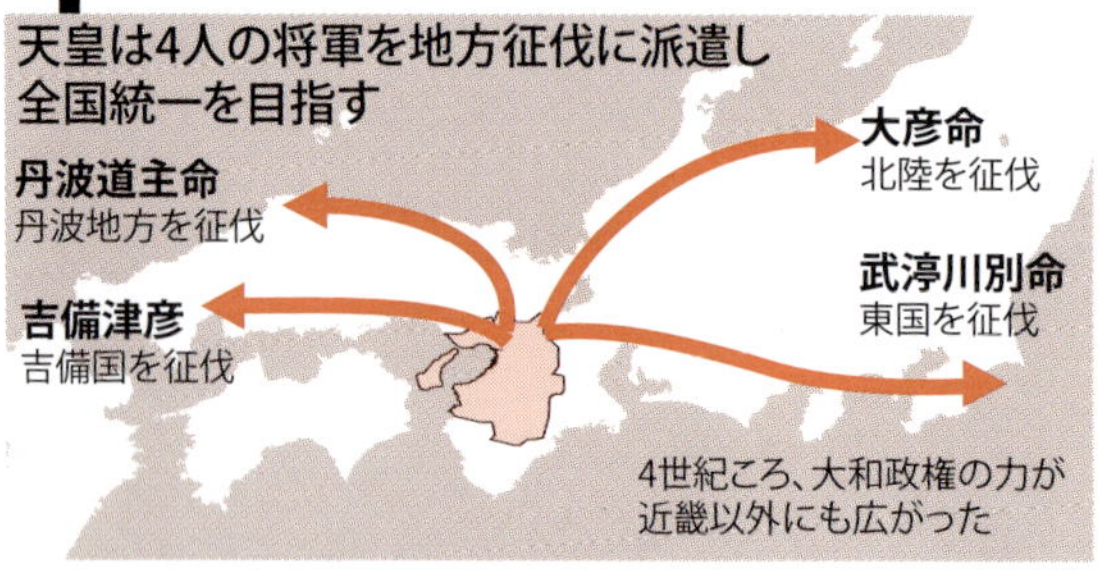
天皇は4人の将軍を地方征伐に派遣し全国統一を目指す
丹波道主命
丹波地方を征伐
吉備津彦
吉備国を征伐
大彦命
北陸を征伐
武渟川別命
東国を征伐
4世紀ころ、大和政権の力が近畿以外にも広がった

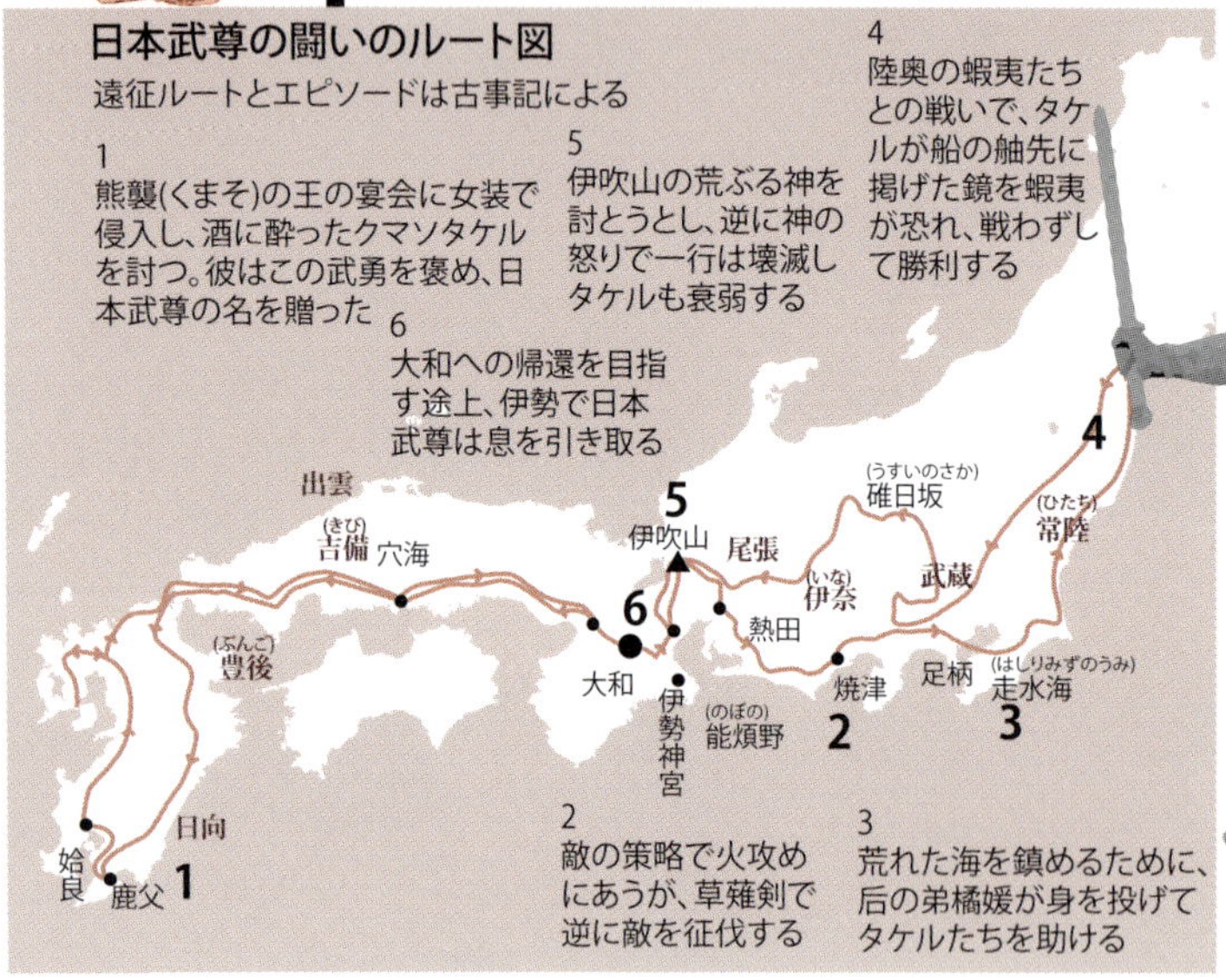
日本武尊の闘いのルート図
遠征ルートとエピソードは古事記による
1
熊襲(くまそ)の王の宴会に女装で侵入し、酒に酔ったクマソタケルを討つ。彼はこの武勇を褒め、日本武尊の名を贈った
5
伊吹山の荒ぶる神を討とうとし、逆に神の怒りで一行は壊滅しタケルも衰弱する
4
陸奥の蝦夷たちとの戦いで、タケルが船の舳先に掲げた鏡を蝦夷が恐れ、戦わずして勝利する
6
大和への帰還を目指す途上、伊勢で日本武尊は息を引き取る
出雲
吉備《きび》
穴海
豊後《ぶんご》
日向
姶良
鹿父
大和
伊勢神宮
能煩野《のぼの》
伊吹山
尾張
熱田
焼津
伊奈《いな》
武蔵
足柄
走水海《はしりみずのうみ》
碓日坂《うすいのさか》
常陸《ひたち》
2
敵の策略で火攻めにあうが、草薙剣で逆に敵を征伐する
3
荒れた海を鎮めるために、后の弟橘媛が身を投げてタケルたちを助ける

ヤマトタケルは、父の景行天皇に命じられてくりかえし遠征した

大和《やまと》政権は軍団を各地に送り、勢力圏を拡大した。巨大古墳が大王の存在を示す。

地方の平定

はじめ、大和政権の統治の範囲は近畿地方に限られていましたが、さらに各地を征服していきました。第10代崇神《すじん》天皇は上図のように北陸・東国・山陰・山陽に4人の将軍（軍団の長）を派遣し、その地方を平定しました。この崇神天皇という名は「神々を尊崇《そんすう》する天皇」という意味です。疫病《えきびょう》が大流行したとき、三輪山《みわやま》の神オオモノヌシのまつりをすると疫病がおさまりました。それ以来、天皇が征服した民の神々をふくめて天の神・地の神（天神地祇《てんじんちぎ》）をまつるようになったということです。

さらに第12代景行《けいこう》天皇の皇子の日本武尊《ヤマトタケル》が遠征し、大和政権にしたがっていなかった蝦夷《えみし》や熊襲《くまそ》とよばれる人々を降伏させました。その遠征のとき、伊勢《いせ》神宮に置かれていた天叢雲剣《あめのむらくものつるぎ》を叔母の倭比売命《ヤマトヒメノミコト》がヤマト

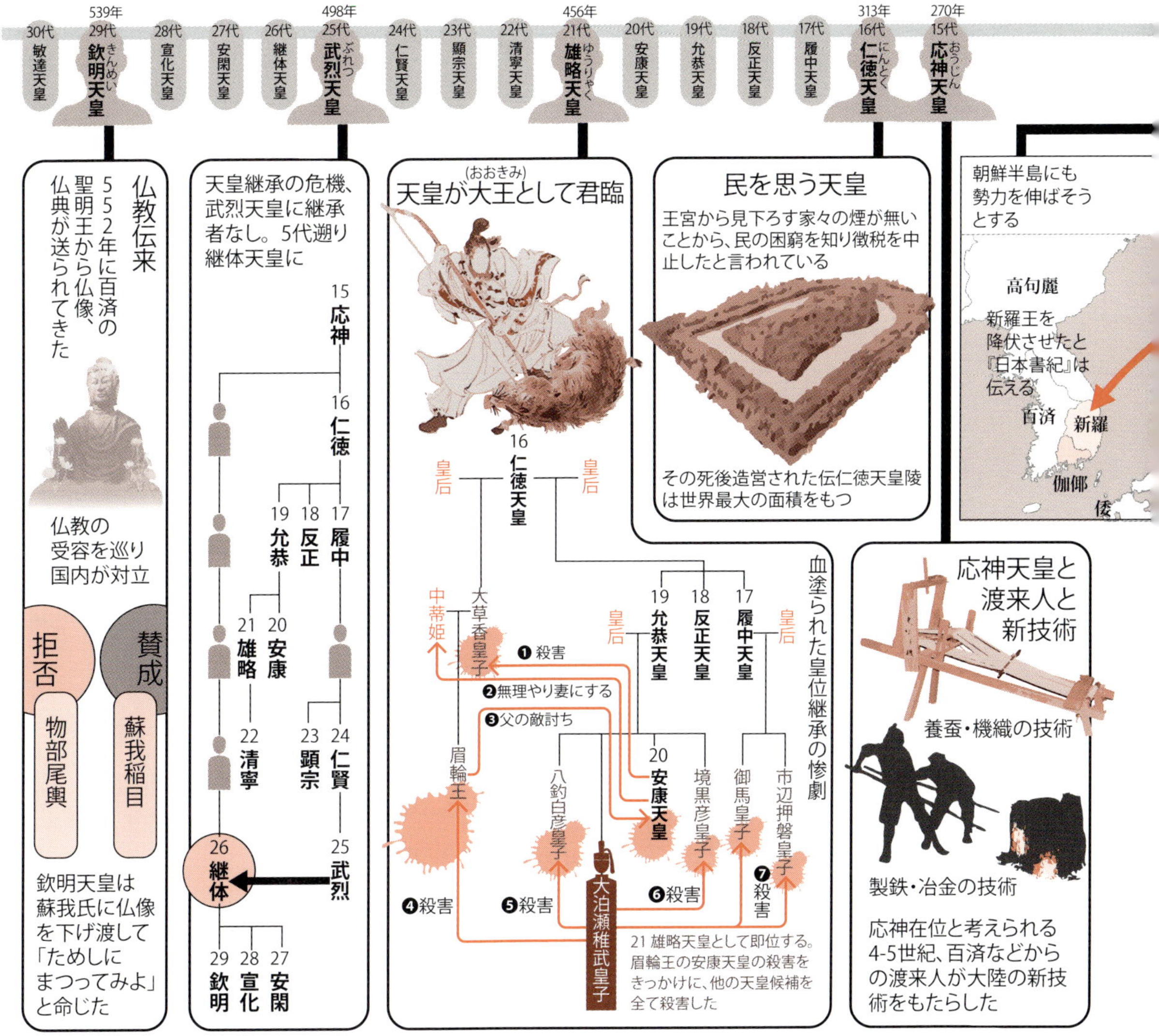

270年 15代 応神《おうじん》天皇
313年 16代 仁徳《にんとく》天皇
17代 履中天皇
18代 反正天皇
19代 允恭天皇
20代 安康天皇
456年 21代 雄略《ゆうりゃく》天皇
22代 清寧天皇
23代 顕宗天皇
24代 仁賢天皇
498年 25代 武烈《ぶれつ》天皇
26代 継体天皇
27代 安閑天皇
28代 宣化天皇
539年 29代 欽明《きんめい》天皇
30代 敏達天皇
朝鮮半島にも勢力を伸ばそうとする
高句麗
新羅王を降伏させたと『日本書紀』は伝える
百済
新羅
伽耶
倭
応神天皇と渡来人と新技術
養蚕・機織の技術
製鉄・冶金の技術
応神在位と考えられる4-5世紀、百済などからの渡来人が大陸の新技術をもたらした
民を思う天皇
王宮から見下ろす家々の煙が無いことから、民の困窮を知り徴税を中止したと言われている
その死後造営された伝仁徳天皇陵は世界最大の面積をもつ
天皇が大王《おおきみ》として君臨
血塗られた皇位継承の惨劇
16 仁徳天皇
皇后
皇后
大草香皇子
中蒂姫
19 允恭天皇
18 反正天皇
17 履中天皇
皇后
皇后
❶殺害
❷無理やり妻にする
❸父の敵討ち
眉輪王
八釣白彦皇子
20 安康天皇
境黒彦皇子
御馬皇子
市辺押磐皇子
❹殺害
❺殺害
❻殺害
❼殺害
大泊瀬稚武皇子
21 雄略天皇として即位する。眉輪王の安康天皇の殺害をきっかけに、他の天皇候補を全て殺害した
天皇継承の危機、武烈天皇に継承者なし。5代遡り継体天皇に
15 応神
16 仁徳
19 允恭
18 反正
17 履中
21 雄略
20 安康
22 清寧
23 顕宗
24 仁賢
25 武烈
26 継体
29 欽明
28 宣化
27 安閑
仏教伝来
552年に百済の聖明王から仏像、仏典が送られてきた
仏教の受容を巡り国内が対立
拒否
物部尾輿
賛成
蘇我稲目
欽明天皇は蘇我氏に仏像を下げ渡して「ためしにまつってみよ」と命じた

タケルに持たせました。駿河国《するがのくに》（静岡県）の野原で敵に火を放たれたとき、その剣で草をなぎはらって助かります。それから草《くさ》薙剣《なぎのつるぎ》とよばれ、尾張《おわり》（愛知県）の熱田《あつた》神宮に置かれることになりました。

このころまでの記紀《きき》の記述は神話の色あいの強いものですが、古墳の調査によって、大きな力をもつ大王が実在したことがわかっています。第16代仁徳《にんとく》天皇の陵だといわれる大阪府堺市の大仙陵《だいせんりょう》古墳は5世紀の築造で、世界最大クラスの墳墓です。

墳丘《ふんきゅう》の長径120m以上の巨大古墳は全国に125基あります。そのひとつ、埼玉県行田《ぎょうだ》市の稲荷山《いなりやま》古墳（5世紀後半）から、ワカタケル大王（第21代雄略《ゆうりゃく》天皇）が与えたという意味の文字がきざまれた鉄剣が発見されました。この鉄剣は大和政権が武力で征服して各地の豪族を滅亡させたのではなく、和睦《わぼく》して臣下に加えていったことを表しています。

また、雄略天皇は中国の史書に登場する「倭《わ》の五王」のうちの「武《ぶ》」という王にあたると考えられています。そのころには朝鮮半島の国々との交流も盛んになり、朝鮮半島をへて仏教が伝来しました。

大和政権では氏族どうしがはげしく争い蘇我氏が勝利した

蘇我《そが》氏と物部《もののべ》氏が存亡をかけて争い、蘇我氏が勝利。聖徳太子《しょうとくたいし》が登場し改革を進めた。

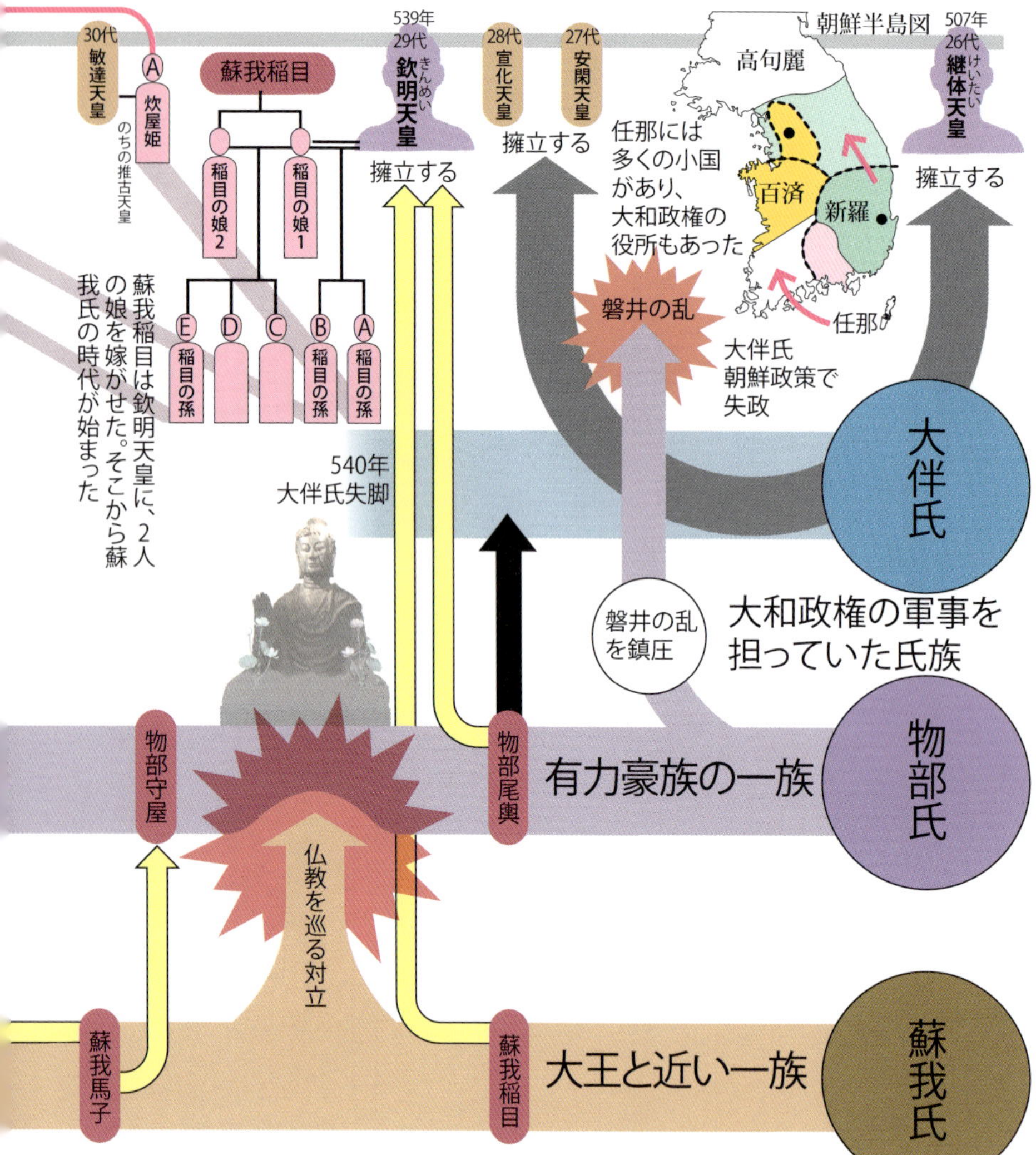
507年
26代
継体《けいたい》天皇
擁立する
朝鮮半島図
高句麗
百済
新羅
任那
任那には多くの小国があり、大和政権の役所もあった
27代
安閑天皇
28代
宣化天皇
擁立する
539年
29代
欽明《きんめい》天皇
擁立する
蘇我稲目
稲目の娘1
稲目の娘2
Ⓐ稲目の孫
Ⓑ稲目の孫
Ⓒ
Ⓓ
Ⓔ稲目の孫
30代
敏達天皇
Ⓐ炊屋姫
のちの推古天皇
蘇我稲目は欽明天皇に、2人の娘を嫁がせた。そこから蘇我氏の時代が始まった
磐井の乱
大伴氏朝鮮政策で失政
540年
大伴氏失脚
大伴氏
大和政権の軍事を担っていた氏族
磐井の乱を鎮圧
物部氏
有力豪族の一族
物部尾輿
物部守屋
仏教を巡る対立
蘇我氏
大王と近い一族
蘇我稲目
蘇我馬子

氏族連合と地方豪族の反乱

各地の豪族《ごうぞく》を配下に組み入れていった大和政権は有力氏族《しぞく》（血縁の一族）が大王《おおきみ》（天皇）をいただく連合政権だったと考えられています。氏族はそれぞれ兵をもつ武装集団でした。それだけに皇子のだれを大王に擁立《ようりつ》するかといったことをめぐって氏族どうしの争いが激しくおこりました。

地方豪族の反乱もつづきました。527年（継体《けいたい》天皇21）には九州で磐井《いわい》という豪族が反乱をおこしました。大和政権で軍事をになっていた大伴《おおとも》氏と物部《もののべ》氏の軍団が九州に下って鎮圧《ちんあつ》しましたが、磐井は朝鮮半島の王とも同盟して九州を大和政権から独立させようとしたともいわれます。

仏教導入をめぐる争い

朝鮮半島北部の高句麗《こうくり》の王は372年に

飛鳥時代

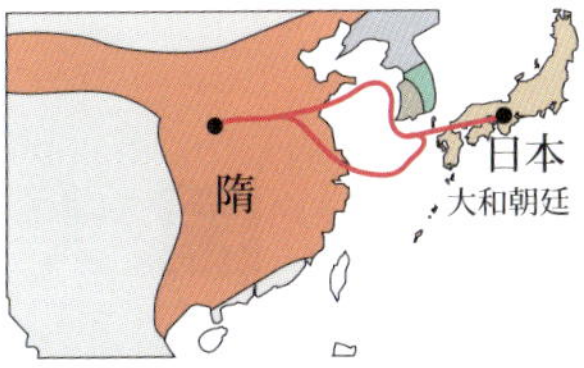
隋
日本
大和朝廷

隋の新しい知識を
学び取ろうとした

そのために
遣隋使を
派遣

推古天皇の時代の600年頃から618年にかけて派遣。中国では618年に隋が亡び、唐の時代になる

仏教は新しい知識の１つ

法興寺(飛鳥寺)の建立
蘇我馬子が596年頃に完成させた。壮大な金堂五重塔をもつ日本最初の本格的な寺院で、それまでの大古墳に変わって、寺院が権威を表すようになった

聖徳太子も寺院を建立

法隆寺　四天王寺

飛鳥地方(奈良県南部)に都があった

冠位十二階の制定

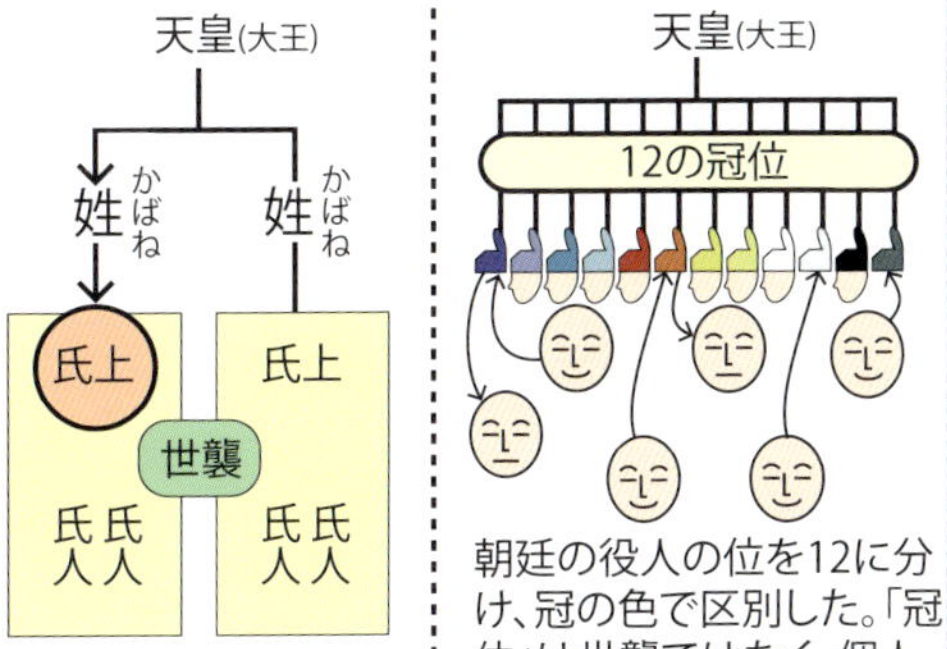
これまでの身分制度
天皇(大王)
姓《かばね》
姓《かばね》
氏上
氏上
世襲
氏人 氏人
氏人 氏人
「冠位」は存在せず、臣・連などの地位が世襲によって決められていた
新しい制度
天皇(大王)
12の冠位
朝廷の役人の位を12に分け、冠の色で区別した。「冠位」は世襲ではなく、個人の能力による。蘇我氏にとっては、身内を高い地位に任命するのに都合がよい

憲法十七条

冠位十二階の制定後、朝廷の役人の心得を示した。争いあってきた部族社会の慣習を仏教によって改革しようとした。有名なものを現代語にしてみると

第１条　争いごとは起こさず、人間の和を大切に
第２条　仏教の教えを国の規範とする
第３条　天皇の命令は謹んで受ける
第４条　礼の精神でものごとにあたる
第５条　賄賂をとってはならない
⋮　⋮
第17条　物事は必ずみんなで話し合って決めることなど

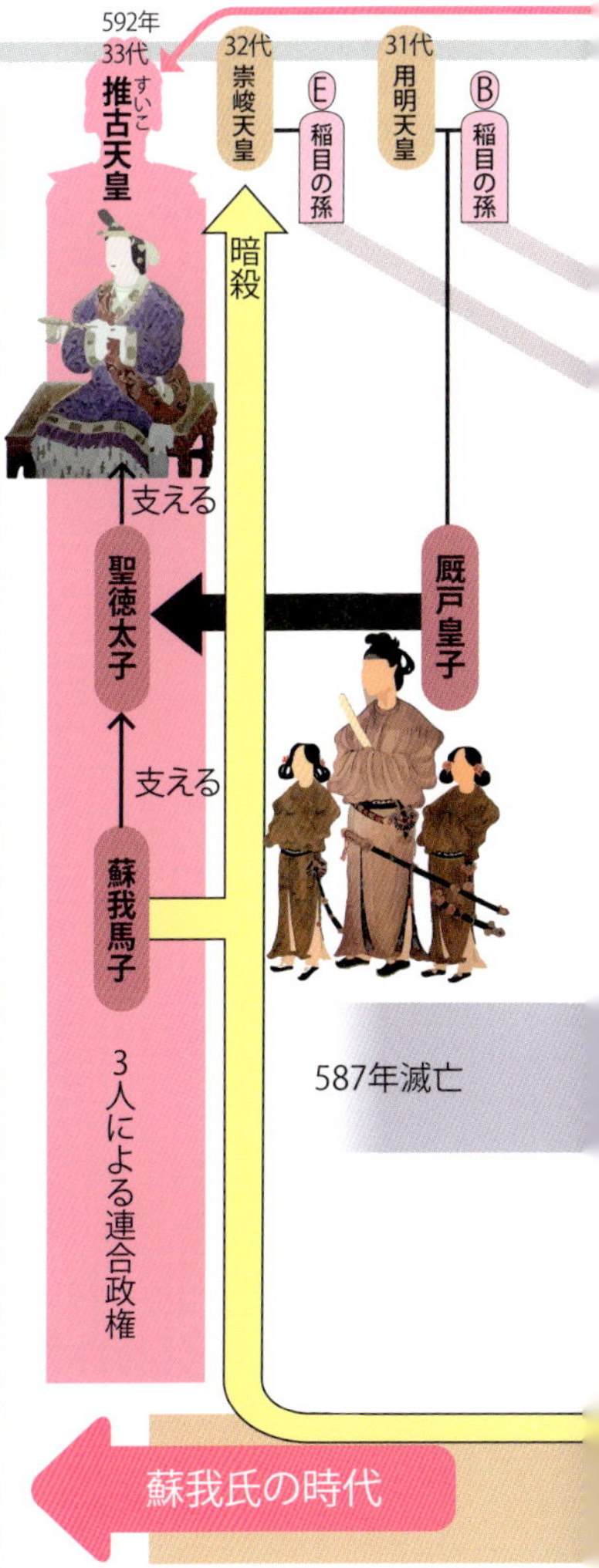
592年
33代
推古天皇《すいこ》
32代
崇峻天皇
E
稲目の孫
31代
用明天皇
B
稲目の孫
暗殺
支える
聖徳太子
支える
蘇我馬子
厩戸皇子
3人による連合政権
587年滅亡
蘇我氏の時代

中国北部の前秦《ぜんしん》の皇帝から仏像を与えられて同盟を結び、百済《くだら(ひゃくさい)》は中国南部の東晋《とうしん》から僧《そう》をまねいて385年に王が寺院が建立しました。新羅《しらぎ》は古来の神々のまつりを重んじる勢力の抵抗が強く、王が仏教を公認したのは527年でした。そして、『日本書紀』によれば552年（欽明《きんめい》天皇13）に百済の王が仏像を天皇に献上《けんじょう》したとあります。仏教導入は外国や国内の容認派との同盟の証《あかし》になる政治的なことだったので、欽明天皇は自分では仏像をまつらず、蘇我《そが》氏の長《おさ》の稲目《いなめ》に下げ渡しました。そのことに物部氏は強く反対しました。

対立は用明《ようめい》天皇が崩《ほう》じた587年に決定的となり、蘇我馬子《そがのうまこ》が物部氏を攻めて滅ぼしました。その戦いには厩戸皇子《うまやどのみこ》（聖徳太子《しょうとくたいし》）も蘇我氏の側で参戦しました。遣隋使《けんずいし》の派遣による日本の地位の向上と文化の導入、冠位《かんい》十二階、憲法十七条の制定は蘇我馬子と聖徳太子が協力して行ったことですが、やがて太子は蘇我氏が勢力を増して法《ほう》興寺《こうじ》を建立した飛鳥《あすか》から斑鳩《いかるが》（奈良県斑鳩町）に移って法隆寺《ほうりゅうじ》を建立しました。その後、太子は皇位につくことなく病没し、太子の一族は蘇我氏に攻められて滅びます。

第3部
古代の天皇
3

大化の改新のころから天皇中心の国づくりが進みはじめた

蘇我《そが》氏の繁栄と滅亡。大化《たいか》の改新、壬申《じんしん》の乱のあと、天武《てんむ》天皇が登場。

大化の改新

蘇我《そが》氏は馬子《うまこ》の子孫の蝦夷《えみし》・入鹿《いるか》父子の代に絶大な権力をふるいました。それに対して中大兄皇子《なかのおおえのみこ》(舒明《じょめい》天皇と皇極《こうぎょく》天皇の子)は有力氏族の中臣鎌足《なかとみのかまたり》と蘇我氏を滅ぼす計画を立て、６４５年（皇極天皇４）６月12日、宮中の宴《うたげ》のおりに蘇我入鹿を斬《き》り殺し、蘇我氏の館を攻めて蘇我本家を滅ぼしました(乙巳《いっし》の変)。同月19日、皇極天皇は退位して弟の孝徳《こうとく》天皇が即位しますが、実権は中大兄皇子がにぎります。その即位にあたって「大化《たいか》」という日本最初の元号が布告されました。

翌年、中大兄皇子は中臣鎌足とともに、天皇のもとで中央集権の国づくりをめざす「大化の改新」を進めます。その功績により、中臣鎌足は藤原《ふじわら》の姓をたまわり、藤原氏の祖になりました。

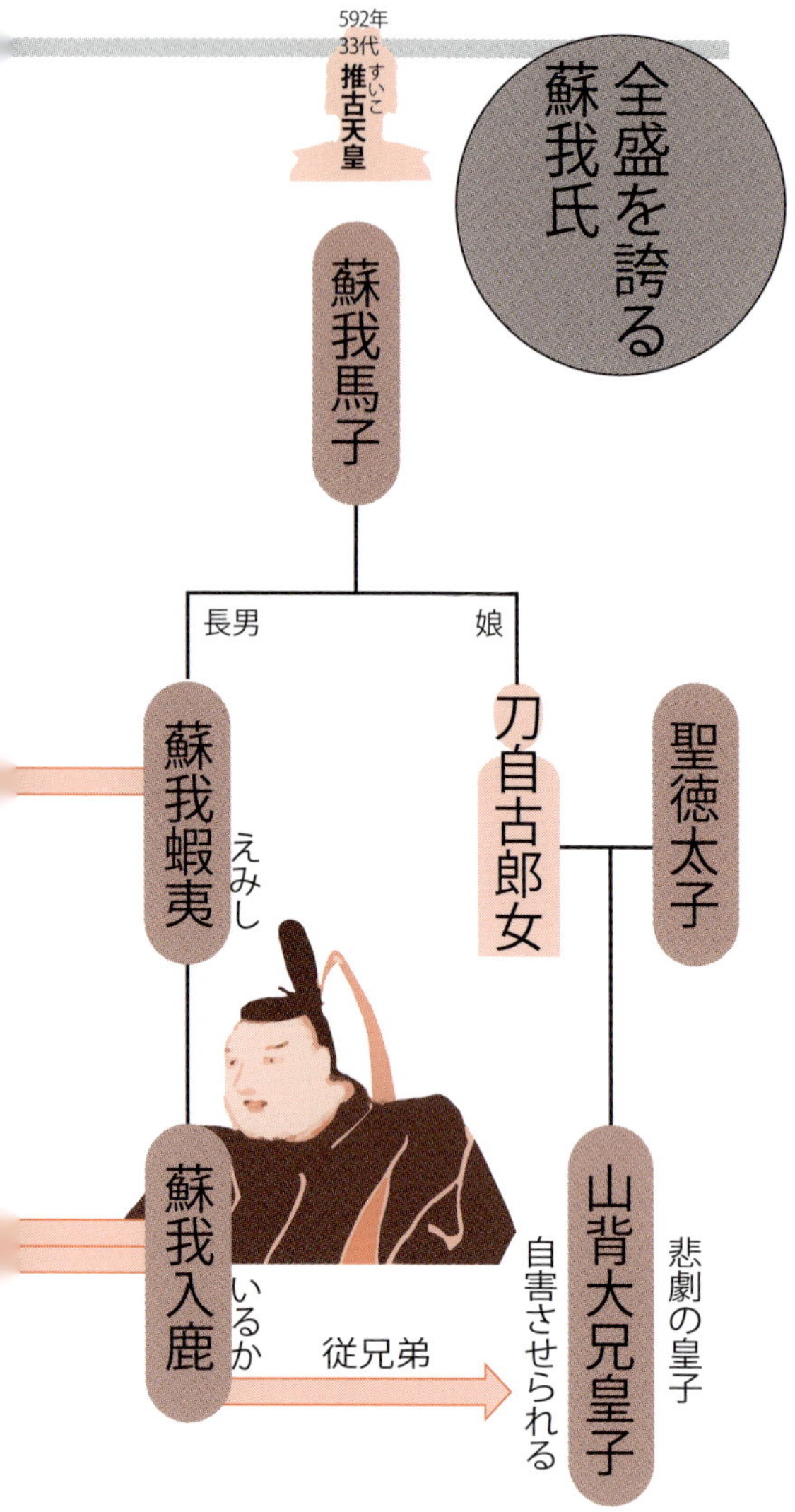
592年
33代
推古《すいこ》天皇
全盛を誇る蘇我氏
蘇我馬子
長男
娘
蘇我蝦夷
えみし
刀自古郎女
聖徳太子
蘇我入鹿
いるか
従兄弟
山背大兄皇子
悲劇の皇子
自害させられる

壬申の乱

中大兄皇子は都を近江大津宮《おうみのおおつのみや》（滋賀県大津市）にうつし、６６８年に即位して天智《てんじ》天皇となりました。天智天皇は皇子の大友《おおとも》皇子《みこ》に皇位をゆずりたいと思いましたが、その競争相手に自分の弟の大海人皇子《おおあまのみこ》がいました。その決着がつかないまま、天智天皇は46歳で病没。その前に大海人皇子は身の危険を感じて吉野に去りました。６７１年に天智天皇が崩じると、大友皇子が弘文《こうぶん》天皇になりますが、翌年、大海人皇子が吉野で挙兵《きょへい》し、数万の大軍をひきいて大津に攻めこみ、大友皇子は自害。その後、大海人皇子が即位して天武《てんむ》天皇になります。古代最大の内戦といわれる壬申《じんしん》の乱です。

673年 40代 天武天皇《てんむ》
39代 弘文天皇
668年 38代 天智天皇《てんじ》
668年
37代 斉明天皇
645年 年号 大化に
中大兄皇子の叔父
36代 孝徳天皇
舒明天皇の妃 35代 皇極天皇
中大兄皇子
34代 舒明天皇
擁立する
擁立する

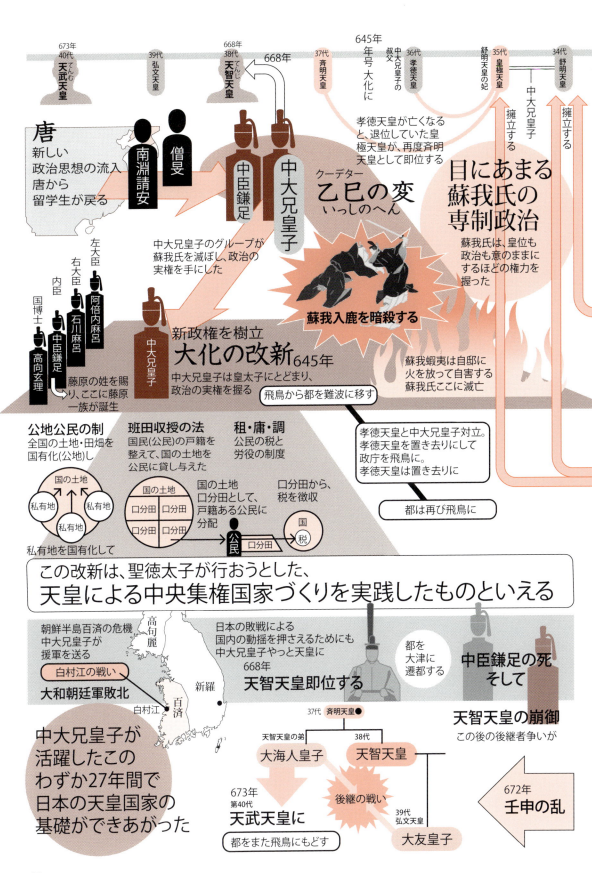

孝徳天皇が亡くなると、退位していた皇極天皇が、再度斉明天皇として即位する

唐

新しい政治思想の流入
唐から留学生が戻る

南淵請安
僧旻
中臣鎌足
中大兄皇子

クーデター
乙巳の変《いっしのへん》

目にあまる蘇我氏の専制政治

蘇我氏は、皇位も政治も意のままにするほどの権力を握った

中大兄皇子のグループが蘇我氏を滅ぼし、政治の実権を手にした

蘇我入鹿を暗殺する

左大臣 阿倍内麻呂
右大臣 石川麻呂
内臣 中臣鎌足
国博士 高向玄理

藤原の姓を賜り、ここに藤原一族が誕生

中大兄皇子

新政権を樹立
大化の改新 645年

中大兄皇子は皇太子にとどまり、政治の実権を握る

蘇我蝦夷は自邸に火を放って自害する
蘇我氏ここに滅亡

飛鳥から都を難波に移す

孝徳天皇と中大兄皇子対立。
孝徳天皇を置き去りにして政庁を飛鳥に。
孝徳天皇は置き去りに

都は再び飛鳥に

公地公民の制
全国の土地・田畑を国有化(公地)し

国の土地
私有地 私有地 私有地
私有地を国有化して

班田収授の法
国民(公民)の戸籍を整えて、国の土地を公民に貸し与えた

国の土地
口分田 口分田 口分田 口分田

国の土地口分田として、戸籍ある公民に分配

公民 口分田

租・庸・調
公民の税と労役の制度

口分田から、税を徴収

国 税

この改新は、聖徳太子が行おうとした、
天皇による中央集権国家づくりを実践したものといえる

朝鮮半島百済の危機
中大兄皇子が援軍を送る

白村江の戦い
大和朝廷軍敗北

日本の敗戦による国内の動揺を押さえるためにも中大兄皇子やっと天皇に
668年
天智天皇即位する

都を大津に遷都する

中臣鎌足の死 そして

天智天皇の崩御
この後の後継者争いが

中大兄皇子が活躍したこのわずか27年間で日本の天皇国家の基礎ができあがった

37代 斉明天皇
天智天皇の弟 大海人皇子
38代 天智天皇
後継の戦い
39代 弘文天皇 大友皇子

673年
第40代
天武天皇に
都をまた飛鳥にもどす

672年
壬申の乱

天武・持統天皇は藤原京建設で天皇の権威を「神」にまで高めた

天皇の代ごとに移動した「宮」から恒久の都に発展した

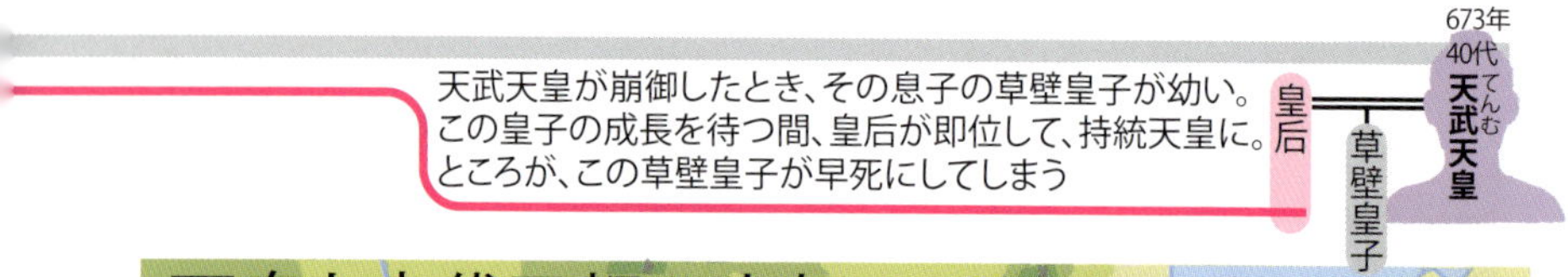
673年
40代
天武《てんむ》天皇
皇后
草壁皇子
天武天皇が崩御したとき、その息子の草壁皇子が幼い。この皇子の成長を待つ間、皇后が即位して、持統天皇に。ところが、この草壁皇子が早死にしてしまう

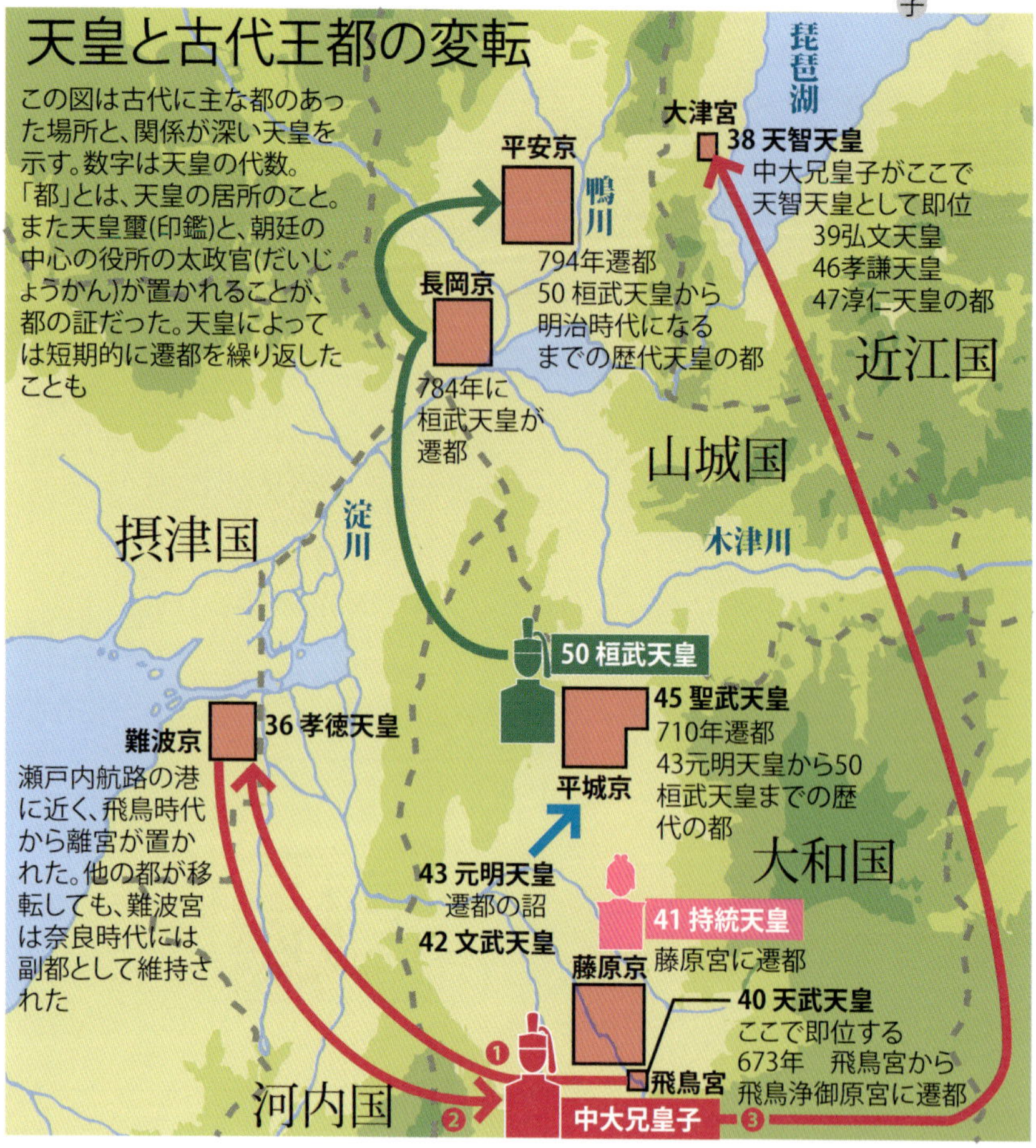
天皇と古代王都の変転
この図は古代に主な都のあった場所と、関係が深い天皇を示す。数字は天皇の代数。「都」とは、天皇の居所のこと。また天皇璽(印鑑)と、朝廷の中心の役所の太政官(だいじょうかん)が置かれることが、都の証だった。天皇によっては短期的に遷都を繰り返したことも
琵琶湖
大津宮
38 天智天皇
中大兄皇子がここで天智天皇として即位
39弘文天皇
46孝謙天皇
47淳仁天皇の都
平安京
鴨川
794年遷都
50 桓武天皇から明治時代になるまでの歴代天皇の都
長岡京
784年に桓武天皇が遷都
近江国
山城国
木津川
淀川
摂津国
50 桓武天皇
45 聖武天皇
710年遷都
43元明天皇から50桓武天皇までの歴代の都
平城京
難波京
36 孝徳天皇
瀬戸内航路の港に近く、飛鳥時代から離宮が置かれた。他の都が移転しても、難波宮は奈良時代には副都として維持された
43 元明天皇
遷都の詔
42 文武天皇
大和国
41 持統天皇
藤原宮に遷都
藤原京
40 天武天皇
ここで即位する
673年　飛鳥宮から飛鳥浄御原宮に遷都
飛鳥宮
河内国
中大兄皇子
1
2
3

皇都の建設と藤原氏の勢力拡大

壬申《じんしん》の乱で勝利した大海人皇子《おおあまのみこ》は673年に飛鳥浄御原宮《あすかのきよみはらのみや》で即位して天武《てんむ》天皇となり、律令《りつりょう》による天皇の国をめざして飛鳥浄《あすかきよ》御原令《みはらりょう》を定めました。これが大宝律令《たいほうりつりょう》のもとです。

さらに中国皇帝の都にならって大都城の建設を始めました。それまでの「宮」は天皇の居所で代ごとに移動し、小規模なものでしたが、天武天皇は宮の周囲を大路《おおじ》・小路《しょうじ》で囲んだ都市を計画したのです。

その建設は686年の天武天皇の崩御《ほうぎょ》後、皇后が即位した持統《じとう》天皇にひきつがれ、694年に遷都《せんと》。それが藤原京《ふじわらきょう》です。

藤原京は広大で、中国で四方を守るという四神《しじん》（青龍《せいりゅう》・白虎《びゃっこ》・朱雀《すざく》・玄武《げんぶ》）の名をつけた4つの大路の中心に天皇の宮、すなわち藤原宮《ふじわらのみや》がありました。それは中国の皇

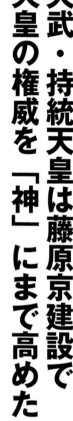

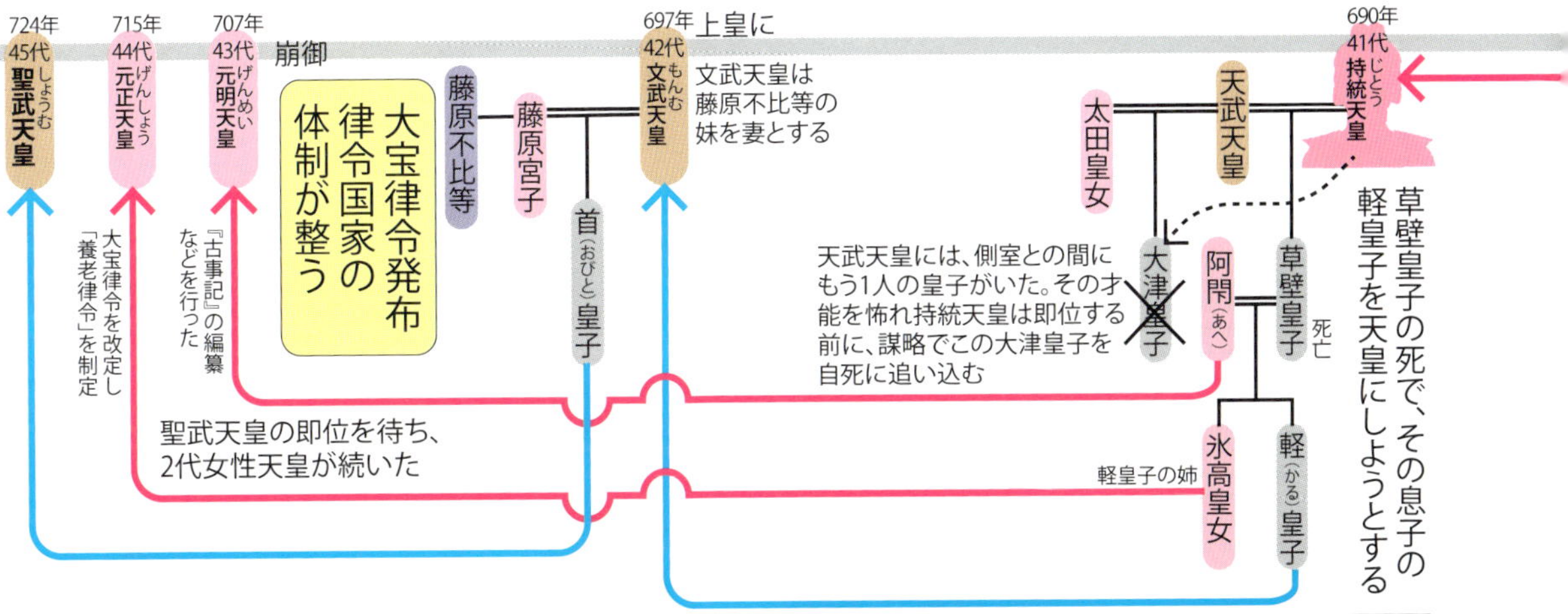

724年
45代
聖武《しょうむ》天皇
715年
44代
元正《げんしょう》天皇
大宝律令を改定し「養老律令」を制定
707年
43代
元明《げんめい》天皇
崩御
『古事記』の編纂などを行った
大宝律令発布
律令国家の体制が整う
藤原不比等
藤原宮子
首（おびと）皇子
697年
上皇に
42代
文武《もんむ》天皇
文武天皇は藤原不比等の妹を妻とする
690年
41代
持統《じとう》天皇
草壁皇子の死で、その息子の軽皇子を天皇にしようとする
天武天皇
太田皇女
大津皇子
阿閇（あへ）皇女
草壁皇子
死亡
天武天皇には、側室との間にもう1人の皇子がいた。その才能を怖れ持統天皇は即位する前に、謀略でこの大津皇子を自死に追い込む
聖武天皇の即位を待ち、2代女性天皇が続いた
軽皇子の姉
氷高皇女
軽（かる）皇子

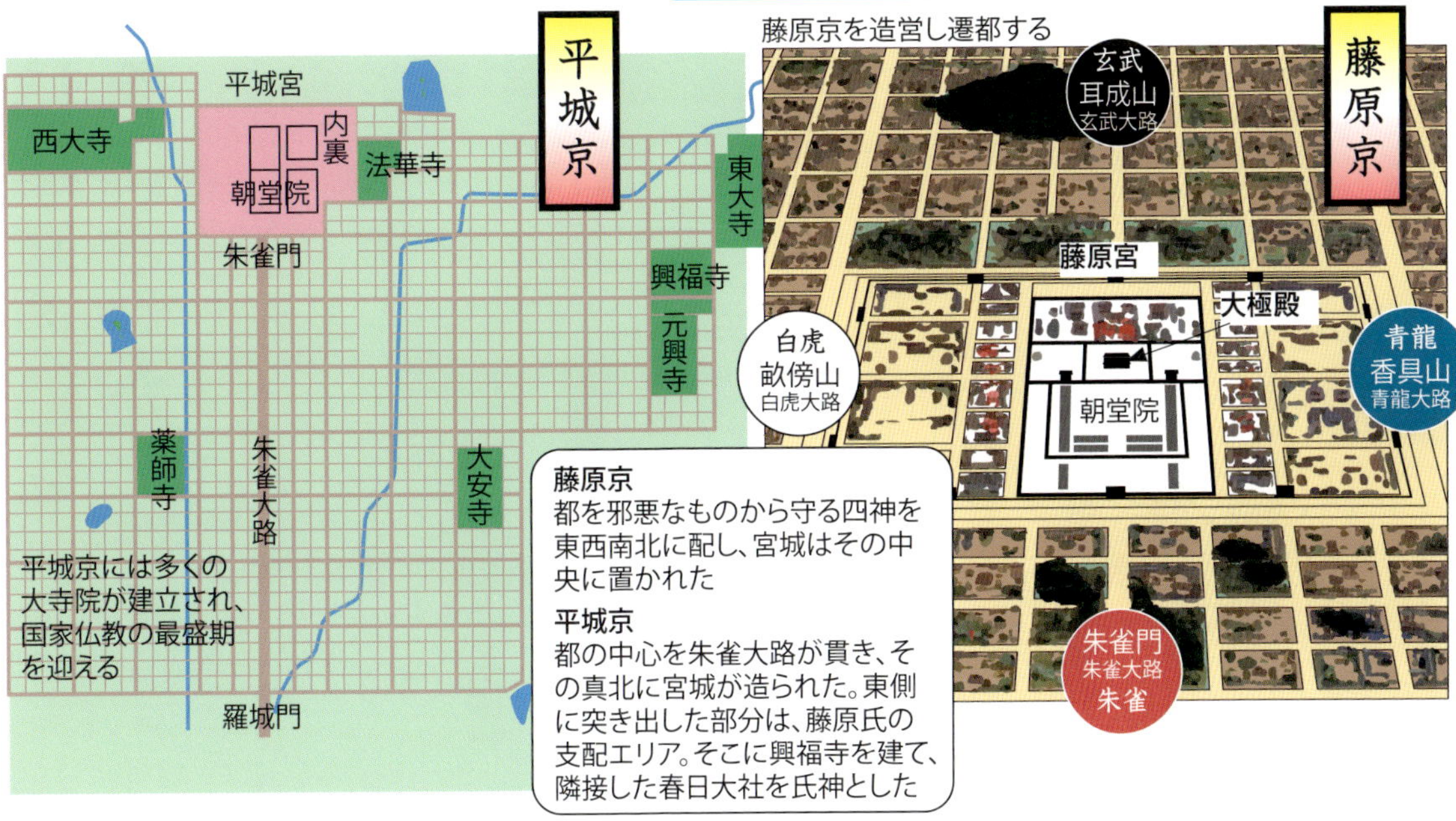

平城京
平城宮
西大寺
内裏
朝堂院
法華寺
東大寺
朱雀門
興福寺
元興寺
薬師寺
朱雀大路
大安寺
羅城門
平城京には多くの大寺院が建立され、国家仏教の最盛期を迎える
藤原京を造営し遷都する
藤原京
玄武
耳成山
玄武大路
藤原宮
大極殿
朝堂院
白虎
畝傍山
白虎大路
青龍
香具山
青龍大路
朱雀門
朱雀大路
朱雀
藤原京
都を邪悪なものから守る四神を東西南北に配し、宮城はその中央に置かれた
平城京
都の中心を朱雀大路が貫き、その真北に宮城が造られた。東側に突き出した部分は、藤原氏の支配エリア。そこに興福寺を建て、隣接した春日大社を氏神とした

城にならった方形で、大極殿《だいごくでん》という大きな建物を境に南北に区画されました。北側は天皇の宮で、内裏《だいり》になります。南側は朝廷の役所の建物がある朝堂院《ちょうどういん》です。役人たちは大極殿の前の広場に整列して、天皇の詔《みことのり》をうけたまわりました。古代の歌集『万葉《まんよう》集《しゅう》』に「天皇は神であるから、このような都をつくれるのだ」とうたわれ、大都城の建設は天皇の権威を目に見える形で天下に示したのでした。

ところが、天武天皇と皇后《こうごう》の持統天皇には次に皇位をたくす皇子がいません。草壁《くさかべの》皇子《みこ》が28歳で病没したためです。そこで皇后自身が即位して、まだ幼い孫の軽皇子《かるのみこ》の成長を待ちました。軽皇子は697年に藤原京で即位し、文武《もんむ》天皇になりますが、707年に在位10年で崩じ、ふたたび幼い首皇子《おびとのみこ》の成長を待つことになりました。首皇子は724年に即位して聖武《しょうむ》天皇になりますが、その間は女性天皇が皇位をつぎました。また、この間に勢力を増したのが藤原不比等《ふじわらのふひと》でした。元明《げんめい》天皇のときの平城《へいじょう》京遷都《きょうせんと》にも藤原氏の意図が働いていたと考えられます。以後、藤原氏は朝廷で大きな力をもつようになったのでした。

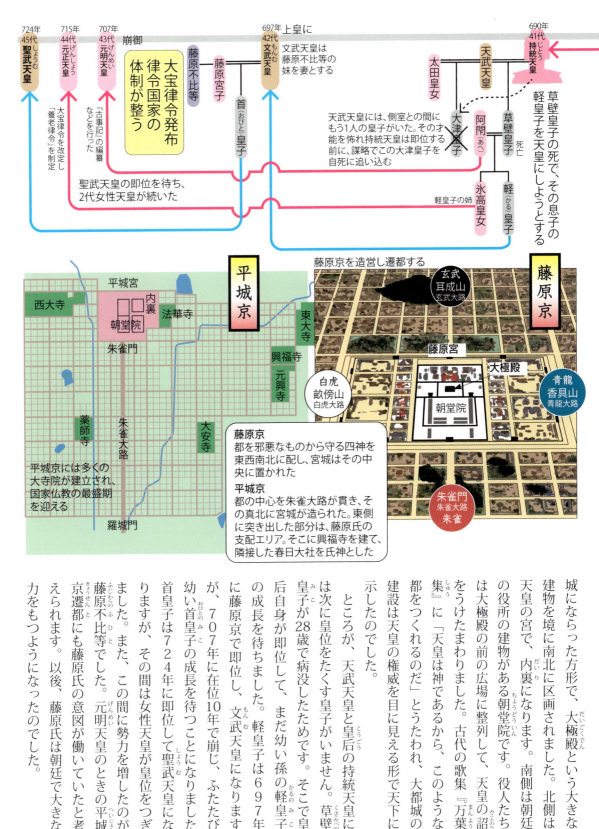

聖武天皇は大仏建立運動をおこして権力をにぎった

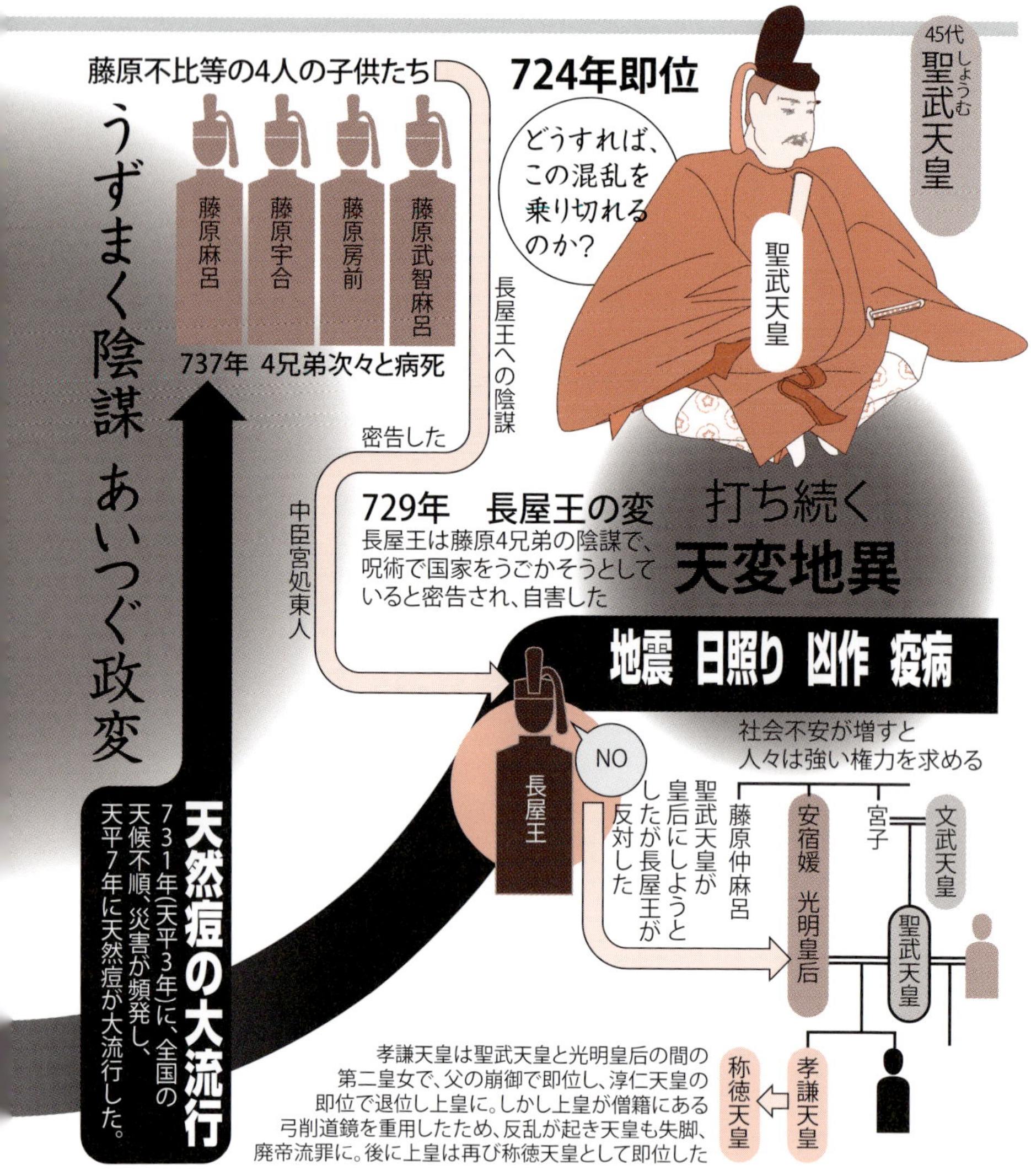
藤原不比等の4人の子供たち
藤原麻呂
藤原宇合
藤原房前
藤原武智麻呂
737年 4兄弟次々と病死
うずまく陰謀 あいつぐ政変
724年即位
どうすれば、この混乱を乗り切れるのか？
45代
聖武《しょうむ》天皇
聖武天皇
長屋王への陰謀
密告した
中臣宮処東人
729年 長屋王の変
長屋王は藤原4兄弟の陰謀で、呪術で国家をうごかそうとしていると密告され、自害した
打ち続く
天変地異
地震 日照り 凶作 疫病
社会不安が増すと人々は強い権力を求める
NO
長屋王
聖武天皇が皇后にしようとしたが長屋王が反対した
藤原仲麻呂
安宿媛 光明皇后
宮子
文武天皇
聖武天皇
孝謙天皇
称徳天皇
孝謙天皇は聖武天皇と光明皇后の間の第二皇女で、父の崩御で即位し、淳仁天皇の即位で退位し上皇に。しかし上皇が僧籍にある弓削道鏡を重用したため、反乱が起き天皇も失脚、廃帝流罪に。後に上皇は再び称徳天皇として即位した
天然痘の大流行
731年(天平3年)に、全国の天候不順、災害が頻発し、天平7年に天然痘が大流行した。

皇親《こうしん》勢力と藤原《ふじわら》氏が権力を争うなかで、聖武《しょうむ》天皇は大仏建立によって人心を掌握《しょうあく》した。

混乱の中で大仏建立を開始

724年、聖武天皇が24歳で即位しました。そのころ、朝廷で大きな力をもっていたのは長屋王《ながやおう》（天武《てんむ》天皇の孫）でした。藤《ふじ》原不比等《わらのふひと》が720年に没したあと、皇族側の皇親《こうしん》勢力が力をまし、長屋王政権とよばれる時代になったのです。それに対して藤原氏は729年、長屋王が呪術《じゅじゅつ》で国家を転《てん》覆《ぷく》させようとしていると謀反《むほん》の疑いをかけて軍勢で屋敷をかこみ、長屋王を自害させました。ところが737年、昔は致死率《ちしりつ》が非常に高かった疱瘡《ほうそう》（天然痘《てんねんとう》）という疫病《えきびょう》が大流行し、藤原不比等《ふじわらのふひと》の4人の子が次々に死んでしまいました。それぞれの子が家門をついで「藤原四家」に分立し、こんどはその四家で勢力争いがおこります。

740年9月、藤原式家《しきけ》の広嗣《ひろつぐ》が九州で反乱をおこしました。まもなく鎮圧《ちんあつ》されま

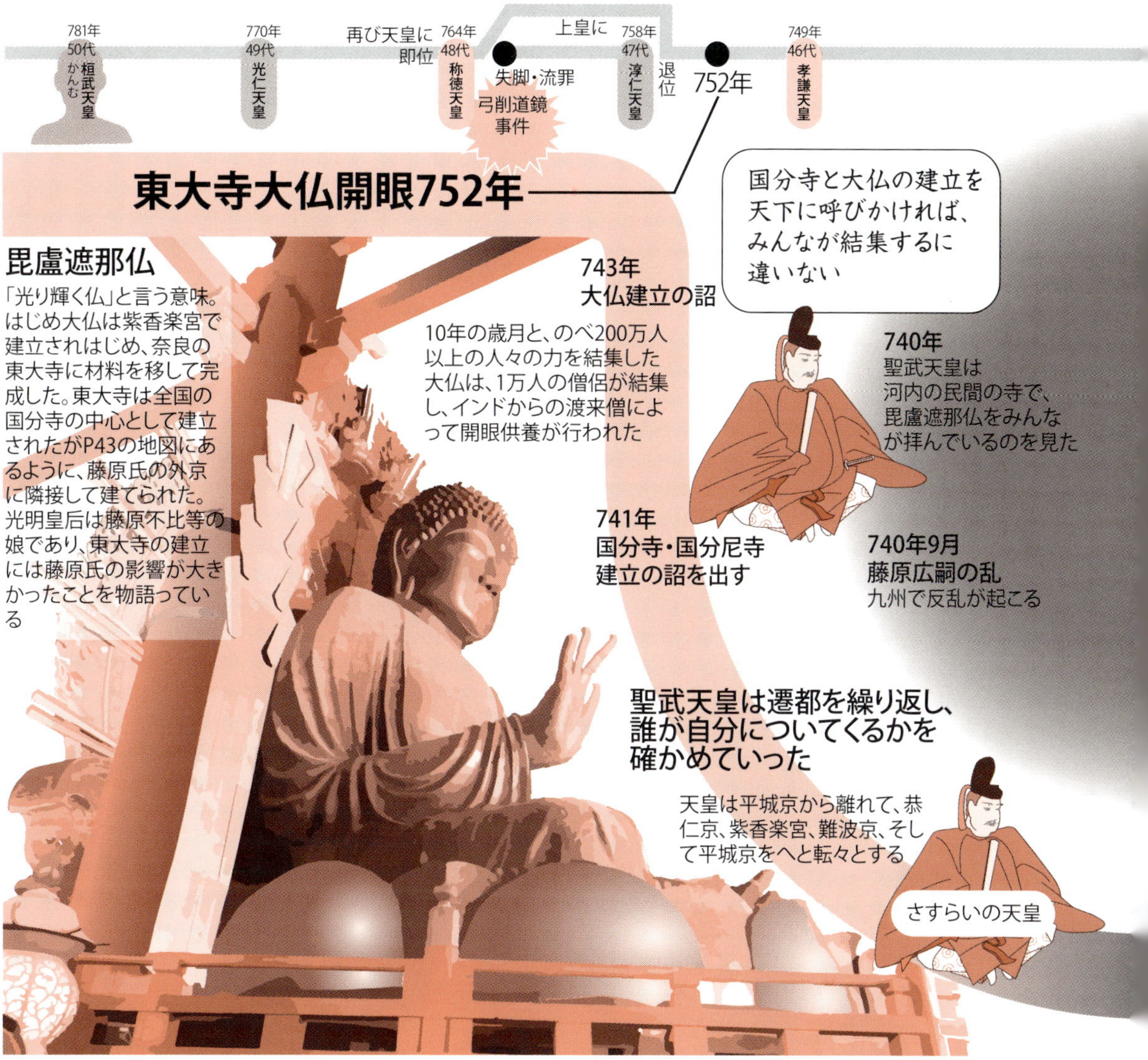
781年
50代
桓武《かんむ》天皇
770年
49代
光仁天皇
再び天皇に即位
764年
48代
称徳天皇
失脚・流罪
弓削道鏡事件
上皇に
758年
47代
淳仁天皇
退位
752年
749年
46代
孝謙天皇
東大寺大仏開眼752年
毘盧遮那仏
「光り輝く仏」と言う意味。はじめ大仏は紫香楽宮で建立されはじめ、奈良の東大寺に材料を移して完成した。東大寺は全国の国分寺の中心として建立されたがP43の地図にあるように、藤原氏の外京に隣接して建てられた。光明皇后は藤原不比等の娘であり、東大寺の建立には藤原氏の影響が大きかったことを物語っている
743年
大仏建立の詔
10年の歳月と、のべ200万人以上の人々の力を結集した大仏は、1万人の僧侶が結集し、インドからの渡来僧によって開眼供養が行われた
国分寺と大仏の建立を天下に呼びかければ、みんなが結集するに違いない
740年
聖武天皇は河内の民間の寺で、毘盧遮那仏をみんなが拝んでいるのを見た
741年
国分寺・国分尼寺建立の詔を出す
740年9月
藤原広嗣の乱
九州で反乱が起こる
聖武天皇は遷都を繰り返し、誰が自分についてくるかを確かめていった
天皇は平城京から離れて、恭仁京、紫香楽宮、難波京、そして平城京をへと転々とする
さすらいの天皇

すが、一時は平城京《へいじょうきょう》まで攻め上ってくるのではないかといわれたようです。同年10月、聖武天皇は騎兵《きへい》400人に守られて平城京から伊勢方面に脱出。広嗣の乱の鎮圧後も移動をつづけて、745年に平城京にもどるまでに紫香楽宮《しがらきのみや》（滋賀県甲賀《こうが》市）と恭仁《くに》京《きょう》（京都府木津川《きづがわ》市）を造営し、一時は難《なに》波京《わきょう》にも遷都《せんと》しました。遷都となると、都の建物を解体して運び、朝廷の役人たちも移動しなくてはなりません。それには賛否両論があり、それが朝廷の勢力争いにもつながります。そのなかで聖武天皇は自分に従う勢力をつくっていきました。

地方の国ごとに国営の寺をつくる国分寺《こくぶんじ》建立の詔《こんりゅうみことのり》も、この時期のことです。各地の豪族《ごうぞく》にとっては、協力すれば地方官吏の地位のほかに税の優遇《ゆうぐう》もあって有利な立場を得られました。さらに天皇は紫香楽宮で大仏建立の詔を出します。そのきっかけは河《かわ》内《ち》（大阪府南部）で民衆が自分たちで建てた寺に毘盧遮那仏《びるしゃなぶつ》をまつって拝《おが》んでいるのを見たことだと聖武天皇自身が回想しています。大仏建立には豪族たちも協力し、民衆をもまきこむ大運動になって、聖武天皇は天平の文化を発展させました。

第4部
平安時代の天皇
1

桓武天皇が遷都した平安京は明治までつづく千年の都になった

794年 平安京遷都
784年 長岡京遷都
781年
50代
桓武《かんむ》天皇
45歳で即位した天皇に
次々と襲い掛かる
不幸と困難
新皇太子
安殿親王のノイローゼ
廃太子 早良親王の怨霊
天然痘の大流行
身近な人のあいつぐ死亡
藤原乙牟漏
(皇后)
高野新笠
(生母)
藤原旅子
(夫人)
新しく
平安京を
作ろう
集中豪雨
淀川の反乱で
長岡京の造営は頓挫
側近の暗殺
この際、
思い切って
別の場所に
遷都して、
やり直し
ましょう
長岡京遷都の功労者
和気清麻呂
長岡京造営の責任者
藤原種継
藤原種継
暗殺
犯行の首謀者早良親王
流罪の途中で餓死、
怨霊となる
流罪・餓死・怨霊
早良親王

平安時代は約400年も
つづく長い時代。
その後も都は京都だった。

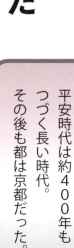

平安京の始まり

784年、桓武《かんむ》天皇は平城京《へいじょうきょう》から長岡京《ながおかきょう》に遷都《せんと》しました。そこは木津川《きづがわ》と宇治川《うじがわ》と桂川《かつらがわ》が合流して淀川《よどがわ》になるあたりの谷間で、昔は主な運送手段だった舟運《しゅううん》の便がよいところでしたが、たちまち洪水に襲《おそ》われてしまいました。新たに土地を卜《ぼく》して794年に遷都したのが平安京《へいあんきょう》です。卜すとは、方位や地形によって土地の勢いがちがうという風水《ふうすい》という考え方によって吉凶《きっきょう》をうらなうことです。天皇の都となれば必ず土地を卜すのでした。四方を山に囲まれた平安京は神々に守護された土地だといいます。ところが、平安京は怨霊《おんりょう》の都にもなりました。

そもそも桓武天皇の即位は、恐ろしい事件の後に実現しました。父の光仁《こうにん》天皇の皇太子は皇后の井上内親王《いのうえないしんのう》(聖武《しょうむ》天皇の皇女)の子の他戸《おさべ》親王でしたが、この皇后と太子

平安京

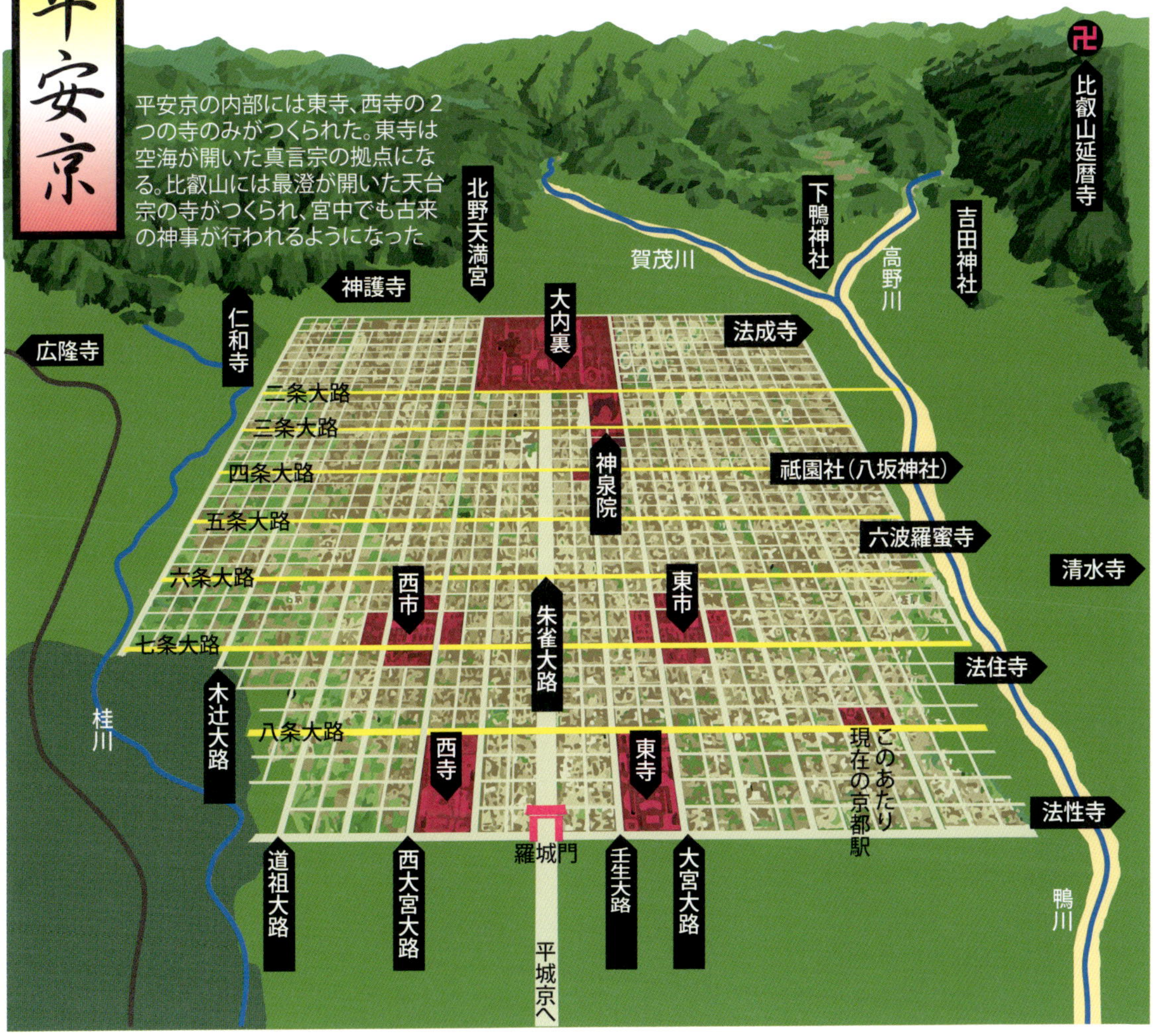
比叡山延暦寺
吉田神社
下鴨神社
高野川
賀茂川
北野天満宮
神護寺
仁和寺
広隆寺
大内裏
法成寺
二条大路
三条大路
四条大路
神泉院
祇園社（八坂神社）
五条大路
六波羅蜜寺
清水寺
六条大路
西市
東市
朱雀大路
七条大路
法住寺
木辻大路
桂川
八条大路
西寺
東寺
このあたり現在の京都駅
法性寺
羅城門
道祖大路
西大宮大路
壬生大路
大宮大路
鴨川
平城京へ

平安京の内部には東寺、西寺の２つの寺のみがつくられた。東寺は空海が開いた真言宗の拠点になる。比叡山には最澄が開いた天台宗の寺がつくられ、宮中でも古来の神事が行われるようになった

は謀反《むほん》の罪を着せられて幽閉《ゆうへい》され、母子ともに死にました。かわって太子に立てられたのが、百済《くだら》からの渡来系《とらいけい》氏族《しぞく》の女性、高《たか》野新笠《ののにいがさ》が産んだ山部王《やまべのおう》、すなわち桓武天皇でした。その即位後も政情不安が続くなかで桓武天皇は藤原式家《しきけ》の種継《たねつぐ》に諮《はか》って長岡京に遷都します。ところが、都の造営工事を指揮していた種継が何者かに矢で射《い》られて死亡。疑いは移転に反対する奈良の寺々と関係が深かった早良《さわら》親王にかかりました。早良親王は桓武天皇の弟で皇太子に立てられていたのですが、この事件で捕らえられ、太子の身分を奪《うば》われて、淡路島に流されます。早良親王は食を断ち、恨《うら》みの自死をとげました。

古代に同様の事件はよくあったのですが、その犠牲者が怨霊になって祟《たた》ると非常に恐れられるようになったのは平安時代からです。疫病《えきびょう》の流行や風水害も怨霊のため、個人の病気も「物《もの》の怪《け》」のためとされます。そのような恐れと、後には保元《ほうげん》・平治《へいじ》の乱《らん》、応仁《おうにん》の乱の戦場になるなどの大事件もありましたが、平安京は明治までつづくことになり、この都を開いた桓武は特別の天皇とされるようになりました。

第4部
平安時代の天皇
2

天皇は朝廷の象徴のようになり藤原氏が実権をにぎった

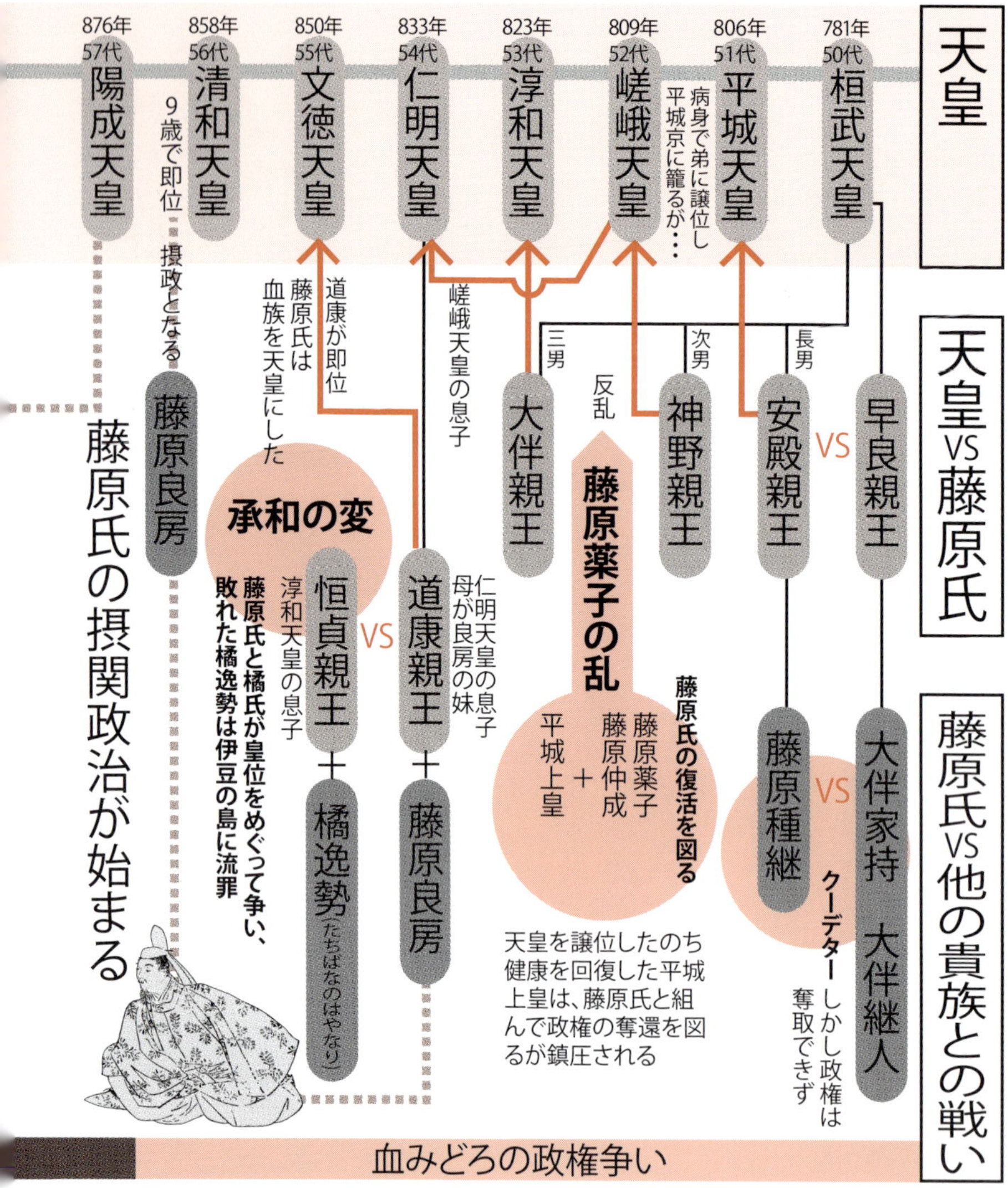
天皇
781年 50代 桓武天皇
806年 51代 平城天皇
病身で弟に譲位し平城京に籠るが…
809年 52代 嵯峨天皇
823年 53代 淳和天皇
833年 54代 仁明天皇
850年 55代 文徳天皇
858年 56代 清和天皇
9歳で即位 摂政となる
876年 57代 陽成天皇
天皇VS藤原氏
早良親王
VS
長男
安殿親王
次男
神野親王
反乱
藤原薬子の乱
三男
大伴親王
嵯峨天皇の息子
道康が即位
藤原氏は血族を天皇にした
藤原良房
承和の変
仁明天皇の息子
母が良房の妹
道康親王
VS
恒貞親王
淳和天皇の息子
藤原氏と橘氏が皇位をめぐって争い、敗れた橘逸勢は伊豆の島に流罪
藤原氏の摂関政治が始まる
藤原氏VS他の貴族との戦い
大伴家持
大伴継人
VS
藤原種継
クーデター
しかし政権は奪取できず
藤原氏の復活を図る
藤原薬子
藤原仲成
+
平城上皇
天皇を譲位したのち健康を回復した平城上皇は、藤原氏と組んで政権の奪還を図るが鎮圧される
藤原良房
+
橘逸勢(たちばなのはやなり)
+
血みどろの政権争い

藤原氏が摂政《せっしょう》・関白《かんぱく》として朝廷を支配するようになった。

平安時代の天皇

794年の平安《へいあん》遷都《せんと》から鎌倉の源頼朝《みなもとのよりとも》が政権をにぎった1185年頃までを平安時代とするなら、およそ400年もの長い時代です。その間の天皇は生前に譲位して上皇になるのが普通でした。なかには無理やり退位させられた天皇もいます。貴族たちが権力を争い、都合のよい親王を皇位につけようとしたからです。その争いのなかで、上図の承和《じょうわ》の変や菅原道真《すがわらのみちざね》の追放事件がおこり、藤原氏が他氏を排除して摂政《せっしょう》・関白《かんぱく》の地位を独占するようになりました。

摂政は天皇が幼いとき、関白は成人の天皇の政治をたすける役職ですが、実際には朝廷の権力をにぎりました。なかでも藤原北《ほっ》家《け》の道長《みちなが》は3人の娘を次々に入内《じゅだい》（天皇の后《きさき》にすること）させ、生まれた子を皇位につけることで藤原氏の全盛期をきずきまし

政治を院政が動かす時代に

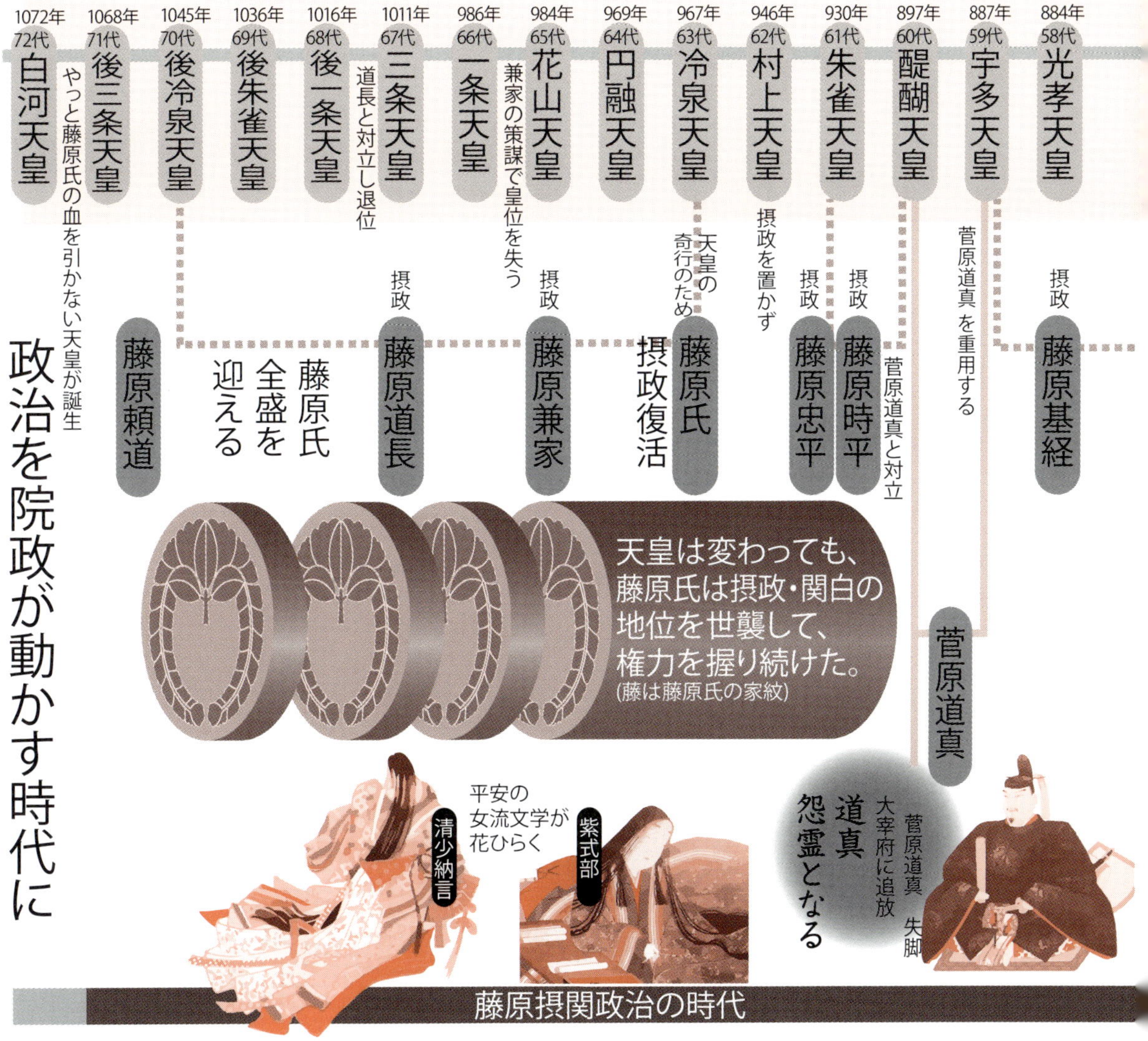
884年 58代 光孝天皇
887年 59代 宇多天皇
897年 60代 醍醐天皇
930年 61代 朱雀天皇
946年 62代 村上天皇
967年 63代 冷泉天皇
969年 64代 円融天皇
984年 65代 花山天皇
986年 66代 一条天皇
1011年 67代 三条天皇
1016年 68代 後一条天皇
1036年 69代 後朱雀天皇
1045年 70代 後冷泉天皇
1068年 71代 後三条天皇
1072年 72代 白河天皇
摂政 藤原基経
菅原道真を重用する
摂政 藤原時平
菅原道真と対立
摂政 藤原忠平
摂政を置かず
天皇の奇行のため
藤原氏 摂政復活
兼家の策謀で皇位を失う
摂政 藤原兼家
道長と対立し退位
摂政 藤原道長
藤原氏 全盛を 迎える
藤原頼道
やっと藤原氏の血を引かない天皇が誕生
菅原道真
菅原道真 失脚 大宰府に追放
道真 怨霊となる
天皇は変わっても、藤原氏は摂政・関白の地位を世襲して、権力を握り続けた。
(藤は藤原氏の家紋)
平安の女流文学が花ひらく
清少納言
紫式部
藤原摂関政治の時代

た。その家系から近衛家《このえけ》・九条家《くじょうけ》など五摂《ごせっ》家《け》とよばれる摂政・関白ならびに天皇の后になる家筋《いえすじ》が生まれます。

そのころの貴族の栄華《えいが》のようすは、紫式《むらさきしき》部《ぶ》の小説『源氏物語《げんじものがたり》』、清少納言《せいしょうなごん》の随筆集《ずいひつしゅう》『枕草子《まくらのそうし》』などにうかがうことができます。

摂関政治から院政へ

平安時代の貴族たちにとってもっとも重要なことは毎年正月に朝廷でおこなわれる叙位《じょい》と除目《じもく》でした。

叙位は一位・二位・三位などの位階、除目は国司《こくし》などの役職を決めることで、収入にも大きく影響します。それは現在の内閣総理大臣の任命のように天皇の名によっておこなわれました。いわば「象徴天皇」の始まりなのですが、それはまだ貴族たちだけのことでした。また、藤原氏の権力者の意向が反映したので、貴族たちは権力者への贈り物や儀式の席次などに気をつかい、とても苦労したのでした。

藤原氏の隆盛《りゅうせい》は内部の争いもあって、白《しら》河《かわ》天皇が1086年に子の堀河《ほりかわ》天皇に譲位し、摂政・関白にかわって院政《いんせい》を開始したときからかげりはじめます（↓52ページ）。

第4部
平安時代の天皇
3

軍をひきいた古代の大王は姿を消し天皇は祭祀王になった

平安時代の宮廷文化とともに天皇の祭祀《さいし》が発達した。

天神地祇のまつり

日本最初の本格的な法令集『大宝律令《たいほうりつりょう》』（７０１年）に「神祇令《じんぎりょう》」という規則があります。それは「天神地祇《てんじんちぎ》は神祇官《じんぎかん》がまつれ」という言葉からはじまります。神祇官は中国にはない日本独自の朝廷の役所です。そして「神祇令《じんぎりょう》」には、毎年恒例のまつりと天皇の即位後の大嘗祭《だいじょうさい》などの臨時のまつり、幣帛《へいはく》（供物《くもつ》）や祝詞《のりと》のことなど、天皇の祭祀《さいし》の原型が示されています。そこには天神地祇すなわち高天原と皇祖の神々（天神）と各地の神々（地祇）の祭祀が記され、各地のおもな神社には天皇から供物《くもつ》をおくる奉幣使《ほうへいし》のことも記されています。それらの神社には朝廷に協力する有力氏族の神がまつられていたのでしょう。しかし、すでにおこなわれていた新年の四方拝《しほうはい》（中国の四方の神に天皇が祈る）や仏教の法会《ほうえ》は記されていません。天皇の祭祀は日本の天神地祇が基本なのでした。

平安時代の天皇の祭祀

平安時代になると、古代の大王《おおきみ》のように天皇が軍をひきいて出征《しゅっせい》するようなことはまったくなくなり、天皇の重要な役割は祭祀をおこなうこと、すなわち天皇の性格は祭祀王になりました。とくに大きな祭祀は天皇一代に一度、11月におこなわれる大嘗祭です。それは4日間にわたる神事で、そのために新造された大嘗宮《だいじょうきゅう》の悠紀殿《ゆきでん》、主基《すき》殿《でん》の二棟《とう》の神殿で新天皇がそれぞれ皇祖と天神地祇との共食をくりかえし、終了とともに大嘗宮は取り壊されます。

大嘗祭は即位が7月までなら同年、7月以降なら翌年を原則とし、その年の春から準備がはじまりました。まず大嘗祭に用いる稲穂《いなほ》をとるために都の東方から悠紀《ゆき》、西方から主基《すき》という国を占いで選び、斎田《さいでん》（神饌田《しんせんでん》）で稲をつくります。都では大嘗祭に用いる衣服も調度類もすべて新調します。そして10月には天皇を輿《こし》に乗せ、行列を組んで鴨川《かもがわ》まで行き、天皇が川水で禊《みそ》ぎをする御禊《ごけい》行幸を盛大におこないました。

平安時代には古代の律令をもとに「格式」とよばれる詳細な法令集が編まれ、そこにも祭祀のことが記されています。現存する『延喜式《えんぎしき》』（９２７年完成）には全国の神社の名簿も記されています。

また、正月には宮中で元日から7日間神事につづいて7日間の後七日御修法《ごしちにちのみしほ》という仏事《ぶつじ》がいとなまれました。天皇の即位にあたっても古来の神祇に祈る儀式に加えて即位灌頂《そくいかんじょう》という仏教の儀式がおこなわれるようになりました。中国道教《どうきょう》の祭祀もあり、平安時代の宮中は、神事・仏事のさまざまな祭祀にいろどられたのでした。

古代からの天皇は神の言葉の伝達者だった

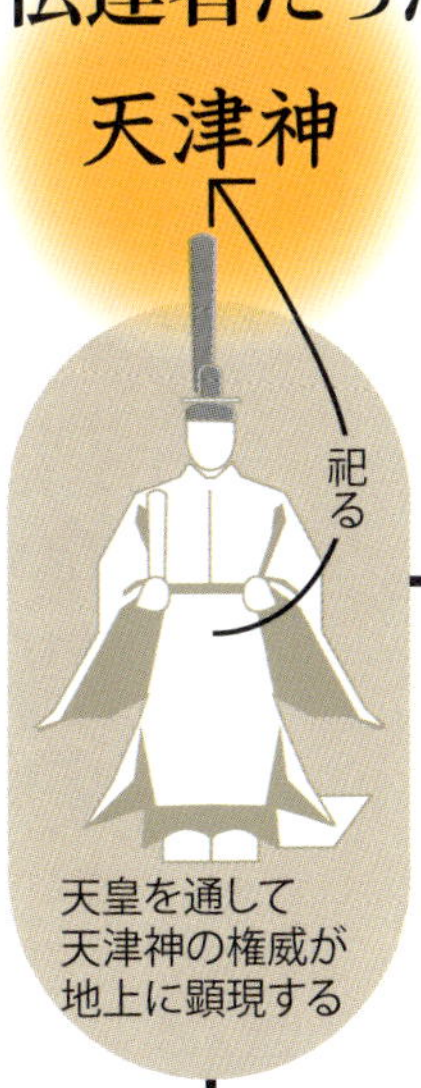
天津神
祀る
天皇を通して
天津神の権威が
地上に顕現する

この神のキーワードは
「稲」

平安朝の天皇の祭事でも「稲」は重要

五穀豊穣を願う祭事

新嘗祭《にいなめさい》

その年に収穫された新穀の収穫の祝い。

この儀式が天皇の祭事の基礎となっている。儀式のあと天皇は神々と対座し、新穀とお神酒を召し上がり直会(なおらい)をする

皇位継承の祭事

大嘗祭《だいじょうさい》

即位した天皇が初めて行う新嘗祭が大嘗祭。

天皇の即位の大礼として行われる秘儀。平安期の『延喜式』に式次第は記されているが、天皇一人によって執り行われ、その内容は現在も公開されていない

皇祖天照大神の力で、天皇の魂の安定と復活を願う祭事

鎮魂祭《ちんこんさい》

古くは新嘗祭の前日にとり行われる儀式。

天皇の御霊の安寧と、天皇の御霊の活性化のための儀式がおこなわれる。これは前者が「みたましずめ」、後者が「みたまふり」と呼ばれる。「みたましずめ」は天皇の体から離れようとする魂を鎮め「みたまふり」で復活させ、新嘗祭の神事へと繋げる意図がよみとれる

天皇の吉凶を占い、祟りの判明と慰撫を願う祭事

この祭祀は、
専門の占い師=
卜部が行う

御体御卜《おおみまのみうら》

宮廷の占い師たち、卜部(うらべ)と宮主が、亀の甲羅を焼きそのひび割れにて、ことの吉凶を判断した。凶がでた場合、その原因となる祟りを占う。もし祟りであればその祓いの方法も占われる

天皇の罪・穢れを祓い、万民の幸福を願う祭事

大祓《おおはらい》・節折《よおり》

天皇・皇族・全国民の罪穢れを祓う神事。

大祓は全国民の穢れを祓い。衣服に穢れを移し、竹の小枝で祓いその小枝を折る。節折の名はここから。その後天皇は息を壷に吹き込み穢れを移す

だから、天変地異が頻発し、
騒乱が耐えない世は、
自分のせいである
天皇は、そう考えた
責めは、
われ１人にあり

古代から、天皇は祭祀を一身にになってきた

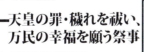

平安時代後期の院政が武士の都への進出をまねいた

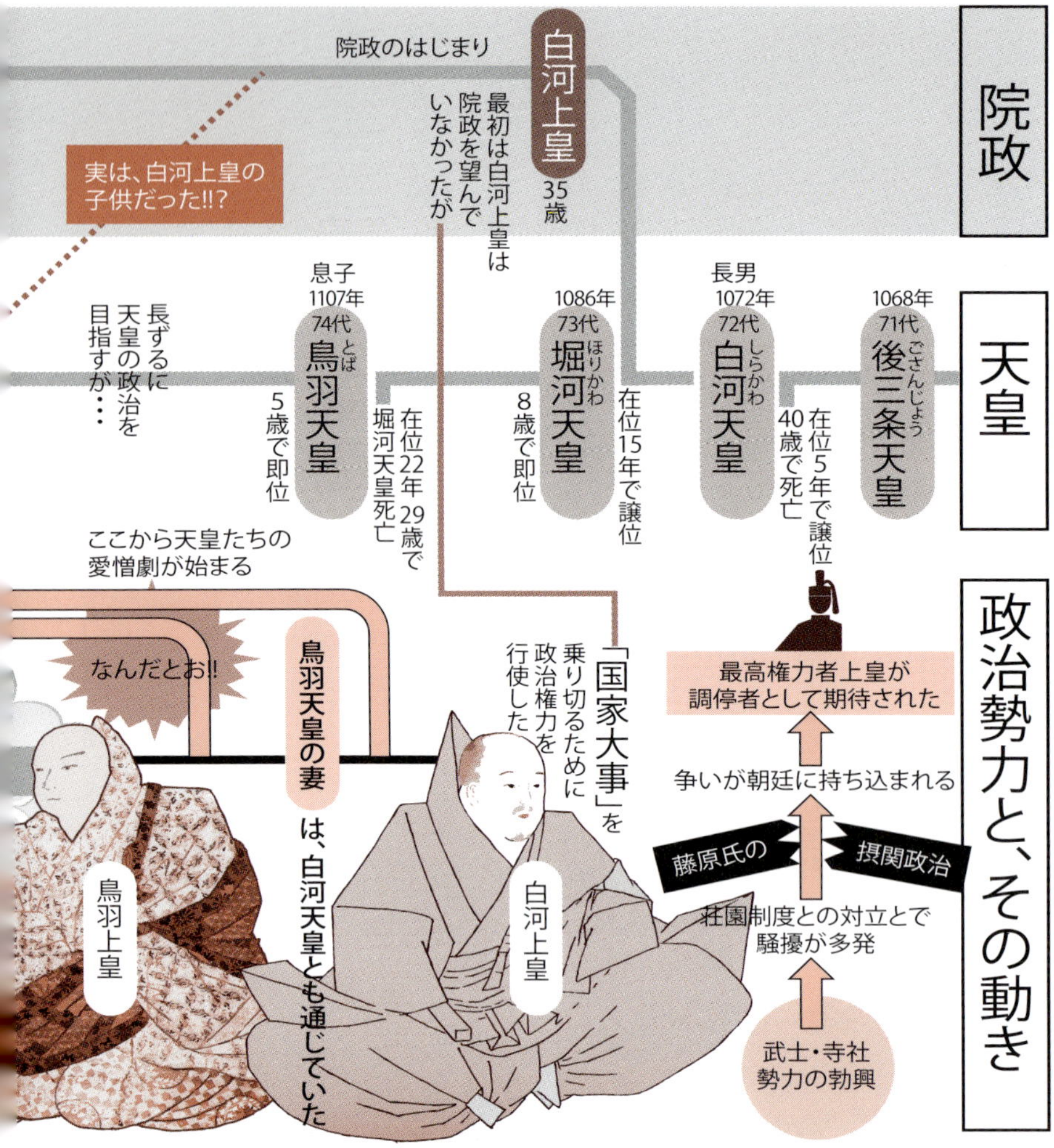
院政
天皇
政治勢力と、その動き
院政のはじまり
白河上皇
35歳
最初は白河上皇は院政を望んでいなかったが
実は、白河上皇の子供だった!!?
1068年 71代 後三条《ごさんじょう》天皇
在位5年で譲位 40歳で死亡
長男 1072年 72代 白河《しらかわ》天皇
在位15年で譲位
1086年 73代 堀河《ほりかわ》天皇
8歳で即位
在位22年 29歳で 堀河天皇死亡
息子 1107年 74代 鳥羽《とば》天皇
5歳で即位
長ずるに天皇の政治を目指すが・・・
ここから天皇たちの愛憎劇が始まる
なんだとお!!
鳥羽天皇の妻は、白河天皇とも通じていた
「国家大事」を乗り切るために政治権力を行使した
鳥羽上皇
白河上皇
最高権力者上皇が調停者として期待された
争いが朝廷に持ち込まれる
藤原氏の
摂関政治
荘園制度との対立とで騒擾が多発
武士・寺社勢力の勃興

藤原氏にかわって上皇《じょうこう》（院）が権力をにぎったが、武士の世の中への動きがはじまった。

武士が地方から都に集まってきた

院政《いんせい》とは、上皇《じょうこう》・法皇《ほうおう》（退位した天皇）の一人が「治天《ちてん》の君《きみ》（天下を治める人）」とされ、院宣《いんぜん》とよばれる文書によって貴族や武士たちに命令を出す政治のしくみです。平安時代後期の白河上皇からはじまりました。その後も藤原氏の摂政《せっしょう》・関白《かんぱく》は存続しますが、上皇は天皇の父親です。その立場は藤原氏より強いものになりました。

上皇は内裏《だいり》から外に出て仙洞御所《せんとうごしょ》に暮らします。その御所が白河《しらかわ》にあれば白河院《しらかわいん》といい、その上皇も白河院とよばれます。院政の役所も院の御所におかれ、院庁《いんのちょう》といいました。

院政は朝廷のしきたりから比較的《ひかくてき》自由であるため、世の中の情勢にあわせて政治をおこなえます。上皇が出家して僧の姿の法皇になると、ますます自由な立場になり、

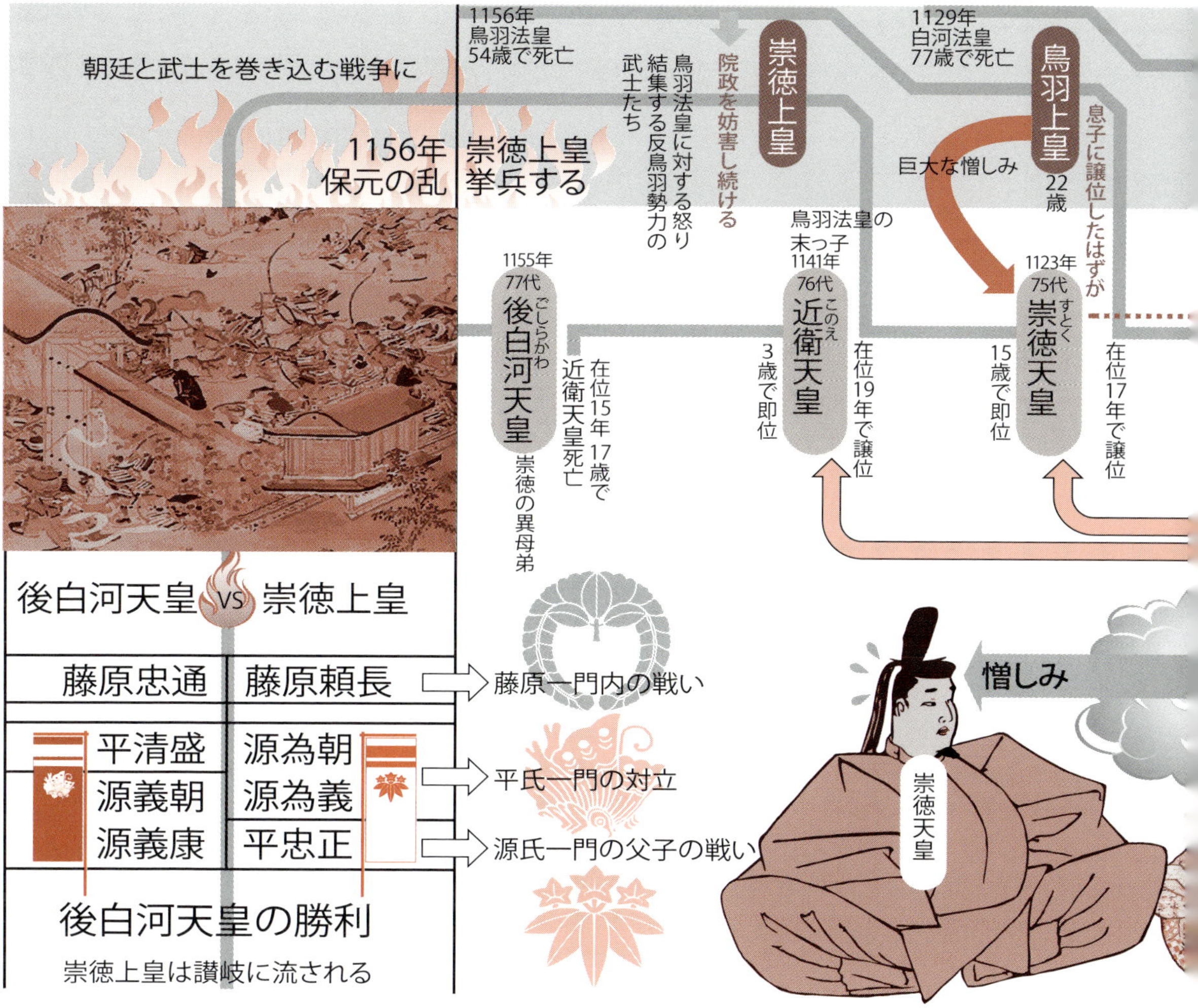

朝廷と武士を巻き込む戦争に
1156年
保元の乱
崇徳上皇
挙兵する
1156年
鳥羽法皇
54歳で死亡
鳥羽法皇に対する怒り
結集する反鳥羽勢力の
武士たち
院政を妨害し続ける
崇徳上皇
1129年
白河法皇
77歳で死亡
鳥羽上皇
息子に譲位したはずが
巨大な憎しみ
22歳
鳥羽法皇の
末っ子
1155年
77代
後白河《ごしらかわ》天皇
在位15年
近衛天皇死亡
17歳で
崇徳の異母弟
1141年
76代
近衛《このえ》天皇
3歳で即位
在位19年で譲位
1123年
75代
崇徳《すとく》天皇
15歳で即位
在位17年で譲位
後白河天皇 VS 崇徳上皇
藤原忠通
藤原頼長
藤原一門内の戦い
平清盛
源義朝
源義康
源為朝
源為義
平忠正
平氏一門の対立
源氏一門の父子の戦い
後白河天皇の勝利
崇徳上皇は讃岐に流される
憎しみ
崇徳天皇

寺社も味方につけて権力をふるいました。

しかし院政は、皇族や藤原摂関家《せっかんけ》などのさまざまな勢力に支持されることが必要だったので、権力闘争の危《あや》ういバランスの上になりたつのでした。しかも、天皇・上皇も藤原摂関家も一種の私兵として武士を警固《けいご》につけるようになりました。それまで土地争いなどで戦って地方で成長した源氏《げんじ》や平氏《へいし》の武士団《ぶしだん》を都によびよせて武力を強めます。そうなると、上図に示されているような皇族間の愛憎《あいぞう》もあって、いつか武力《ぶりょく》衝突《しょうとつ》がおきるのは必然のなりゆきでした。

1156年（保元《ほうげん》1）7月、鳥羽《とば》法皇が皇位継承や藤原摂関家の跡継ぎ問題を残したまま崩じました。同月11日の夜、後白河《ごしらかわ》天皇方の源氏・平氏の武士ら千数百騎《き》が崇《す》徳《とく》上皇方の屋敷を襲い、火を放って勝利。敗れた崇徳上皇は讃岐《さぬき》（香川県）に流されます。これが保元の乱です。戦いはたった一晩のことでしたが、平安遷都以来362年、京都で最初の戦《いくさ》でした。しかも、上皇が流罪《るざい》に処せられるという重大な結果をまねいたのです。その後、後白河天皇が退位して院政をしきますが、さらに平治《へいじ》の乱がおこり、平家の世になっていきます。

平安末期に政権をにぎった平家は鎌倉の源頼朝に滅ぼされた

武士の平氏が京都で実権をにぎったあと、源氏が鎌倉に日本最初の武家政権を開いた。

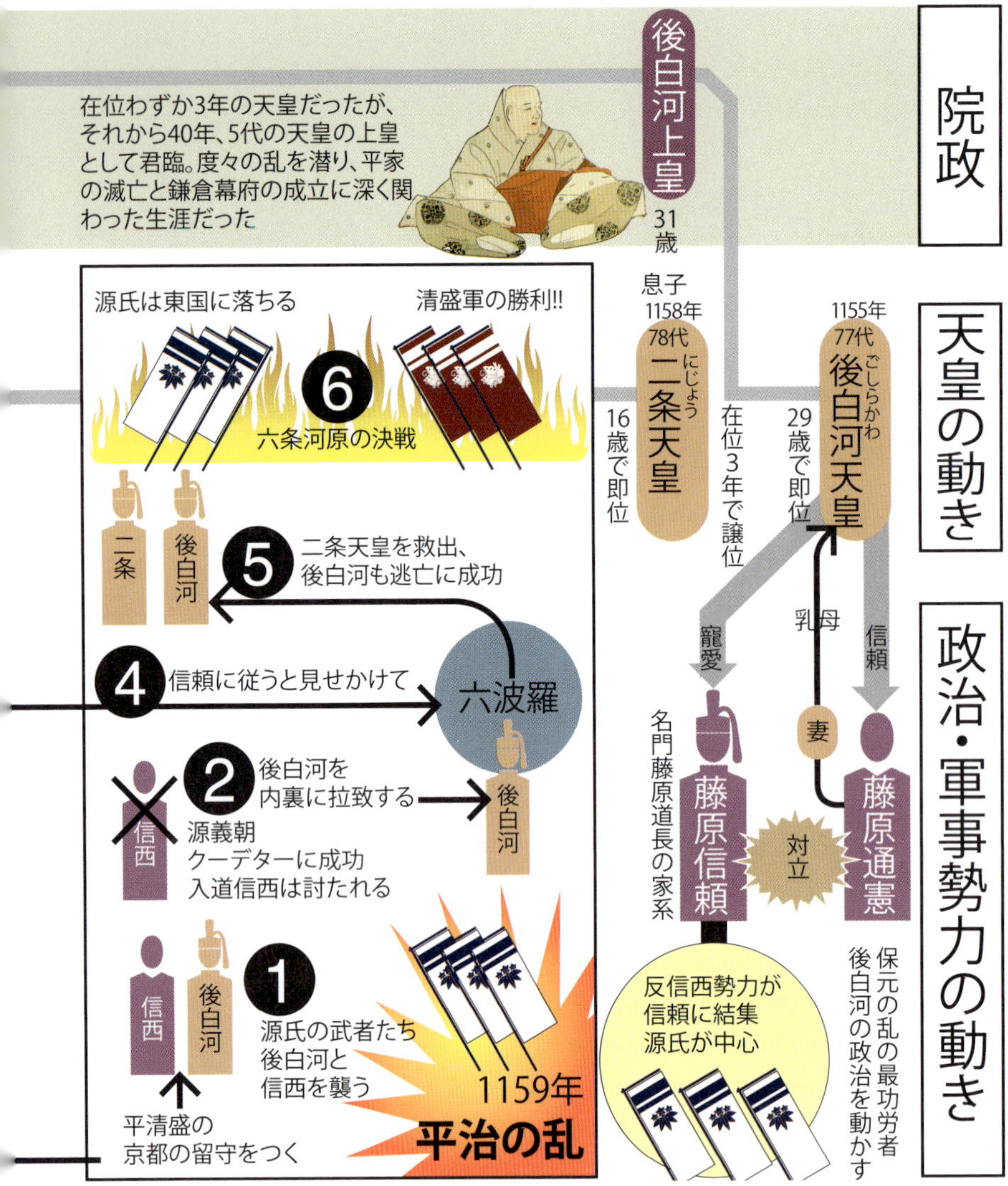
院政
後白河上皇
31歳
在位わずか3年の天皇だったが、それから40年、5代の天皇の上皇として君臨。度々の乱を潜り、平家の滅亡と鎌倉幕府の成立に深く関わった生涯だった
天皇の動き
1155年
77代
後白河《ごしらかわ》天皇
29歳で即位
在位3年で譲位
息子
1158年
78代
二条《にじょう》天皇
16歳で即位
政治・軍事勢力の動き
寵愛
乳母
信頼
妻
藤原信頼
名門藤原道長の家系
藤原通憲
保元の乱の最功労者
後白河の政治を動かす
対立
反信西勢力が
信頼に結集
源氏が中心
1159年
平治の乱
1 源氏の武者たち
後白河と
信西を襲う
信西
後白河
平清盛の
京都の留守をつく
2 後白河を
内裏に拉致する
源義朝
クーデターに成功
入道信西は討たれる
信西
後白河
4 信頼に従うと見せかけて
六波羅
5 二条天皇を救出、
後白河も逃亡に成功
二条
後白河
6 六条河原の決戦
源氏は東国に落ちる
清盛軍の勝利!!

平安時代のおわりに

1156年の保元《ほうげん》の乱の結果、権力争いがおさまったわけではありません。勝利した後白河《ごしらかわ》天皇（のち上皇・法皇《ほうおう》）の側で戦った武士のなかでも、平清盛《たいらのきよもり》が恩賞《おんしょう》として播《は》磨《ま》（兵庫県南西部）、安芸《あき》（広島県）など5か国の守《かみ》（国守《こくしゅ》）になったのにたいし、源《みなもとの》義朝《よしとも》は冷遇《れいぐう》され、不満でした。藤原氏のなかでも対立が生まれました。

当時の武士はそれぞれが自分の一族の所《しょ》領《りょう》をもち、棟梁《とうりょう》とよばれる長のもとに結束する武士団をつくることで、その所領を守っていました。その代表的な武士団が清盛を棟梁とする平氏と、義朝の源氏です。

1159年（平治1）、源義朝らが後白河上皇の御所と藤原通憲《ふじわらのみちのり》（信西《しんぜい》）の宿所を急襲しました。平治の乱です。そこに平清盛の軍勢がかけつけ、義朝軍をやぶりまし

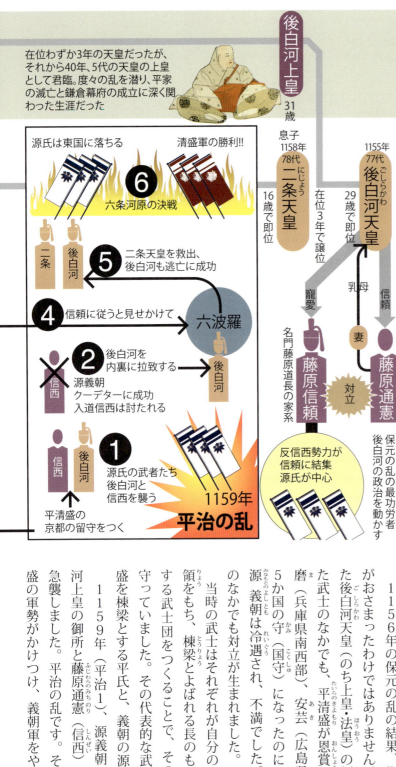

郵便はがき

料金受取人払郵便

新宿局承認

5596

差出有効期間
平成31年10月
31日まで

160-8792

184

東京都新宿区愛住町22
第3山田ビル 4F

(株)太田出版
読者はがき係 行

お買い上げになった本のタイトル：

お名前

性別 男・女

年齢 歳

ご住所 〒

お電話

e-mail

ご職業
1. 会社員
2. マスコミ関係者
3. 学生
4. 自営業
5. アルバイト
6. 公務員
7. 無職
8. その他（　　　）

記入していただいた個人情報は、アンケート収集ほか、太田出版からお客様宛ての情報発信に使わせていただきます。

太田出版からの情報を希望されない方は以下にチェックを入れてください。

□ 太田出版からの情報を希望しない。

本書をお買い求めの書店

本書をお買い求めになったきっかけ

本書をお読みになってのご意見・ご感想をご記入ください。

＊ご投稿いただいた感想は、宣伝・広告の目的で使用させていただくことがございます。あらかじめご了承ください。
＊太田出版公式HP（http://www.ohtabooks.com/）でもご意見を募集しております。

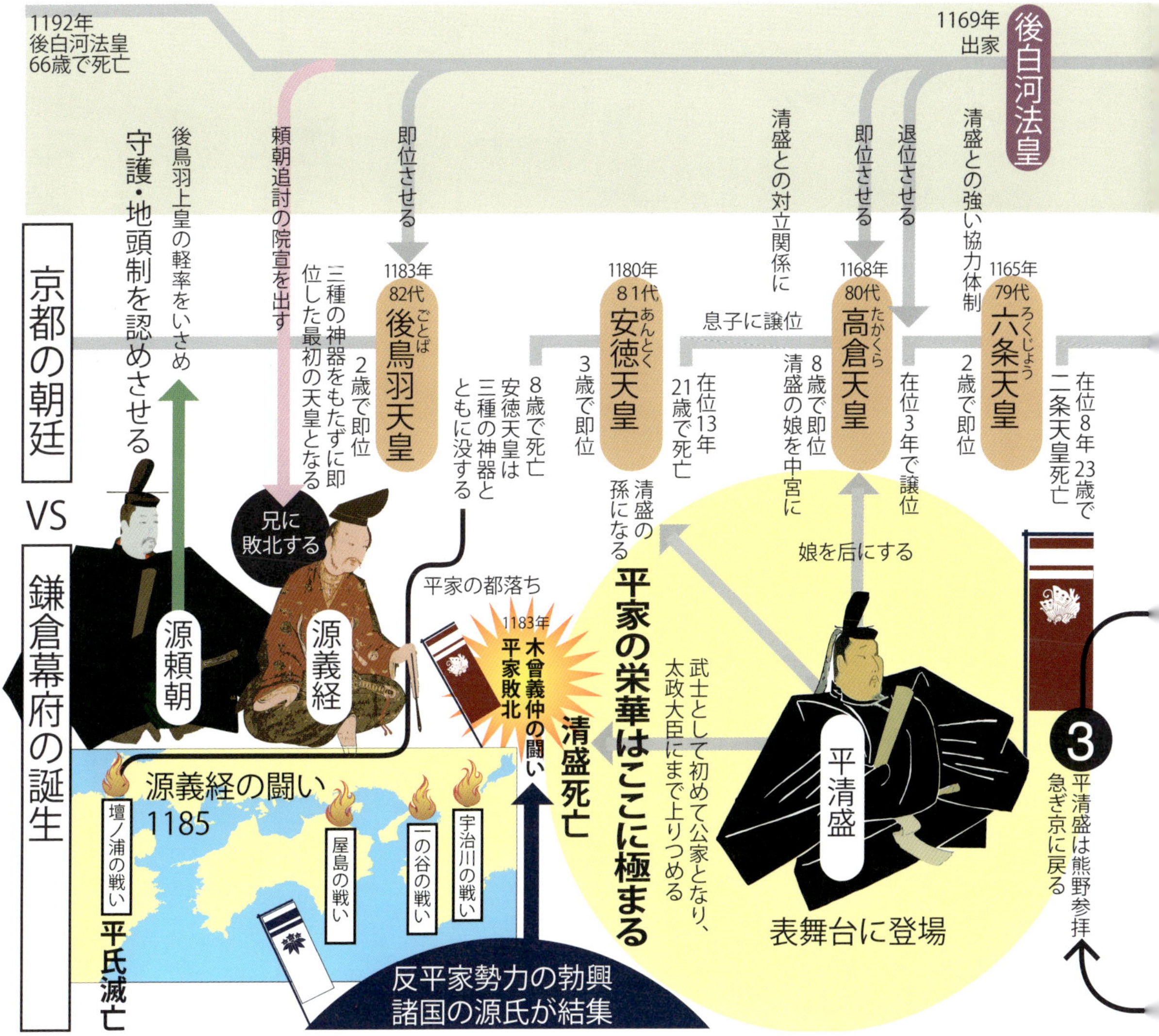
後白河法皇
1169年 出家
清盛との強い協力体制
退位させる
即位させる
清盛との対立関係に
即位させる
頼朝追討の院宣を出す
後鳥羽上皇の軽率をいさめ
守護・地頭制を認めさせる
1192年 後白河法皇66歳で死亡
1165年 79代 六条《ろくじょう》天皇
2歳で即位
在位8年 23歳で二条天皇死亡
1168年 80代 高倉《たかくら》天皇
在位3年で譲位
8歳で即位 清盛の娘を中宮に
息子に譲位
1180年 81代 安徳《あんとく》天皇
在位13年 21歳で死亡
3歳で即位
清盛の孫になる
8歳で死亡 安徳天皇は三種の神器とともに没する
1183年 82代 後鳥羽《ごとば》天皇
2歳で即位
三種の神器をもたずに即位した最初の天皇となる
兄に敗北する
京都の朝廷
VS
鎌倉幕府の誕生
源頼朝
源義経
平家の都落ち
1183年 木曾義仲の闘い 平家敗北
清盛死亡
平家の栄華はここに極まる
武士として初めて公家となり、太政大臣にまで上りつめる
娘を后にする
平清盛
表舞台に登場
3
平清盛は熊野参拝 急ぎ京に戻る
源義経の闘い 1185
壇ノ浦の戦い
屋島の戦い
一の谷の戦い
宇治川の戦い
平氏滅亡
反平家勢力の勃興
諸国の源氏が結集

た。義朝は関東に落ちのびる途上、尾張《おわり》（愛知県）で殺され、子の頼朝《よりとも》は伊豆《いず》に流されました。この戦いで実力を発揮《はっき》した平氏は、天皇・上皇や藤原氏に対抗できる実力を手にして朝廷の高位の官職や諸国の国守の地位を得ていきました。平清盛はかつての藤原氏と同じように、天皇の外戚《がいせき》（親類）にもなりました。

　そのころの天皇は、時の権力者のいいなりになって、幼少で即位する例が目立ちます。第80代高倉《たかくら》天皇は平清盛の妻の妹（平滋子《しげこ》）が産んだ皇子で、8歳で即位し、清盛の娘の徳子《とくこ》を后《きさき》にしました。そして徳子に皇子が生まれると退位をせまられ、第81代安徳《あんとく》天皇がわずか3歳で即位しました。そうして平家一門は全盛を誇《ほこ》ったのですが、その年、源頼朝が平家打倒のために伊豆で挙兵《きょへい》、翌年には清盛が死亡。まとめて源平合戦とよばれる各地の戦いのなかで源氏に味方をする武士がふえ、1185年、壇《だん》ノ浦《うら》（山口県下関市の沖）の戦いで平氏はやぶれて滅亡しました。

　かわって政権をとったのは鎌倉に幕府《ばくふ》を開き、時の後鳥羽《ごとば》天皇の任命という形で征《せい》夷大将軍《いたいしょうぐん》（将軍）になった源頼朝でした。

鎌倉幕府は承久の乱で3人の上皇を流して政権を確立した

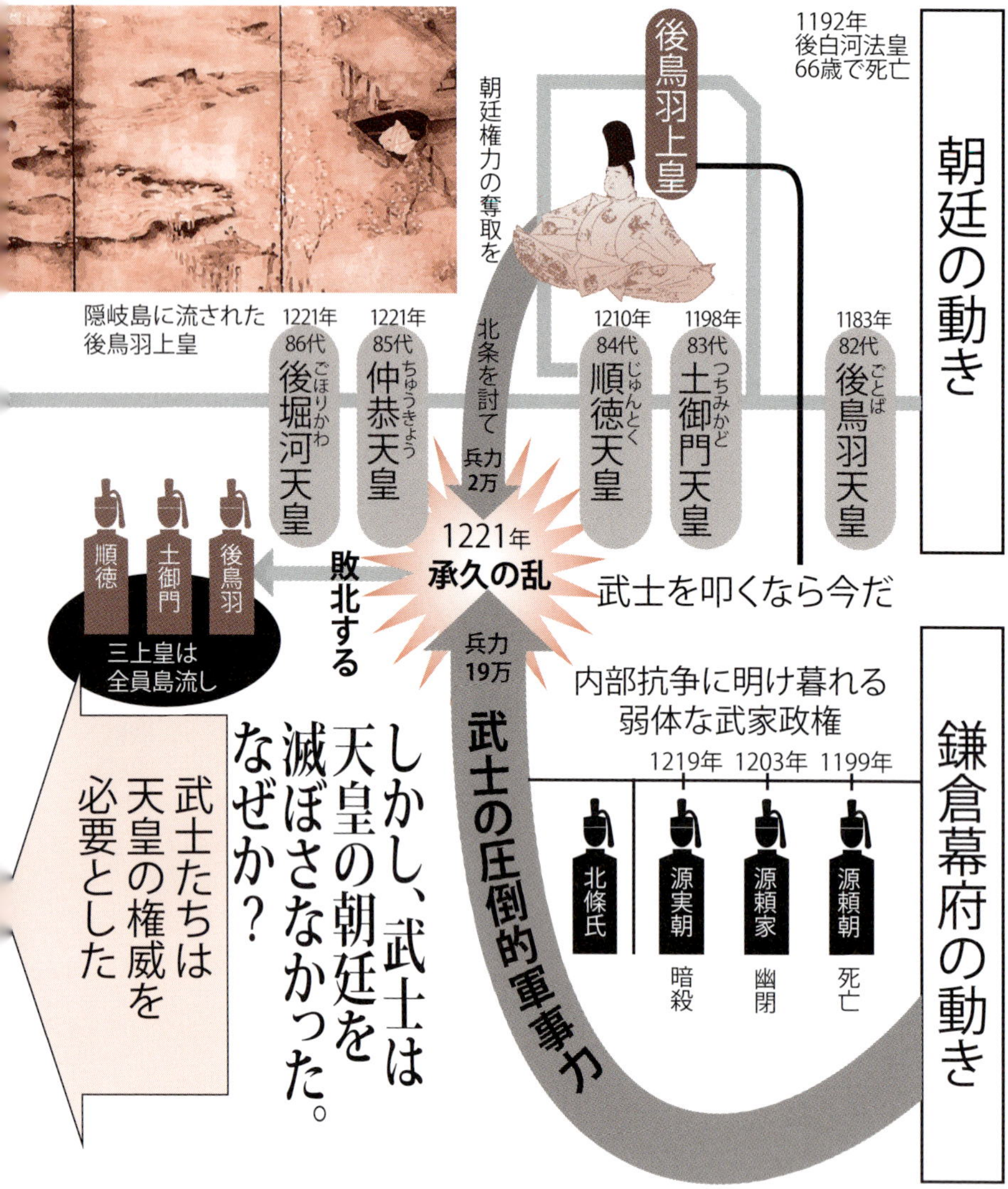
朝廷の動き
1192年
後白河法皇
66歳で死亡
後鳥羽上皇
朝廷権力の奪取を
1183年
82代
後鳥羽《ごとば》天皇
1198年
83代
土御門《つちみかど》天皇
1210年
84代
順徳《じゅんとく》天皇
1221年
85代
仲恭《ちゅうきょう》天皇
1221年
86代
後堀河《ごほりかわ》天皇
北条を討て
兵力2万
1221年
承久の乱
武士を叩くなら今だ
兵力19万
武士の圧倒的軍事力
敗北する
後鳥羽
土御門
順徳
三上皇は
全員島流し
鎌倉幕府の動き
内部抗争に明け暮れる
弱体な武家政権
1199年
源頼朝
死亡
1203年
源頼家
幽閉
1219年
源実朝
暗殺
北條氏
しかし、武士は天皇の朝廷を滅ぼさなかった。なぜか？
武士たちは天皇の権威を必要とした
隠岐島に流された後鳥羽上皇

承久《じょうきゅう》の乱にやぶれて朝廷は潰滅《かいめつ》状態になったが、次の天皇がたてられた。

承久の乱と執権北条氏

幕府は武家政権の政府です。それは源頼朝に忠誠《ちゅうせい》を誓《ちか》う武士（御家人《ごけにん》）が集合してはじまり、将軍を頂点にいただく政権でした。御家人は将軍から所領の安堵状《あんどじょう》（領主として認める書類）をもらって一族をやしなう武士でした。その御家人どうしの争いは激しく、頼朝の死後には2代目も3代目も将軍が殺され、源氏の将軍は途絶《とだ》えました。京都から摂関家《せっかんけ》の藤原頼経《ふじわらのよりつね》がまねかれて第4代将軍になり、頼朝の妻・政子《まさこ》の一族である北条氏《ほうじょう》が執権《しっけん》として幕府の政治にあたりました。この混乱をみた後鳥羽《ごとば》上皇は1221年、諸国の武士に院宣《いんぜん》（上皇の命令を伝える文書）をだして挙兵《きょへい》しました。武士は幕府に従う者だけではありません。また、戦いのようすをみて勝ちそうなほうにつかなければ、一族が滅亡します。その

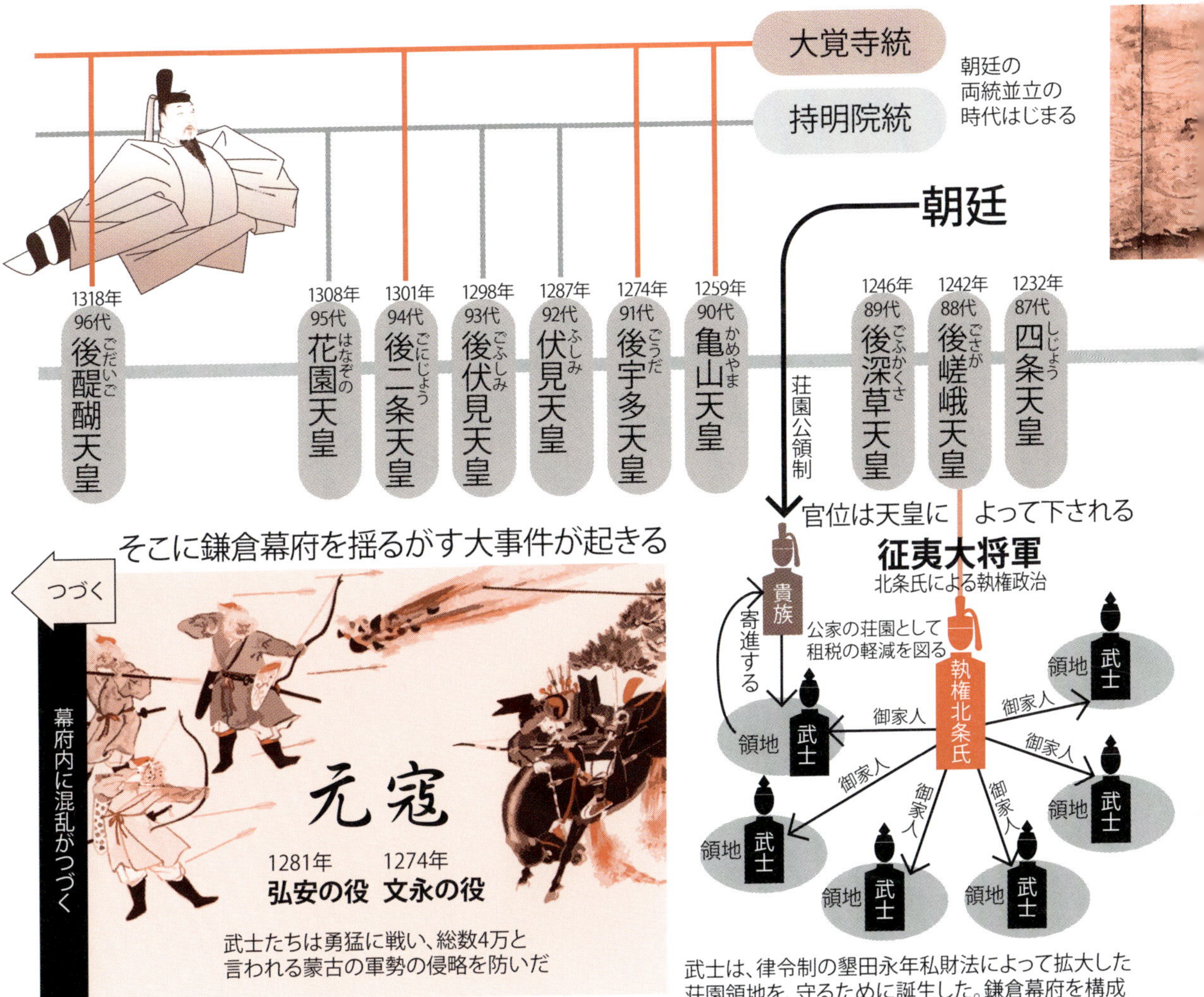

この元寇の役で働いた御家人への報償の少なさが、のちの足利幕府への反感となる

武士は、律令制の墾田永年私財法によって拡大した荘園領地を、守るために誕生した。鎌倉幕府を構成する武士団は、天皇から幕府を通じて下される地当に任じられて、自領を守った

なかで後鳥羽上皇の挙兵を迎えうつために北条政子が御家人の決起をうながし、京都に攻めていくと、だんだん味方の武士がふえ、上皇方は敗退。その結果、後鳥羽上皇は隠岐《おき》、他に2人の上皇が佐渡《さど》と四国に配流《はいる》され、北条氏は後堀河《ごほりかわ》天皇を皇位につけました。幕府が天皇も朝廷もなくさなかったのは、幕府が支配できたのは御家人とその所領にかぎられており、他に国衙領《こくがりょう》（国の役所の領土）や貴族・寺社の荘園《しょうえん》が広く存在したので、幕府が全国を治められたわけではなく、名目的であれ天皇をいただかなければおさまらなかったからです。そのかわり幕府は京都に六波羅探題《ろくはらたんだい》という役所をおき、有力な御家人に天皇や朝廷の動きをきびしく監視させるようになりました。

ところで、承久の乱で上皇方についた武士の所領は没収され、北条氏側の武士に恩賞《おんしょう》として配分されました。それによって執権北条氏は権力をかためました。しかし、御家人たちは次第に困窮《こんきゅう》するようになったうえ、1274年と1281年にモンゴル（蒙古《もうこ》・元《げん》）の軍が襲来《しゅうらい》したときには動員した御家人に恩賞を与えることができず、鎌倉の武家政権はゆらいでいきました。

鎌倉幕府の滅亡後、天皇が2人いる時代になった

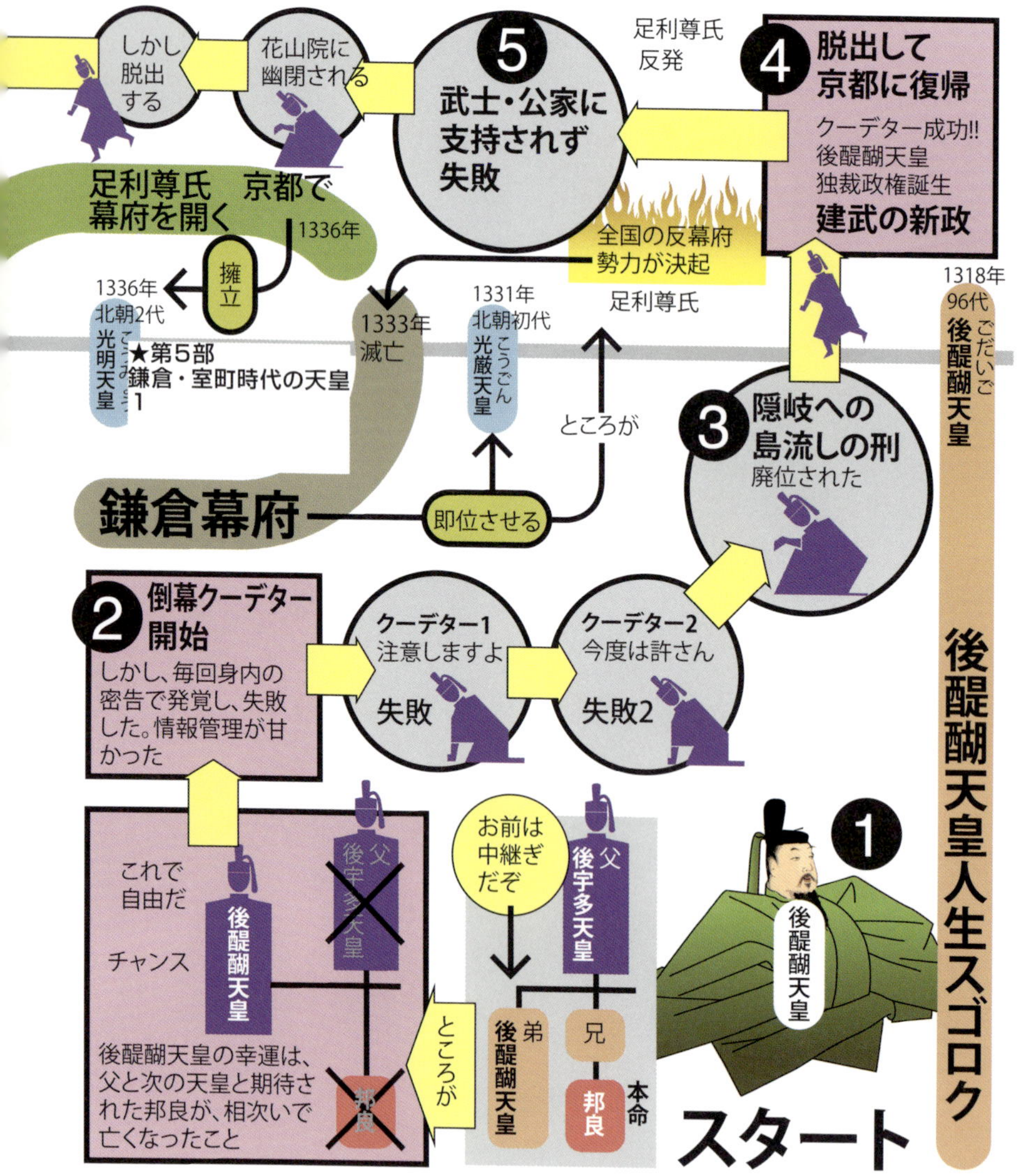
後醍醐天皇人生スゴロク
1318年
96代
後醍醐《ごだいご》天皇
スタート
1
後醍醐天皇
お前は中継ぎだぞ
父
後宇多天皇
兄
邦良
本命
弟
後醍醐天皇
ところが
これで自由だ
チャンス
後醍醐天皇
父
後宇多天皇
邦良
後醍醐天皇の幸運は、父と次の天皇と期待された邦良が、相次いで亡くなったこと
2
倒幕クーデター開始
しかし、毎回身内の密告で発覚し、失敗した。情報管理が甘かった
クーデター1
注意しますよ
失敗
クーデター2
今度は許さん
失敗2
3
隠岐への島流しの刑
廃位された
鎌倉幕府
即位させる
ところが
1331年
北朝初代
光厳《こうごん》天皇
足利尊氏
1333年
滅亡
全国の反幕府勢力が決起
4
脱出して京都に復帰
クーデター成功!!
後醍醐天皇
独裁政権誕生
建武の新政
足利尊氏
反発
5
武士・公家に支持されず失敗
花山院に幽閉される
しかし脱出する
足利尊氏　京都で幕府を開く
1336年
擁立
1336年
北朝2代
光明《こうみょう》天皇
★第5部
鎌倉・室町時代の天皇
1

鎌倉幕府の滅亡後、建武《けんむ》の新政は短期に終わり、南北朝《なんぼくちょう》の分裂時代になった。

後醍醐天皇の挙兵から

1331年8月24日の夜、後醍醐《ごだいご》天皇がひそかに御所をぬけだして笠置山《かさぎやま》（京都府南部）に逃《のが》れました。それまで天皇はたびたび倒幕《とうばく》の計画を立て、幕府に知られて側近が自害においこまれたりしました。いよいよ自分の身も危いので京都から脱出したのですが、翌月には捕らえられ、隠岐に流されます。かわって光厳《こうごん》天皇が立てられますが、そのころには北条氏の支配をきらって倒幕を望む武士が各地にふえていました。翌年11月に後醍醐天皇の皇子の護良《もりよし》親王が吉野《よしの》（奈良県吉野町）で挙兵したのを機に後醍醐天皇は隠岐をぬけだしました。畿内では楠木正成《くすのきまさしげ》ら反幕府の在地武士が立ち上がります。1333年4月には畿内の反乱の鎮圧にあたっていた足利尊氏《あしかがたかうじ》が天皇側につき、5月には新田義貞《にったよしさだ》が鎌倉に攻めこん

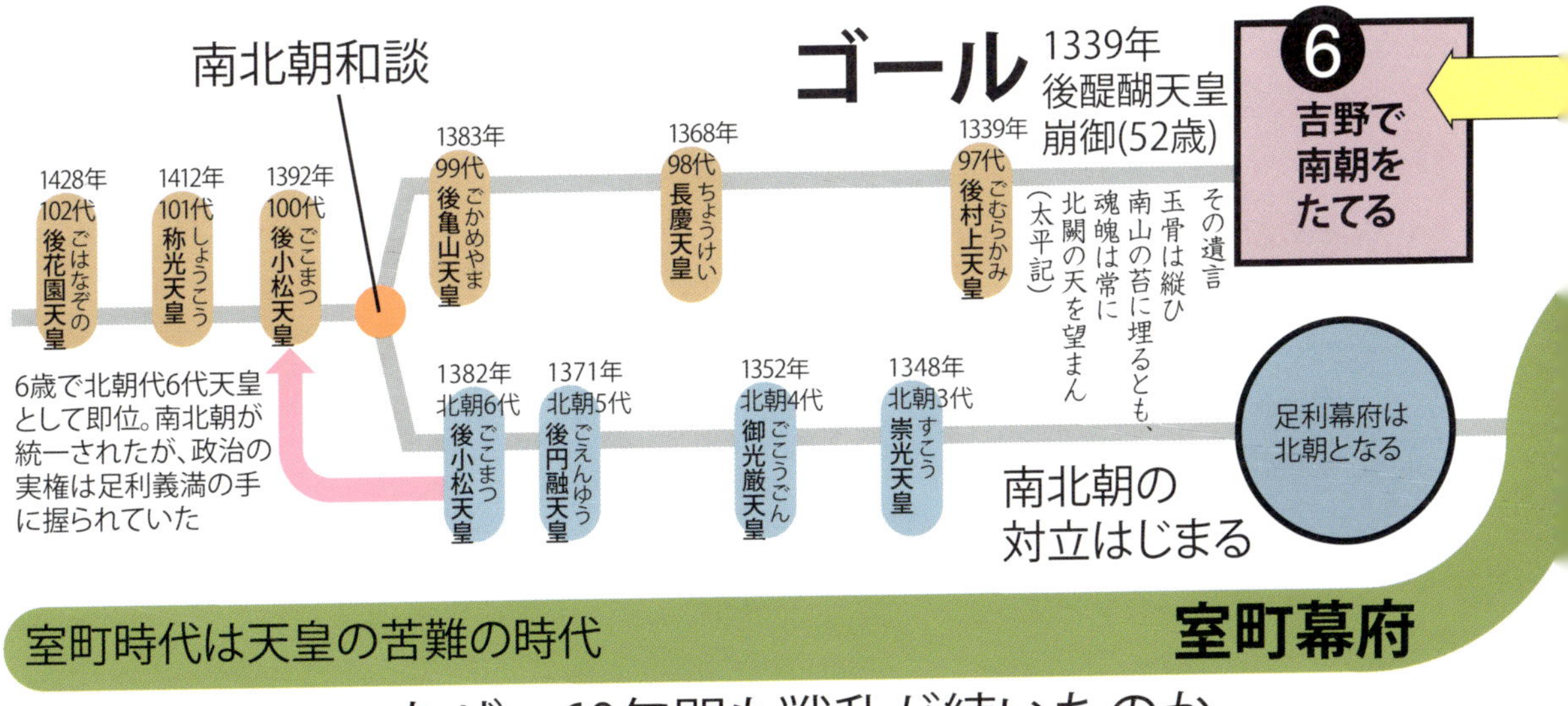
南北朝和談
ゴール
1339年
後醍醐天皇
崩御(52歳)
6
吉野で
南朝を
たてる
1428年
102代
後花園《ごはなぞの》天皇
1412年
101代
称光《しょうこう》天皇
1392年
100代
後小松《ごこまつ》天皇
1383年
99代
後亀山《ごかめやま》天皇
1368年
98代
長慶《ちょうけい》天皇
1339年
97代
後村上《ごむらかみ》天皇
その遺言
玉骨は縦ひ
南山の苔に埋るとも、
魂魄は常に
北闕の天を望まん
（太平記）
6歳で北朝代6代天皇
として即位。南北朝が
統一されたが、政治の
実権は足利義満の手
に握られていた
1382年
北朝6代
後小松《ごこまつ》天皇
1371年
北朝5代
後円融《ごえんゆう》天皇
1352年
北朝4代
御光厳《ごこうごん》天皇
1348年
北朝3代
崇光《すこう》天皇
足利幕府は
北朝となる
南北朝の
対立はじまる
室町時代は天皇の苦難の時代
室町幕府

なぜ　60年間も戦乱が続いたのか

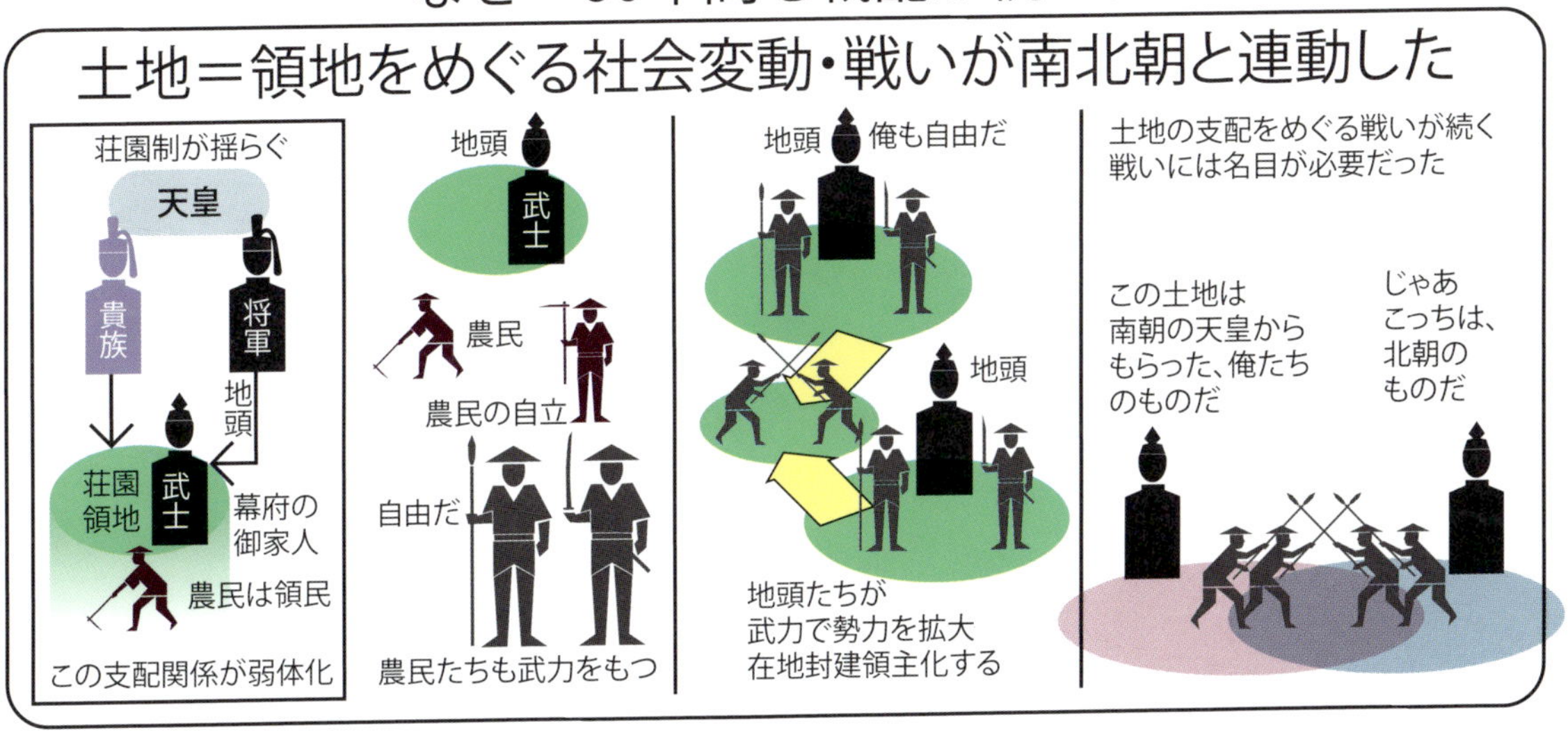
土地＝領地をめぐる社会変動・戦いが南北朝と連動した
荘園制が揺らぐ
天皇
貴族
将軍
地頭
荘園領地
武士
幕府の御家人
農民は領民
この支配関係が弱体化
地頭
武士
農民
農民の自立
自由だ
農民たちも武力をもつ
地頭
俺も自由だ
地頭
地頭たちが
武力で勢力を拡大
在地封建領主化する
土地の支配をめぐる戦いが続く
戦いには名目が必要だった
この土地は
南朝の天皇から
もらった、俺たち
のものだ
じゃあ
こっちは、
北朝の
ものだ

で北条氏を滅ぼし鎌倉幕府が滅亡します。そして後醍醐天皇が光厳天皇を退けて皇位を回復し、古代の天皇のように親政をはじめました。時の元号から「建武《けんむ》の新政」といいます。しかし、鎌倉時代には公家、寺社、武士などの勢力が併存《へいぞん》してそれぞれに土地を治める中世という時代になっていました。建武の新政の朝廷は各地でおこった土地争いを調停《ちょうてい》する力がなく、1336年に崩壊《ほうかい》します。

後醍醐天皇は神器をもって吉野に逃れ、そこに新たに朝廷をつくりました。いっぽう京都では足利尊氏が将軍になって室町幕府を開き、京都にも天皇を立てました。吉野の朝廷を南朝《なんちょう》、京都の朝廷を北朝《ほくちょう》といいます。南北朝に分裂した争乱の状態は1392年に南朝の後亀山《ごかめやま》天皇が京都にもどって神器を後小松天皇にわたして合一するまで60年近くもつづきました。その間、南朝では後醍醐天皇から4代、北朝では光厳天皇から6代の天皇がつづきました。江戸時代に尊王《そんのう》運動が高まったころに神器を伝える南朝が正統とされましたが、現在の天皇の歴代の数え方が決まったのは大正時代になってからのことでした。

室町・戦国時代になっても大義名分は天皇に求められた

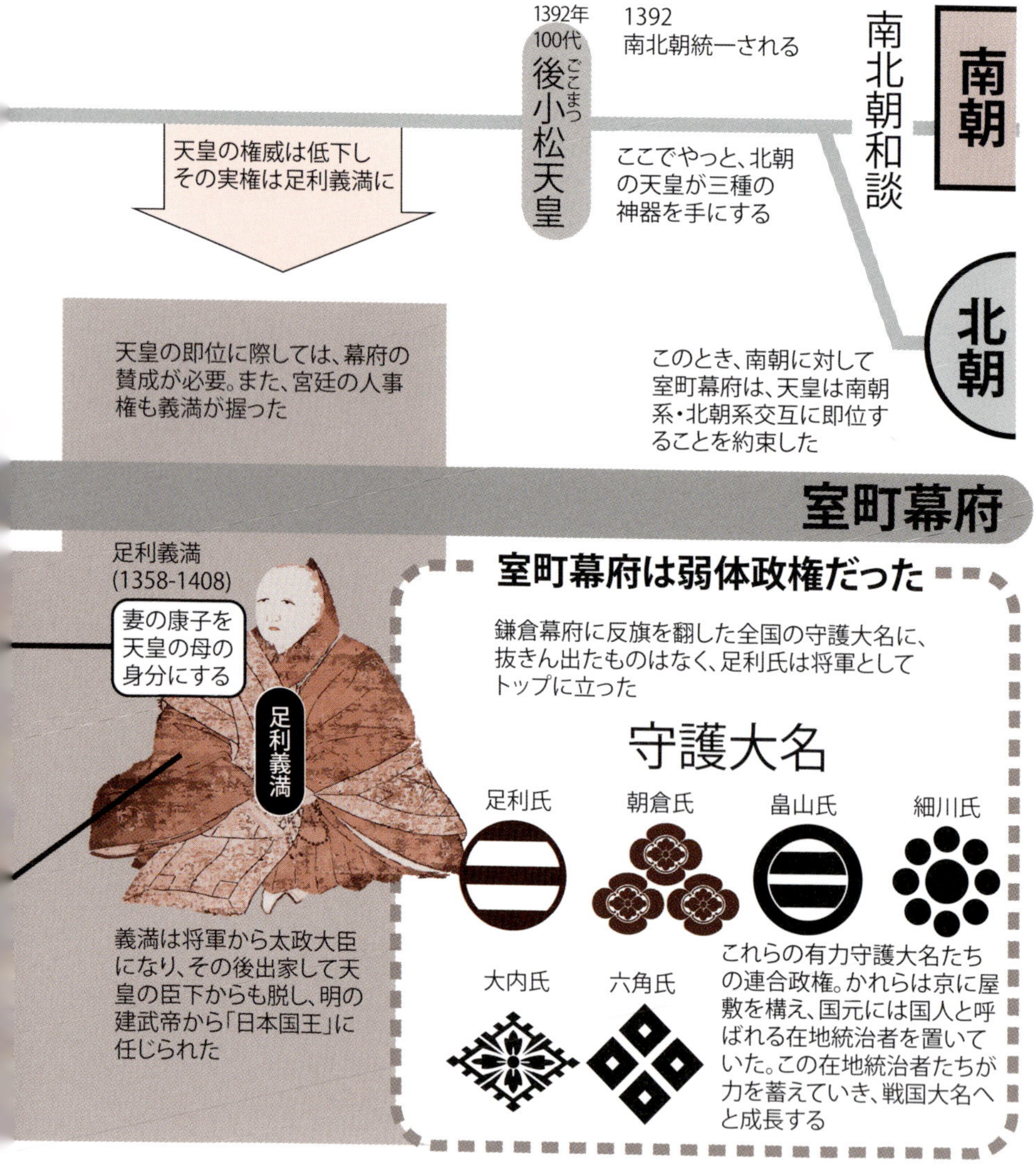
1392年
100代
後小松《ごこまつ》天皇
1392
南北朝統一される
南北朝和談
南朝
北朝
天皇の権威は低下し
その実権は足利義満に
ここでやっと、北朝の天皇が三種の神器を手にする
このとき、南朝に対して室町幕府は、天皇は南朝系・北朝系交互に即位することを約束した
天皇の即位に際しては、幕府の賛成が必要。また、宮廷の人事権も義満が握った
室町幕府
足利義満
(1358-1408)
妻の康子を天皇の母の身分にする
足利義満
義満は将軍から太政大臣になり、その後出家して天皇の臣下からも脱し、明の建武帝から「日本国王」に任じられた
室町幕府は弱体政権だった
鎌倉幕府に反旗を翻した全国の守護大名に、抜きん出たものはなく、足利氏は将軍としてトップに立った
守護大名
足利氏
朝倉氏
畠山氏
細川氏
大内氏
六角氏
これらの有力守護大名たちの連合政権。かれらは京に屋敷を構え、国元には国人と呼ばれる在地統治者を置いていた。この在地統治者たちが力を蓄えていき、戦国大名へと成長する

大名には武力だけではなく、名誉《めいよ》が必要だった。

天皇と国王と大名

南北朝《なんぼくちょう》が合一したのは室町幕府《むろまちばくふ》の3代将軍義満《よしみつ》のときでした。義満は当時の中国の帝国、明《みん》と貿易するために明の皇帝に「日本国王」の名で文書を送り、皇帝から国王の地位を認められました。この「王」とは中国の皇帝に認められて各地を治める者のことです。これは古代からあった二重性です。奈良時代の遣唐使《けんとうし》は天皇から大使に任じられましたが、中国に着くと漢名を名乗って皇帝の臣下の立場をとりました。

いっぽう将軍は天皇に任じられる地位で、実際の政治は幕府がおこないます。とくに外交は幕府の専権事項でした。鎌倉時代の元寇《げんこう》のときも対処したのは執権《しっけん》の北条時宗《ほうじょうときむね》でしたし、江戸時代の将軍も外国には「国王」もしくは「大君《たいくん》」を名のりました。しかし国内では、天皇（天子）は常に権門《けんもん》の頂点にいました。権門とは摂政《せっしょう》・関白《かんぱく》を世《せ》

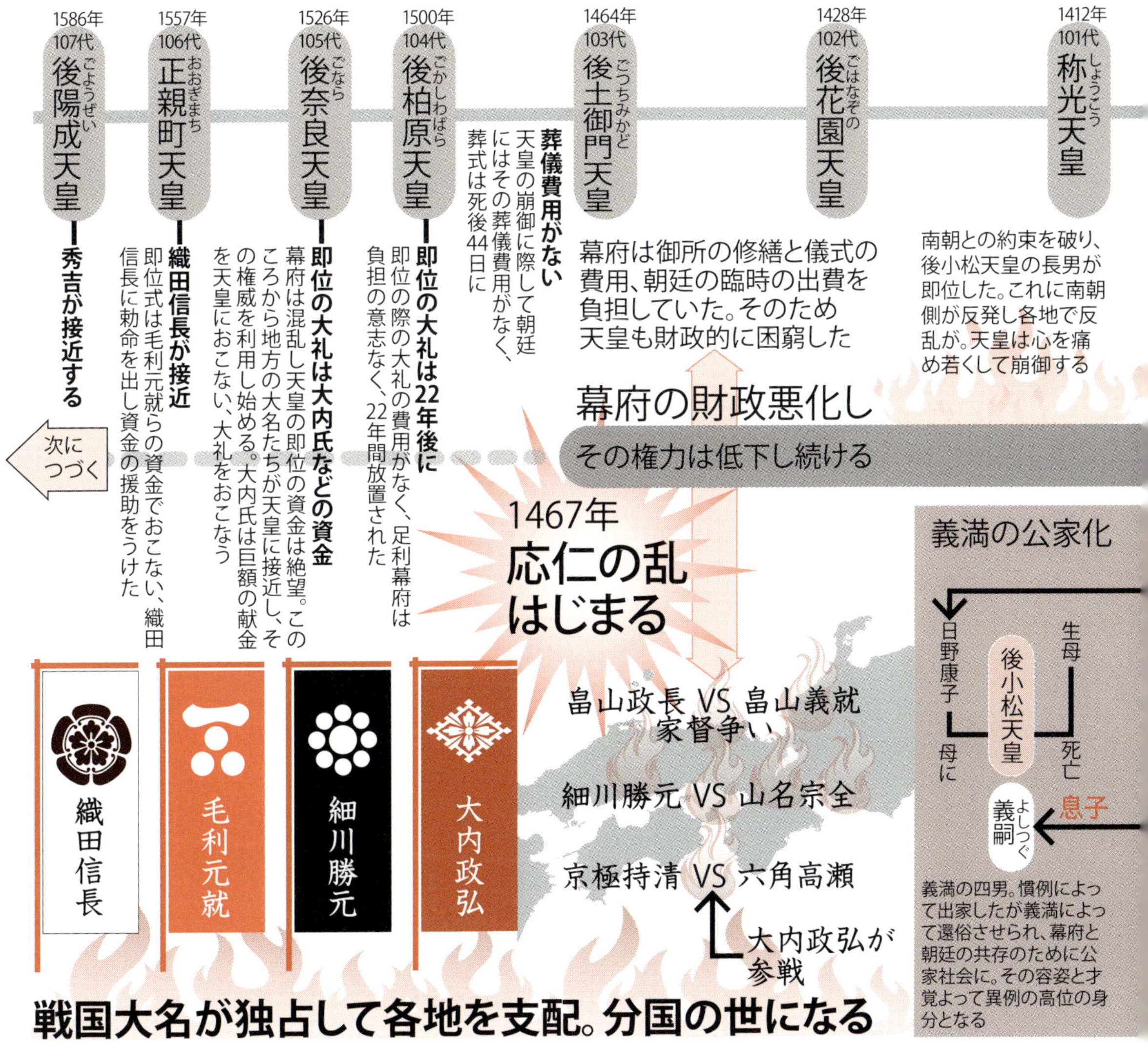
1412年
101代
称光天皇《しょうこう》
南朝との約束を破り、後小松天皇の長男が即位した。これに南朝側が反発し各地で反乱が。天皇は心を痛め若くして崩御する
1428年
102代
後花園天皇《ごはなぞの》
1464年
103代
後土御門天皇《ごつちみかど》
幕府は御所の修繕と儀式の費用、朝廷の臨時の出費を負担していた。そのため天皇も財政的に困窮した
葬儀費用がない
天皇の崩御に際して朝廷にはその葬儀費用がなく、葬式は死後44日に
1500年
104代
後柏原天皇《ごかしわばら》
即位の大礼は22年後に
即位の際の大礼の費用がなく、足利幕府は負担の意志なく、22年間放置された
1526年
105代
後奈良天皇《ごなら》
即位の大礼は大内氏などの資金
幕府は混乱し天皇の即位の資金は絶望。このころから地方の大名たちが天皇に接近し、その権威を利用し始める。大内氏は巨額の献金を天皇におこない、大礼をおこなう
1557年
106代
正親町天皇《おおぎまち》
織田信長が接近
即位式は毛利元就らの資金でおこない、織田信長に勅命を出し資金の援助をうけた
1586年
107代
後陽成天皇《ごようぜい》
秀吉が接近する
次につづく
幕府の財政悪化し
その権力は低下し続ける
1467年
応仁の乱はじまる
畠山政長 VS 畠山義就
家督争い
細川勝元 VS 山名宗全
京極持清 VS 六角高瀬
大内政弘が参戦
義満の公家化
生母
死亡
後小松天皇
日野康子
母に
息子
義嗣《よしつぐ》
義満の四男。慣例によって出家したが義満によって還俗させられ、幕府と朝廷の共存のために公家社会に。その容姿と才覚よって異例の高位の身分となる
大内政弘
細川勝元
毛利元就
織田信長
戦国大名が独占して各地を支配。分国の世になる

襲《しゅう》する藤原氏や将軍家などの権勢をもつ家《いえ》柄《がら》で、それは天皇から与えられた地位であるという立場をとったのです。

室町時代に地方の国々を治めた守護大名《しゅごだいみょう》の官位も天皇からさずかるものでした。たとえば細川勝元《ほそかわかつもと》は「従四位下《じゅしいのげ》」という貴族の官位をもらい、「武蔵守《むさしのかみ》」の官職《かんしょく》をさずけられました。武蔵の国（東京都あたり）の守護《しゅご》（国司《こくし》）という意味ですが、細川勝元は西国の大名なので武蔵とは関係ありません。武士にとって位階や官職は「名分」にすぎないのです。しかし、大名家の地位を維持《いじ》するには、その名分こそ重要であり、それは天皇を頂点とする序列でした。

室町幕府による秩序は応仁《おうにん》の乱をきっかけにくずれて戦国時代になります。そこに出現した戦国大名は、天皇・将軍の任命ではなく実力で領地を治めるようになった武《ぶ》将《しょう》です。それでも官途《かんと》（官職を得ること）は求められました。戦国時代に御料所《ごりょうしょ》（天皇・朝廷の領地）は小さくなり、費用がかかる即位にともなう儀式もおこないにくくなってしまいました。しかし、御料所は諸国の大名の領地に分散して維持され、その年貢《ねんぐ》を御所にとどける大名もいたのでした。

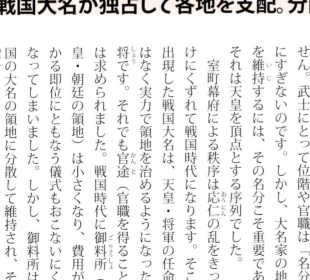

第5部
鎌倉・室町時代の天皇
4

織田信長も豊臣秀吉も天皇との関係を深めて天下人になった

織田《おだ》信長《のぶなが》は将軍を追放して天下人《てんかびと》になったが、天皇はなくせなかった。

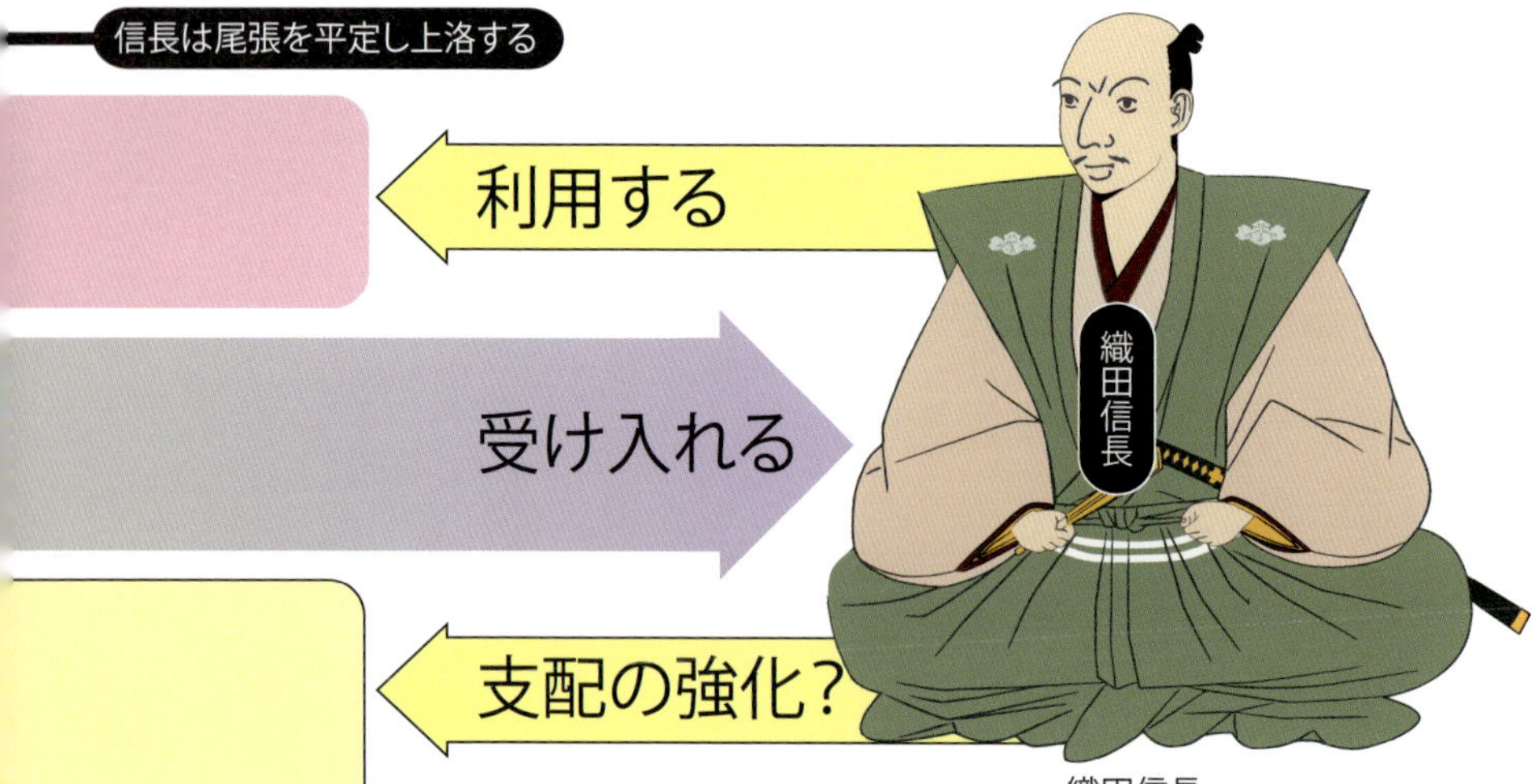

信長は尾張を平定し上洛する
利用する
受け入れる
支配の強化？
織田信長

織田信長

将軍から天下人へ

もとは尾張《おわり》（愛知県西部）の戦国大名だった織田信長《おだのぶなが》は周辺に勢力をのばして1568年、足利義昭《あしかがよしあき》を奉じて京都にのぼります。義昭は足利将軍家の一人ですが、後継争いをさけて京都からはなれていました。おりから時の将軍義栄《よしひで》が死亡し、義昭は信長におされて第15代将軍の宣下《せんげ》をうけました。宣下とは天皇の意向を記した文書（宣旨《せんじ》・綸旨《りんじ》）をうけることで、それによって天皇から任命されたことになります。この入京《にゅうきょう》が信長の天下統一の第一歩でした。

豊臣秀吉

豊臣秀吉
(1537~1598)

というのは、都の京都をおさえることが天下をとることとされ、各地の戦国大名が京都をめざしていたのです。そのなかで畿内をほぼ支配下におさめた信長は1573年に将軍義昭を京都から追放してしまいました。それによって室町幕府は滅亡し、「天《てん》下人《かびと》」とよばれる信長と豊臣秀吉《とよとみひでよし》の世になります。時代の区分でいえば安土桃山《あづちももやま》時代になり、諸勢力が分立した中世から全国的に統一政権がいとなまれる近世になります。

信長・秀吉と天皇

信長が入京したころの天皇は正親町《おおぎまち》天皇（在位1557〜86年）です。この天皇は天下人になりうる大名がしだいに少数にしぼられてきた戦国時代の末期に即位し、諸大名の争いの調停に積極的に動きました。信長には美濃の御料所《ごりょうしょ》（天皇・朝廷の領地）を回復するように命じたりし、信長も積極

106代
正親町天皇
(1517~1593)
(在位1557~1586)

信長の本能寺の変は、
正親町天皇側の謀では
ないかという説もある

恐れ

信長上洛時、天皇は信長の軍隊を恐れる

利用

信長は諸国平定に天皇の権威を利用した
天皇の保護を名目に京都を支配下におく。天皇の勅命を利用して戦った。朝倉義景・浅井長政との戦い、足利義昭追討、石山本願寺との戦いと講和など

正親町天皇は勅使を使わし、宮廷の経済援助を依頼
１皇太子の元服費用、宮廷の修理費、天皇の領土の回復など
２禁裏貸付米制度を作る=京都町民への強制的米の貸し付け。その金利が天皇の経費に、など

懐柔

正親町天皇に誠仁親王への譲位を提案
正親町天皇歓迎するが実現せず
副将軍任官、左大臣任官を信長が拒否
太政大臣・関白・将軍の三職推任
信長、この要請に明確に回答しないまま、本能寺の変で自害

107代
後陽成天皇
(1571～1617)
(在位1586～1611)

正親町天皇の譲位、後陽成天皇の即位に際し多額の資金援助を。その功で豊臣の姓を賜り、豊臣政権が発足

後陽成天皇の聚楽第行幸
秀吉が建設した聚楽第の完成披露で、後陽成天皇の行幸がなされた。それ以前の関白任官の頃から、秀吉は禁中能や茶会を催し、宮中との親密さを演出していた。この聚楽第で全国の諸大名に天皇への臣従を誓わせた

天皇の権威との一体化

秀吉は宮中に多額の資金を援助し、天皇は多くの綸旨・勅命を出した

豊太閤三国処置計画
秀吉の朝鮮出兵の計画として、天皇の担ぎ出しを図った。朝鮮を平定し明を征服したのちに、後陽成天皇を譲位させて上皇として北京に配することを計画した

的に応じて朝廷の貴族にも金品を贈るなど、天皇・朝廷と協力関係をきずきます。信長が一向一揆《いっこういっき》（浄土真宗《じょうどしんしゅう》の信徒を中心にした集団）と戦ったときには石山本願寺《いしやまほんがんじ》の門主に勅使《ちょくし》を送り、和睦《わぼく》に導きました。そして信長に副将軍になることを勧めたり、従二《じゅに》位《い》右大臣《うだいじん》の官位を与えたりしました。

信長は天皇・朝廷に近づきすぎることを避《さ》け、安土城《あづちじょう》（滋賀県近江八幡市）を本拠に統一を進めました。しかし、１５８２年に家臣の明智光秀《あけちみつひで》に本能寺《ほんのうじ》で襲われて死にました。

信長のあとをついだ豊臣秀吉は、九州にも配下の武将と大軍を送って平定し、１５９０年には関東に勢力を広げていた小田原の北条氏を滅ぼして天下を統一しました。その間、秀吉は天皇との関係を深めていきました。１５８５年には藤原摂関家《ふじわらせっかんけ》の近衛前久《このえさきひさ》の養子になる形で正親町天皇から関白《かんぱく》の宣下をうけます。そのとき秀吉は天皇や公家に莫大《ばくだい》な金額の贈り物をしました。秀吉を太閤《たいこう》というのは引退した関白の呼び名で、のちに甥《おい》の秀次に関白をゆずったことによります。そして次の後陽成《ごようぜい》天皇とはいっそう関係を深めました。

上図のように、いっそう関係を深めました。

徳川家康は初めて天皇を法令でしばった

天皇の権威を我がものに

東福門院和子
自分の孫
（息子秀忠の娘）
を皇后に

後水尾天皇には以前から寵愛する女性が。2人の間には子供たちもいた。幕府はこの女性と子供たちを追放し、関係者を流罪にしてまで、家康の孫、和子との婚姻を天皇に求めた

1611年
108代
後水尾《ごみずのお》天皇

108代
後水尾天皇
ごみずのおてんのう
(1596~1680)
(在位1611~1629年)

後陽成天皇の第3皇子。幕府による強制的な後水尾天皇への譲位に対して、後陽成天皇は後年まで後水尾天皇を憎んだという

四辻与津子と
子供たち
追放

徳川家康
(1543〜1616年)

家康得意の
無理難題

禁中並公家諸法度

そして
締めつける

徳川秀忠
(1579〜1632年)

天皇の役割を学問と祭祀に限定し、臣下への官位の授与などの大権も幕府の裁量となるなど、天皇の権威の失墜を図った

京都所司代の設置

京都の治安、奉行所の管理、近隣の告訴の処理のために設置。天皇と宮中の公家諸家の監視、監督も主要な仕事だった

徳川幕府の体制強化のためには天皇の権威の把握は必須だった

> 家康も天皇の権威《けんい》をいただいて諸大名の上に君臨した。

法のもとにおかれた天皇

1600年、関ヶ原《せきがはら》の合戦で徳川家康《とくがわいえやす》が豊臣《とよとみ》方に勝利し、1603年に将軍の宣下《せんげ》をうけました。江戸幕府のはじまりです。時の天皇は後陽成《ごようぜい》天皇です。前ページで述べたように、豊臣秀吉と関係が深かった天皇です。それまで権力者が変わると、その意向によって天皇も交代することがよくありましたが、後陽成天皇は1611年に皇子の後水尾《ごみずのお》天皇に譲位《じょうい》するまで皇位にあり、家康を将軍に任じたのでした。家康も天皇の権威をいただかなければ諸大名の上に君臨することはできなかったのです。しかし、天皇の力をおそれて、御料所《ごりょうしょ》（領地）をわずか1万石ほどに減らしました。これはいちばん小さな大名並です。さらに1615年、禁中並公家諸法度《きんちゅうならびにくげしょはっと》という法令を布告して天皇と公家を統制しました。

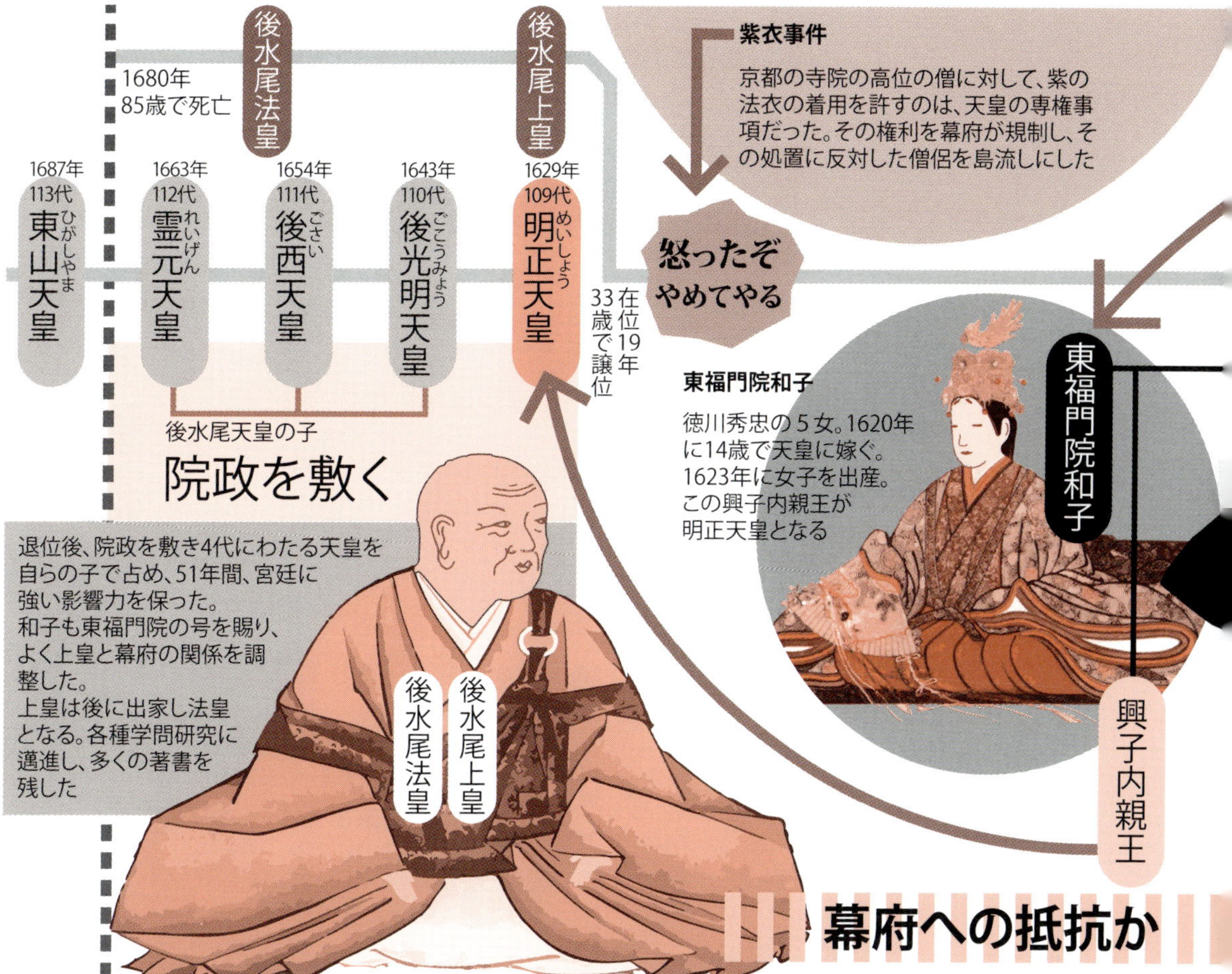
後水尾法皇
後水尾上皇
1680年
85歳で死亡
1687年
113代
東山天皇《ひがしやま》
1663年
112代
霊元天皇《れいげん》
1654年
111代
後西天皇《ごさい》
1643年
110代
後光明天皇《ごこうみょう》
1629年
109代
明正天皇《めいしょう》
在位19年
33歳で譲位
後水尾天皇の子
院政を敷く
退位後、院政を敷き4代にわたる天皇を自らの子で占め、51年間、宮廷に強い影響力を保った。
和子も東福門院の号を賜り、よく上皇と幕府の関係を調整した。
上皇は後に出家し法皇となる。各種学問研究に邁進し、多くの著書を残した
後水尾上皇
後水尾法皇
紫衣事件
京都の寺院の高位の僧に対して、紫の法衣の着用を許すのは、天皇の専権事項だった。その権利を幕府が規制し、その処置に反対した僧侶を島流しにした
怒ったぞ
やめてやる
東福門院和子
徳川秀忠の５女。1620年に14歳で天皇に嫁ぐ。1623年に女子を出産。この興子内親王が明正天皇となる
東福門院和子
興子内親王
1680年
85歳で没する
昭和天皇の崩御まで、
歴代天皇で最長寿であった

幕府への抵抗か

突然、幕府に通告せず独断で興子内親王に天皇を譲位

この法度《はっと》（法令）は聖徳太子《しょうとくたいし》の憲法十七条にならって17条からなります。聖徳太子の憲法や大宝律令《たいほうりつりょう》以来の国家の法は、官吏の心得や役所の規則などを定めたもので、天皇はどうあるべきだといった規定はありません。天皇は古来、法の外にあったのです。禁中並公家諸法度は第1条に「天子（天皇）は学問を修めるべき事」と定め、初めて天皇を法のもとにおきました。朝廷と幕府の関係も、この法度に定められました。

徳川和子の入内

1620年、2代将軍秀忠《ひでただ》の娘の和子（のち東福門院《とうふくもんいん》）が入内《じゅだい》し、後水尾天皇のきさきになりました。御所に入る入内の行列には公家や大名たちが延々と連なって華やかに演じられました。また、1万枚ともいう銀子《ぎんす》の献上があり、公家たちにも祝い金がふるまわれました。こうして天皇・朝廷と幕府の関係は深まったのですが、後水尾天皇は何もかも幕府に監視されることが不満でした。1629年、後水尾天皇は突如、6歳の皇女の興子《おきこ》に譲位。明正天皇《めいしょう》が即位しました。奈良時代の称徳天皇《しょうとく》以来八百数十年ぶりの女性天皇です。

第6部
江戸時代の天皇
2

京都の御所は幕府が再建したがきびしく監視した

京都の民衆は、「天子様」がいる御所にお参りした。

京都御所と二条城

現在の京都御所は当初の位置からは２㎞ほど東にずれています。御所が火災のおりなどの仮住まい（里内裏《さとだいり》）がだんだん常態《じょうたい》化《か》したりして造りなおされたためです。江戸時代にもたびたび火災にあい、再建の出費は幕府が負担しました。現在の御所の建物は１８５５年の再建です。

この御所の近くに二条城《にじょうじょう》があります。それは徳川家康《とくがわいえやす》がつくった屋敷で、将軍が上《じょう》洛《らく》したときなどの宿舎になりました。前述の禁中並公家諸法度《きんちゅうならびにくげしょはっと》も二条城で公布されました。その第11条に「関白・伝奏《てんそう》・奉行が申し渡したことに従わない公家は流罪にする」とあります。伝奏とは江戸幕府と連絡する朝廷内の官職で「武家伝奏《ぶけてんそう》」ともいい、公家が任じられました。幕府は二条城のそばに京都所司代《しょしだい》という役所を置き、その長には徳川家と関係が近い譜代《ふだい》大名を任じました。京都所司代は天皇・朝廷の動きを監視するとともに、武家伝奏を通して幕府の意向を伝えたのです。京都町奉行《まちぶぎょう》も幕府の役職で、京都市中と近辺の治安にあたりました。ところで、禁中並公家諸法度には、武家の官位は公家とは別にして無制限に任じてよいと決められています。それによって官途《かんと》（官職を得ること）を朝廷に求めなくても、江戸町奉行の大岡越前《おおおかえちぜん》の「越《えち》前守《ぜんのかみ》」といった武家の官位は幕府が自由に与えられることになりました。

天子と公方・公儀

江戸時代には天皇は「天子《てんし》」「上御一人《かみごいちにん》」、将軍は「公方《くぼう》」「上様《うえさま》」などとよばれ、幕府は「公儀《こうぎ》」といいました。公儀の領地（幕領・天領）は全国に広く存在したのに対し、天子の領地（御料所《ごりょうしょ》）は京都近辺にかぎられていました。しかも、天皇が御所の外に出かけることはめったにありません。まして京都から地方に出ることはまったくなかったのです。そのため「公方・公儀」は全国に知られていても、天皇の存在が民衆に意識されることはあまりありませんでした。しかし、京都ではちがいます。御所は立ち入りが禁じられた場所として禁裏《きんり》ともいわれますが、江戸時代の御所周辺は一帯が公家町で雑然とした街並になり、御所も閉ざされていなかったのです。御所参詣《さんけい》の人びとがおりおりにおとずれ、禁裏の内にも入ることができました。とくに節分の夜には人々が内侍所《ないしどころ》（神器を奉安する神殿）にまで参詣し、撒《ま》かれる豆をもらって帰りました。天皇は奥深くにいて姿は見えなくても、そこに「禁裏様《きんりさま》（天皇）」がいるということで、初詣《はつもうで》の寺社参りのようなことが御所でおこなわれたのでした。

京都御所

京都のほぼ中央に位置し、東西250m、南北450mの縦長の敷地にあり、数度の火災と、徳川時代の数度の改修を経て、現在の姿に。

14世紀に後小松天皇が内裏としてから、1869年の東京遷都まで、天皇の住まいであり、朝廷の政務の場だった

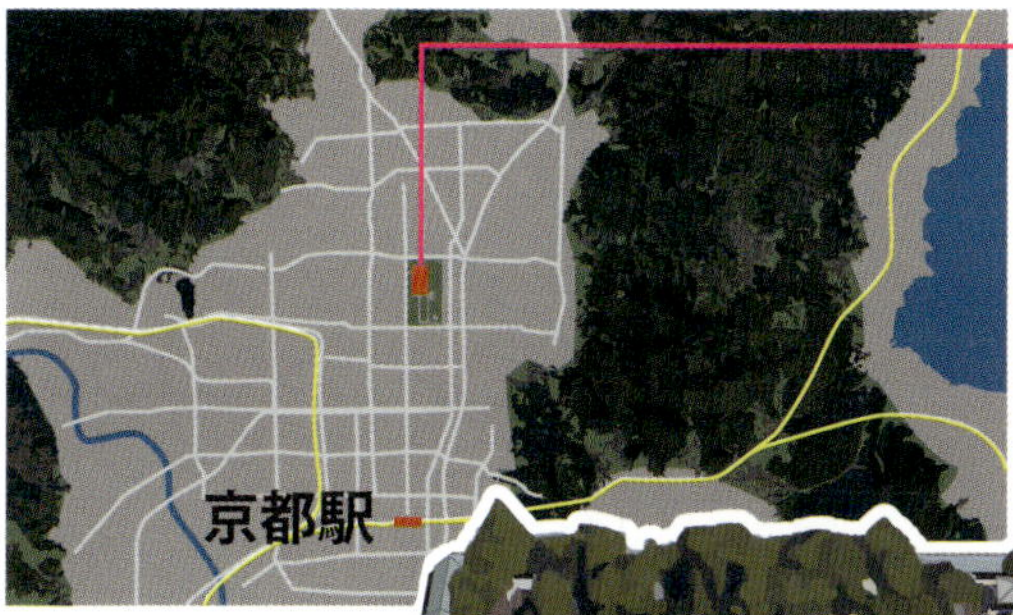
京都駅

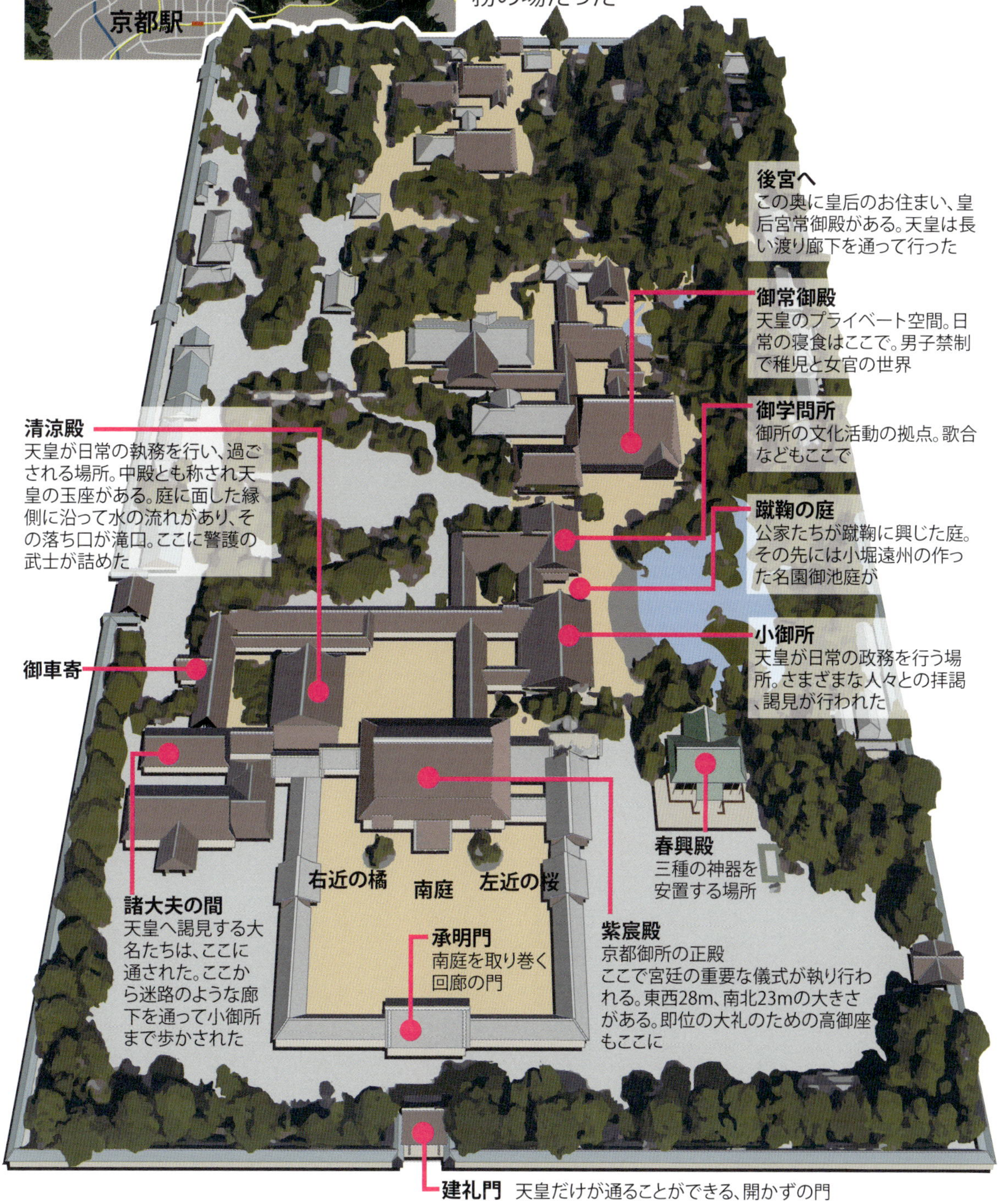
後宮へ
この奥に皇后のお住まい、皇后宮常御殿がある。天皇は長い渡り廊下を通って行った
御常御殿
天皇のプライベート空間。日常の寝食はここで。男子禁制で稚児と女官の世界
御学問所
御所の文化活動の拠点。歌合などもここで
蹴鞠の庭
公家たちが蹴鞠に興じた庭。その先には小堀遠州の作った名園御池庭が
小御所
天皇が日常の政務を行う場所。さまざまな人々との拝謁、謁見が行われた
清涼殿
天皇が日常の執務を行い、過ごされる場所。中殿とも称され天皇の玉座がある。庭に面した縁側に沿って水の流れがあり、その落ち口が滝口。ここに警護の武士が詰めた
御車寄
春興殿
三種の神器を安置する場所
右近の橘
南庭
左近の桜
諸大夫の間
天皇へ謁見する大名たちは、ここに通された。ここから迷路のような廊下を通って小御所まで歩かされた
承明門
南庭を取り巻く回廊の門
紫宸殿
京都御所の正殿
ここで宮廷の重要な儀式が執り行われる。東西28m、南北23mの大きさがある。即位の大礼のための高御座もここに
建礼門 天皇だけが通ることができる、開かずの門

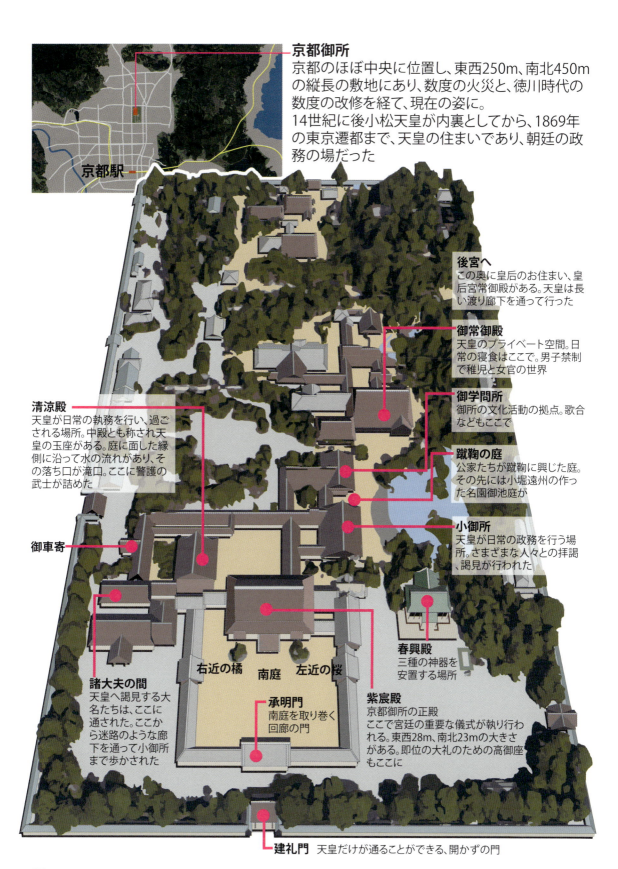

徳川家康は天皇から神の名をもらい将軍の権威をいっそう高めた

日光東照宮《にっこうとうしょうぐう》への勅使《ちょくし》には大名もひれふした。

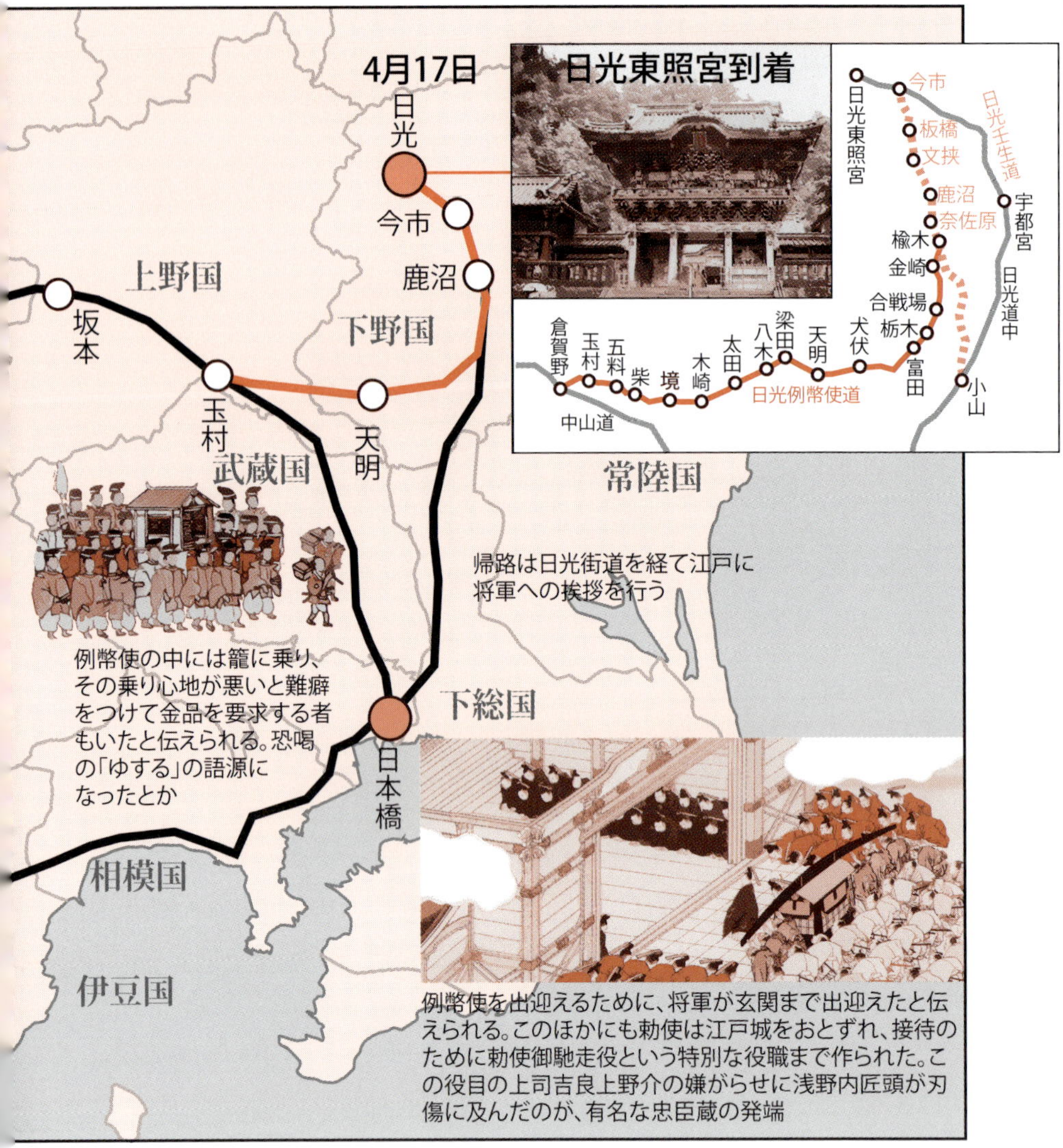
4月17日
日光
今市
鹿沼
上野国
下野国
坂本
玉村
天明
武蔵国
常陸国
下総国
日本橋
相模国
伊豆国
日光東照宮到着
日光東照宮
今市
板橋
文挟
鹿沼
奈佐原
楡木
金崎
合戦場
栃木
富田
日光壬生道
宇都宮
日光道中
小山
倉賀野
玉村
五料
柴
境
木崎
太田
八木
梁田
天明
犬伏
日光例幣使道
中山道
帰路は日光街道を経て江戸に将軍への挨拶を行う

例幣使の中には籠に乗り、その乗り心地が悪いと難癖をつけて金品を要求する者もいたと伝えられる。恐喝の「ゆする」の語源になったとか

例幣使を出迎えるために、将軍が玄関まで出迎えたと伝えられる。このほかにも勅使は江戸城をおとずれ、接待のために勅使御馳走役という特別な役職まで作られた。この役目の上司吉良上野介の嫌がらせに浅野内匠頭が刃傷に及んだのが、有名な忠臣蔵の発端

江戸にやってきた勅使

江戸時代の街道には参勤交代《さんきんこうたい》の大名行列が行き交いました。その大名たちさえ街道で出会えば地面にひれふして迎えた行列があります。日光東照宮《にっこうとうしょうぐう》に天皇の使者として奉幣《ほうへい》（供物をそなえること）した日光例幣使の行列です。

毎年春、4月17日の大祭にまにあうように京をたち、上図の中山道《なかせんどう》で日光に行きました。帰りは江戸に立ち寄ったあと、東海道で京都にもどりました。

4月17日の大祭は1616年に死んだ徳《とく》川家康《がわいえやす》が天皇から「東照大権現《とうしょうだいごんげん》」という名をもらい、日光に神としてまつられた日です。3代将軍の家光《いえみつ》が朝廷に勅使《ちょくし》による奉幣を要求し、のちに毎年の行事になったものです。

江戸時代は何事も祖法《そほう》（初代将軍の家康が定めたこと）によるという時代でした。

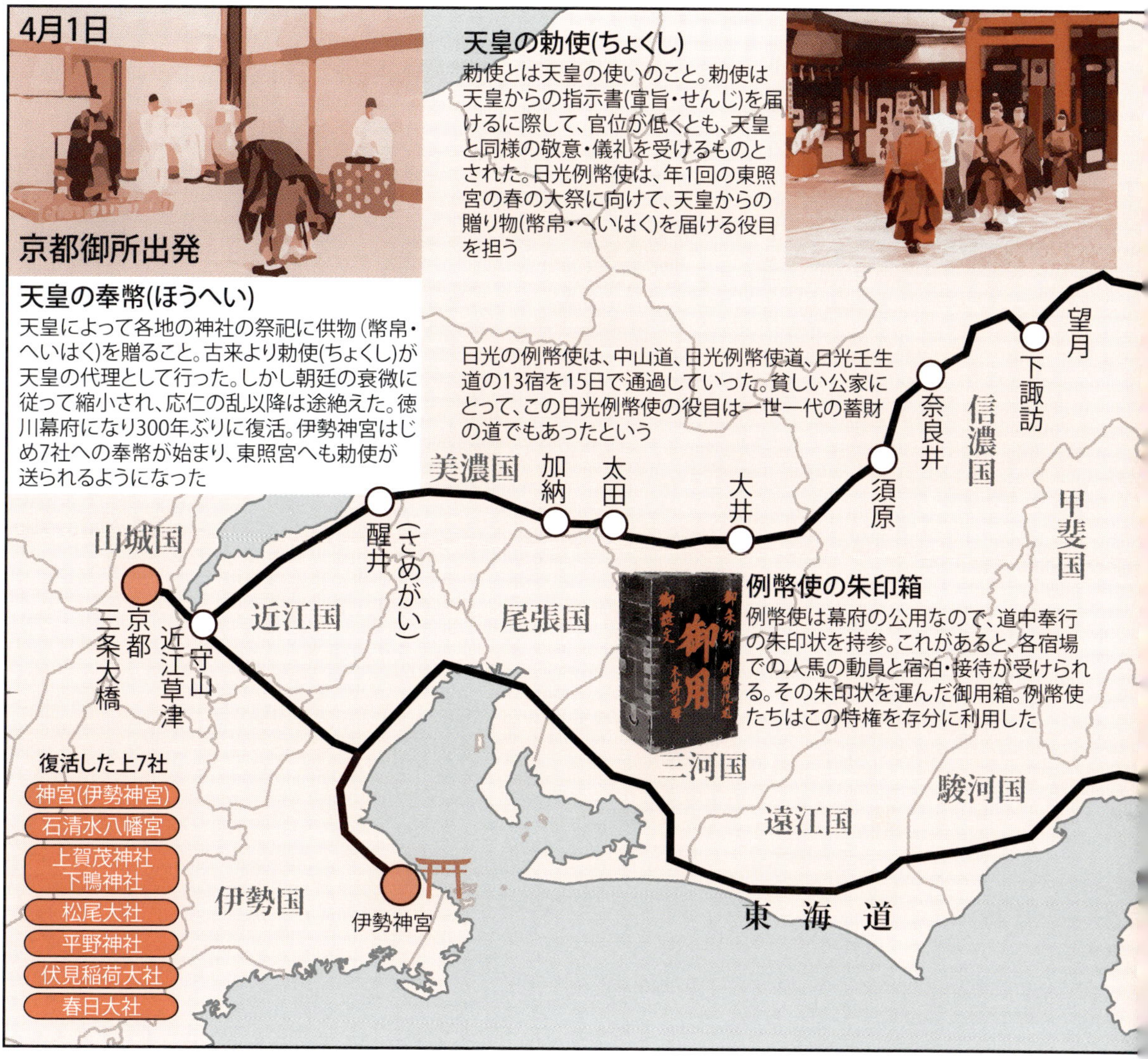
4月1日
京都御所出発
天皇の勅使(ちょくし)
勅使とは天皇の使いのこと。勅使は天皇からの指示書(宣旨・せんじ)を届けるに際して、官位が低くとも、天皇と同様の敬意・儀礼を受けるものとされた。日光例幣使は、年1回の東照宮の春の大祭に向けて、天皇からの贈り物(幣帛・へいはく)を届ける役目を担う
天皇の奉幣(ほうへい)
天皇によって各地の神社の祭祀に供物(幣帛・へいはく)を贈ること。古来より勅使(ちょくし)が天皇の代理として行った。しかし朝廷の衰微に従って縮小され、応仁の乱以降は途絶えた。徳川幕府になり300年ぶりに復活。伊勢神宮はじめ7社への奉幣が始まり、東照宮へも勅使が送られるようになった
日光の例幣使は、中山道、日光例幣使道、日光壬生道の13宿を15日で通過していった。貧しい公家にとって、この日光例幣使の役目は一世一代の蓄財の道でもあったという
例幣使の朱印箱
例幣使は幕府の公用なので、道中奉行の朱印状を持参。これがあると、各宿場での人馬の動員と宿泊・接待が受けられる。その朱印状を運んだ御用箱。例幣使たちはこの特権を存分に利用した
御用
山城国
京都三条大橋
近江草津
守山
醒井(さめがい)
美濃国
加納
太田
大井
須原
奈良井
下諏訪
望月
信濃国
甲斐国
近江国
尾張国
三河国
遠江国
駿河国
伊勢国
伊勢神宮
東海道
復活した上7社
神宮(伊勢神宮)
石清水八幡宮
上賀茂神社
下鴨神社
松尾大社
平野神社
伏見稲荷大社
春日大社

家康は天皇に奉幣されることによって「神《しん》君《くん》」としてあがめられるようになったのでした。

日光奉幣使の行列は50人程度の小規模で勅使の公家の位階もそれほど高くなかったのですが、なにしろ神君家康公への勅使ですから、無礼があってはどんなお咎《とが》めをうけるかしれません。同じ街道をつかう大名は日光奉幣使の日程をつかんで、行列がぶつからないように苦心したということです。

天皇の勅使は将軍の代替わりに、新しい将軍を任命する勅使も江戸城にやってきました。

毎年正月には将軍の使いが御所に行って新年の挨拶《あいさつ》をし、その返礼に勅使が江戸に下ってきました。その勅使に万が一にも失礼なことがあっては将軍家の名誉を傷つけます。その饗応《きょうおう》をする勅使御馳走役《ごちそうやく》に命じられた大名は非常に緊張して、粗相《そそう》がないように努めました。ところが1701年、御馳走役の赤穂《あこう》藩主浅野《あさの》内匠頭《たくみのかみ》長矩《ながのり》が勅使の滞在中に江戸城中で刀をぬいて吉良《きら》上野《こうずけの》介《すけ》にきりつけ、切腹を命じられました。赤穂浪士討ち入りのきっかけになった事件です。

幕末の孝明天皇は親幕府だったが強固な攘夷論者だった

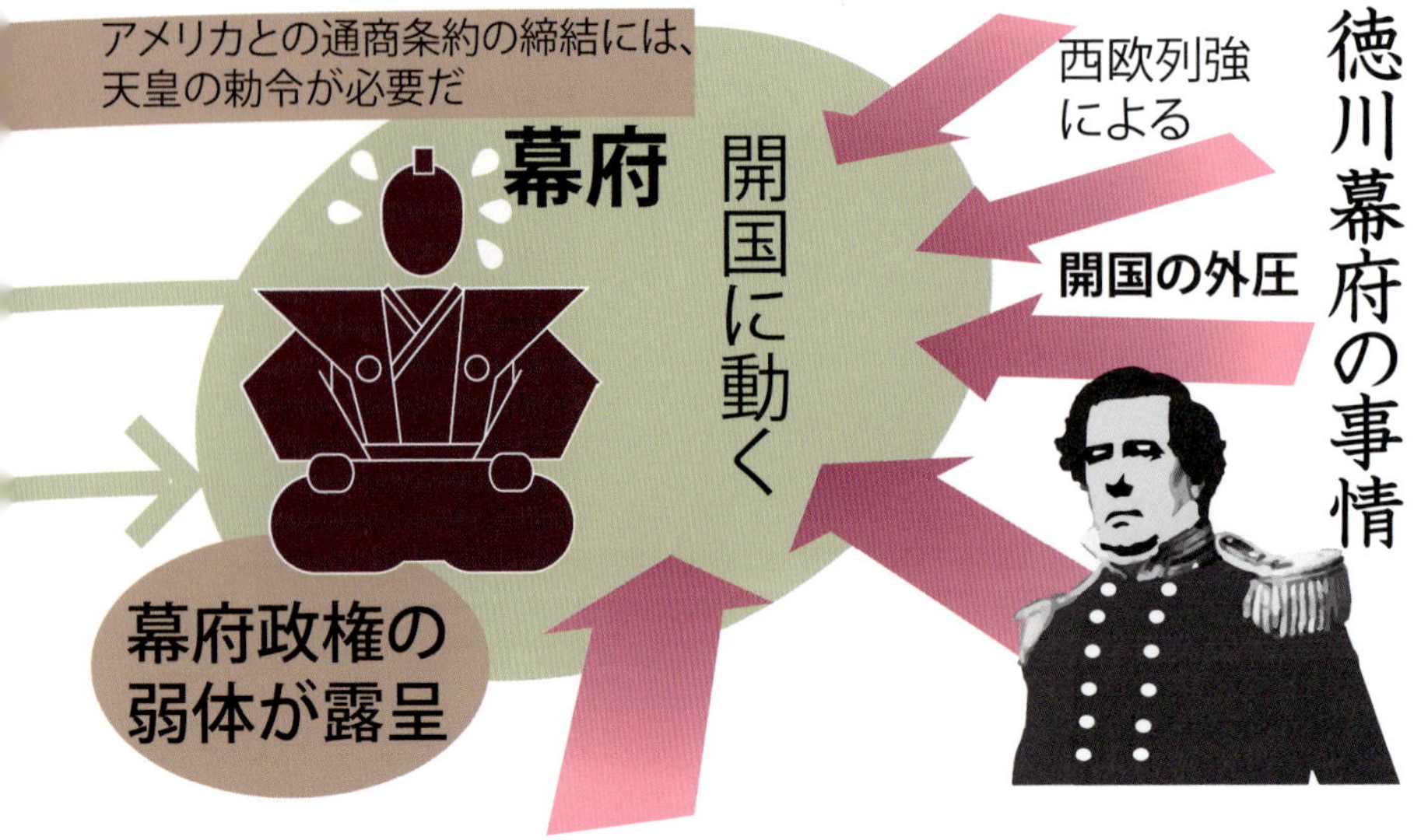
徳川幕府の事情
西欧列強による
開国の外圧
開国に動く
幕府
アメリカとの通商条約の締結には、天皇の勅令が必要だ
幕府政権の弱体が露呈

江戸幕府のおわり

1858年、幕府はアメリカ、オランダ、ロシア、イギリス、フランスに開港して通商を開始する条約を結びました。時の元号から安政《あんせい》五か国条約といいます。これ以前に幕府は異国船打払令《いこくせんうちはらいれい》を出していたこともあって、攘夷《じょうい》運動が一挙に高まりました。

1863年には長州《ちょうしゅう》藩（山口県）と薩摩《さつま》藩（鹿児島県）が外国の艦船《かんせん》を砲撃《ほうげき》して打《うち》払《はらい》を実行します。ところが、反撃されて沿岸の砲台を破壊されるなど、たちまち敗北しました。武器の遅れは歴然《れきぜん》として、異国船打払の不可能なことは明らかでした。幕府が開国の条約を結ばざるを得なかったのも、そのためです。その条約締結《ていけつ》を前に幕府は孝明《こうめい》天皇の勅許《ちょっきょ》を求めました。それまで外交は幕府の専権だったけれど、天皇の同意を得れば攘夷論《じょういろん》をおさえることができると思われたからでしょう。そして、幕府の開国派も薩摩・長州の攘夷派も尊王《そんのう》という点では同じだったのです。そして孝明天皇は妹の和宮《かずのみや》を第14代将軍家茂《いえもち》に降嫁《こうか》させるなど、幕府と協調して朝廷と幕府を一体化する公武合体《こうぶがったい》にも同意しました。しかし、孝明天皇は強硬な攘夷論者だったため、幕府の開国路線に同意をしぶりつづけました。

1867年、その孝明天皇が36歳の若さで崩御《ほうぎょ》。まだ16歳の明治天皇が即位しました。その前年に将軍家茂も病没したため、徳川慶喜《よしのぶ》が第15代将軍になりました。

慶喜は1867年10月に大政奉還《たいせいほうかん》し、江戸幕府がおわりましたが、幕府側と薩摩・長州とがさまざまな計略や戦いをくりひろげ、新政府を立てた薩摩・長州側が勝利して、翌年、時代は明治になります。ちなみに以後、元号は一世一元《いっせいいちげん》となり、天皇の名と年号が一致するようになりました。

開国した幕府も攘夷《じょうい》の倒幕派《とうばくは》も尊王《そんのう》という点では同じだった

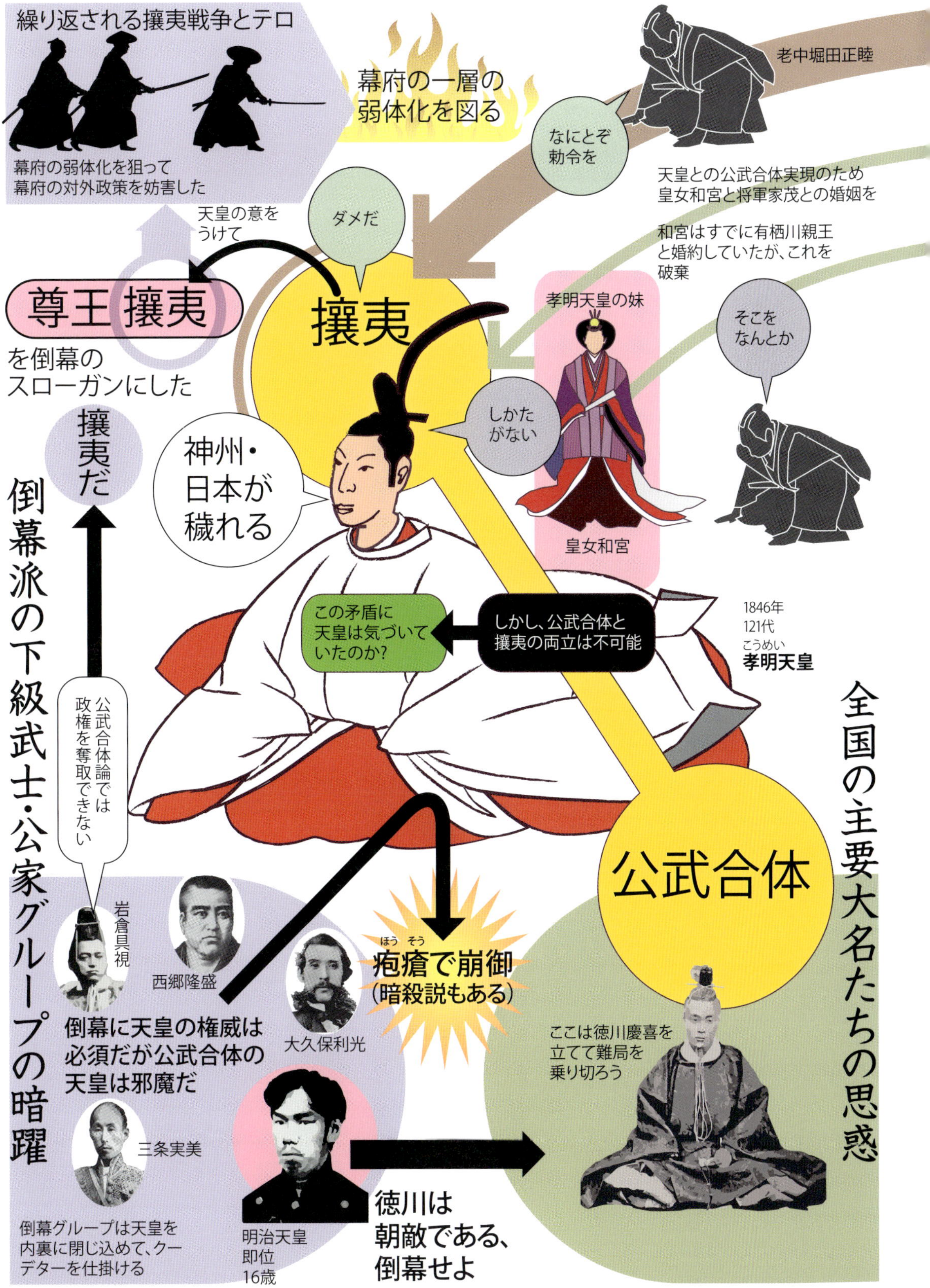

繰り返される攘夷戦争とテロ
幕府の弱体化を狙って
幕府の対外政策を妨害した
幕府の一層の
弱体化を図る
老中堀田正睦
なにとぞ
勅令を
天皇との公武合体実現のため
皇女和宮と将軍家茂との婚姻を
和宮はすでに有栖川親王
と婚約していたが、これを
破棄
天皇の意を
うけて
ダメだ
尊王 攘夷
を倒幕の
スローガンにした
攘夷
孝明天皇の妹
そこを
なんとか
しかた
がない
攘夷だ
神州・
日本が
穢れる
皇女和宮
倒幕派の下級武士・公家グループの暗躍
この矛盾に
天皇は気づいて
いたのか?
しかし、公武合体と
攘夷の両立は不可能
1846年
121代
孝明《こうめい》天皇
全国の主要大名たちの思惑
公武合体論では
政権を奪取できない
公武合体
岩倉具視
西郷隆盛
疱瘡《ほうそう》で崩御
(暗殺説もある)
大久保利光
ここは徳川慶喜を
立てて難局を
乗り切ろう
倒幕に天皇の権威は
必須だが公武合体の
天皇は邪魔だ
三条実美
倒幕グループは天皇を
内裏に閉じ込めて、クー
デターを仕掛ける
明治天皇
即位
16歳
徳川は
朝敵である、
倒幕せよ

尊王攘夷論は江戸時代中ごろに国史への関心が高まって生まれた

忘れられていた『古事記』が再発見され、古代神話が復活した。

水戸学と国学

尊王（尊皇）意識が高まってきたのは江戸時代の中ごろからでした。それには2つの流れがあります。水戸学《みとがく》と国学《こくがく》です。

水戸学は今の茨城県水戸市の徳川家でおこりました。2代藩主の徳川光圀《みつくに》が国史の編纂《へんさん》をはじめて以来、水戸徳川家では連綿《れんめん》と国史を研究し『大日本史』という長大な史書を編みつづけ、江戸時代後半には藩校《はんこう》の弘道館《こうどうかん》を中心に尊王論が発達しました。藩校は儒学《じゅがく》によって、主君への「忠《ちゅう》」を家臣の子に教えることを主とします。「忠」の直接の対象は藩主《はんしゅ》、さらには将軍なのですが、将軍が天下を治める大義は天皇から政治をあずかっていること（大政委任《たいせいいにん》）に求められました。水戸は徳川将軍家の中核の御三家のひとつですから、その影響は全国におよび、藩校の弘道館には各地の藩から武士が訪れました。長州の吉田松陰《よしだしょういん》も薩摩の西郷隆盛《さいごうたかもり》も水戸を訪れました。

江戸中期には町人などの民間でも歴史への関心が高まり、国学とよばれる学問が生まれました。その代表的な学者が伊勢松《いせまつ》坂《さか》（三重県松阪市）の医師、本居宣長《もとおりのりなが》でした。宣長は『古事記《こじき》』を研究し、松坂に開いた私塾《しじゅく》（鈴屋《すずのや》）で門弟に教えました。それによって、ほとんど忘れられていた『古事記』が再発見され、高天原《たかまがはら》の神々にはじまる神話が復活しました。そして平田篤胤《ひらたあつたね》らによって復古神道も生まれました。日本では神仏習合《しんぶつしゅうごう》し、伊勢神宮《いせじんぐう》の天照大神《あまてらすおおみかみ》も仏の化身だといわれるようになっていたので、仏教が伝わる以前の神々のまつりを復旧しようというのが復古神道です。

攘夷論の高まり

水戸学は儒学を重んじ、国学は儒学も外国のものだとして否定する違いはありましたが、天皇中心の歴史観、いわゆる皇国史《こうこくし》観《かん》に立つこと、仏教は排除することでは共通でした。何より重要な共通点は、仏教が伝来する以前の日本は純粋な神々の国（神《しん》州《しゅう》）で、天皇をいただいている以上は今も日本は神州だということでした。そこに「尊王攘夷《そんのうじょうい》」という考え方が生まれました。「攘夷」とは「夷人《いじん》（外国の野蛮な人々）を追い攘《はら》う」という意味です。19世紀にロシア、アメリカ、イギリスなどの船が次々に来航して日本に開国を求めるようになると、異国船が近づいてきたら沿岸で打ち払うべきだという攘夷論が高まりました。外国人の上陸をゆるして神州日本の国土を穢《けが》させてはならないというのですが、当時は西洋の国々が競争してアジアにも植民地を拡大していた時代です。それに対する恐怖や不安も攘夷論を高めたのでした。

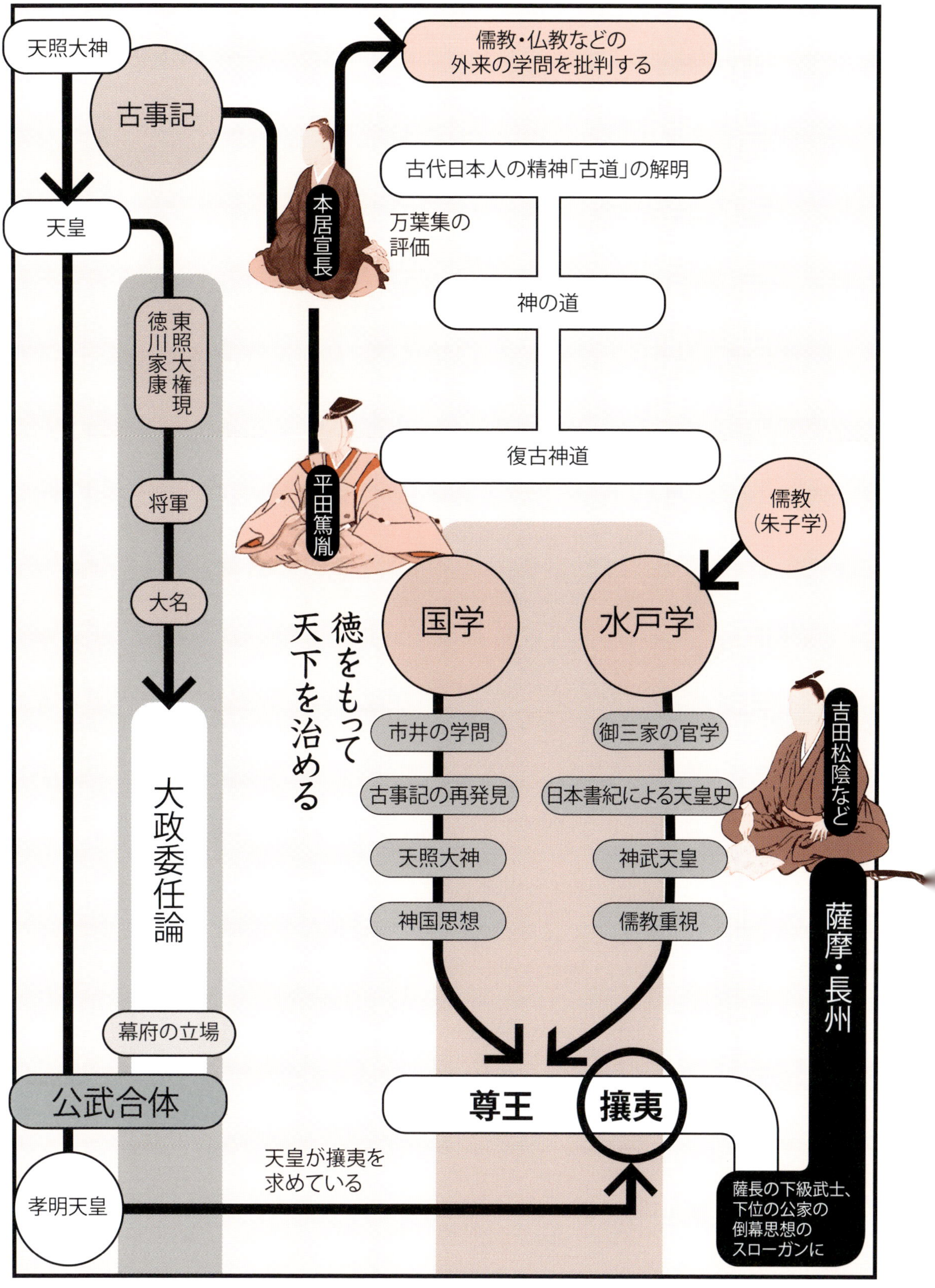
天照大神
古事記
天皇
儒教・仏教などの
外来の学問を批判する
本居宣長
古代日本人の精神「古道」の解明
万葉集の
評価
神の道
東照大権現
徳川家康
平田篤胤
復古神道
将軍
儒教
(朱子学)
大名
国学
水戸学
徳をもって
天下を治める
市井の学問
古事記の再発見
天照大神
神国思想
御三家の官学
日本書紀による天皇史
神武天皇
儒教重視
吉田松陰など
大政委任論
薩摩・長州
幕府の立場
公武合体
尊王
攘夷
天皇が攘夷を
求めている
孝明天皇
薩長の下級武士、
下位の公家の
倒幕思想の
スローガンに

明治天皇は文明開化を象徴し帝国憲法で「臣民」に君臨した

文明開化・富国強兵が国の目標になったころ、天皇がそれを率先した。

文明開化・富国強兵の世に

尊王攘夷《そんのうじょうい》をスローガンに江戸幕府をたおした明治新政府は、一転して開国路線をとりました。じつは攘夷にも小と大があるという考え方がありました。国情を無視してむやみに異国船打払《いこくせんうちはらい》を実行するのは小攘夷、ひとまず開国しても国力・兵力を強化して異国排除をめざすことを大攘夷といいます。そこで文明開化《ぶんめいかいか》・富国強兵《ふこくきょうへい》が明治日本の目標になりました。そして欧米諸国に学ぶため、1871年（明治4）から73年にかけて岩倉具視《いわくらともみ》・大久保利通《おおくぼとしみち》ら政府首脳が欧米諸国への視察に出かけました。その使節団の一員に、のちに大日本帝国憲法を制定するための会議である枢密院《すうみついん》の議長になる伊《い》藤博文《とうひろぶみ》がいました。

帝国憲法はイギリスなどにならった立憲君主制の憲法です。君主（王）といえども憲法にしたがう国のしくみなのですが、伊藤博文は日本では国民全体をまとめられる存在は天皇のほかにないとして、枢密院の意見を「憲法大綱領《だいこうりょう》」にまとめました。その第1項は「憲法は欽定《きんてい》の体裁《ていさい》を用いる」です。欽定とは「君主による制定」という意味で、天皇が定めて天皇が布告するということです。

憲法の制定は板垣退助《いたがきたいすけ》らの自由民権運動に政府がおされた面もありますが、明治政府は早い時期から憲法制定を見越していました。1872年（明治5）に国民皆兵の「徴兵告諭《ちょうへいこくゆ》」を布告するにあたって、将来は憲法を制定して国民を結集することを決めました。その国民結集のために定められたのが欽定の帝国憲法で、1889年（明治22年）に発布、翌年11月に帝国議会開会。それによって左図の近代日本の国家のしくみがつくられました。

帝国憲法の第1条は「大日本帝国は万世一系の天皇之《これ》を統治す」です。古代から続いてきた天皇が日本を治めるという意味ですが、第4条には「天皇は国の元首にして統治権を総攬《そうらん》し此《こ》の憲法の条規《じょうき》に依《よ》り之《これ》を行う」と定められています。天皇は日本の元首で国家の政治全体を見るけれども、この憲法の定めていることには従わなければならないということです。

現在の日本国憲法との大きな違いのひとつは国民が「臣民《しんみん》」すなわち、天皇の臣下とよばれていることです。それまで臣下は貴族や朝廷の役人だけのことでしたが、国民のすべてが臣下となり、国民は熱狂して、この憲法をうけいれました。

いっぽう、天皇・皇族は臣下ではないので憲法の適用をうけず、別途、皇室内の規則として皇室典範《こうしつてんぱん》が天神地祇と皇祖・歴代天皇の霊に誓う形で定められました。

明治22年2月11日
皇室典範発布

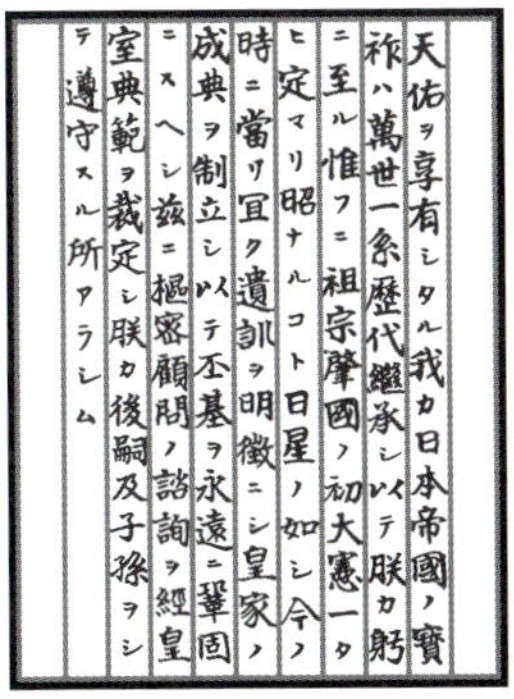
天佑ヲ享有シタル我カ日本帝國ノ寶祚ハ萬世一系歴代繼承シ以テ朕カ躬ニ至ル惟フニ祖宗肇國ノ初大憲一タヒ定マリ昭ナルコト日星ノ如シ今ノ時ニ當リ宜ク遺訓ヲ明徴ニシ皇家ノ成典ヲ制立シ以テ丕基ヲ永遠ニ鞏固ニスヘシ茲ニ樞密顧問ノ諮詢ヲ經皇室典範ヲ裁定シ朕カ後嗣及子孫ヲシテ遵守スル所アラシム

第1条
大日本国皇位ハ祖宗ノ皇統ニシテ男系ノ男子之ヲ継承ス

皇位継承資格を
男系男子に限定した

第2条以下により
皇位継承順位が定められた

- 直系優先
- 長系優先
- 近親優先
- 嫡系優先

とした

そして、皇族の範囲を制度上で限定しないとしたが

↓

明治40年の増補によって、皇族からの離脱が制度化される

●理由は皇族の増加による支給額の増加を抑えるため

それ以外の規定

- 養子をとることができない
- 天皇・皇族以外と婚姻した皇族女子は皇族籍を離脱する
- 皇族を離脱した者は、復帰できない

●天皇は主権者である
●天皇は神聖な権威として君臨

明治22年2月11日発布
大日本帝国憲法

第1条
大日本帝国は万世一系の天皇これを統治す

第3条
天皇は神聖にして侵すべからず

憲法下における天皇の政治機構での位置づけ

- 統帥 → 帝国陸海軍
- 任命・解散 → 貴族院
- 任命・解散 → 衆議院
- 任命 → 各国務大臣(内閣)
- 天皇の名においての裁判
  - 任命 → 行政裁判所
  - 任命 → 司法裁判所
- 天皇に輔弼(ほひつ)する
  - 元老・重臣
  - 内大臣
  - 宮内大臣
  - 枢密院

●天皇に輔弼(ほひつ)する天皇側近が、天皇の行為としてなすべきことを進言することが定められていた

憲法上の天皇の大権は、極めて限定されたものとなった

↑

立憲君主制の中での大日本帝国憲法
国王も憲法に従う

立憲君主制

↑

立憲
憲法にすべてのものが従う

＋

君主
国の指導者は国王である

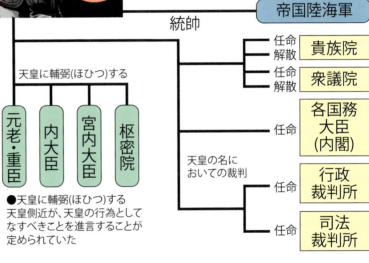

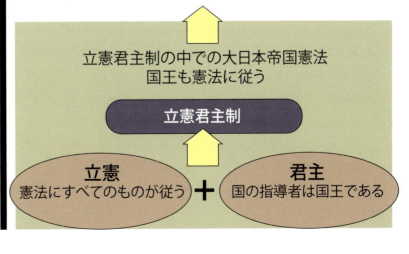

ご公務の「お出かけ」は明治天皇からはじまった

北海道巡幸図
❺明治14年の山形・秋田・北海道

東北巡幸図　❷明治9年の東北・北海道
この巡幸中に、敵味方の区別なく戦死者の慰霊が行われた

中央道巡幸図　❹明治13年の甲州・東山道

●東京巡幸図
京都から東京への
この巡幸が全国巡幸の
原型となった

①1872年　近畿・西国・九州
②1876年　東北（函館含む）
③1878年　（A）北陸・（B）東海道
④1880年　中央道
⑤1881年　東北・北海道
⑥1885年　山陽道

東日本の人々は史上初めて天皇の姿を目にした。

全国に出かけた明治天皇

1868年（明治1）4月、徳川慶喜《よしのぶ》は江戸城を新政府にあけわたしました。同年9月20日、明治天皇が御所を出て江戸に出発。供奉《ぐぶ》の者3300余人の大行列を組んで進み、10月13日、江戸城に入りました。普通は2週間ほどの旅程を一か月近くかけたのは、天皇に田んぼの稲刈りや砂浜の漁のようすを見せるとともに、沿道の民衆に天皇の行列を見せるためでした。江戸時代の街道には参勤交代《さんきんこうたい》の大名行列が往来し、その規模によって大名の地位がわかるのでしたが、沿道の人々が初めて見た天皇の行列の3300人は最大クラスで、錦《にしき》の御旗《みはた》をひるがえして進みました。江戸市中でも華麗な行列を演じて江戸城に入ります。それは将軍から天皇の世になったことを天下に知らしめるものでした。その年はいった

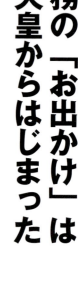

明治天皇の全国巡幸主要6ルート

＊この巡幸ルート図は、大まかな進路で、巡幸の経路を示すものではありません

広島巡幸図　❻明治18年の山口・広島・岡山

横須賀巡幸図　明治22年
この巡幸で天皇の海軍力への理解が深まった。
各国の船からの祝砲が天皇に奉じられた

❶明治5年の九州・西国
第1回目の巡幸は、海軍総出の大演習巡幸に。西郷隆盛ら薩摩の軍人が天皇を奉じての大凱旋で錦を飾った。図はしばしば天皇の旗艦となった松島

❶明治5年の長崎巡幸図
天皇と軍と演習がセットとなり、国民の天皇＝軍というイメージが作られた

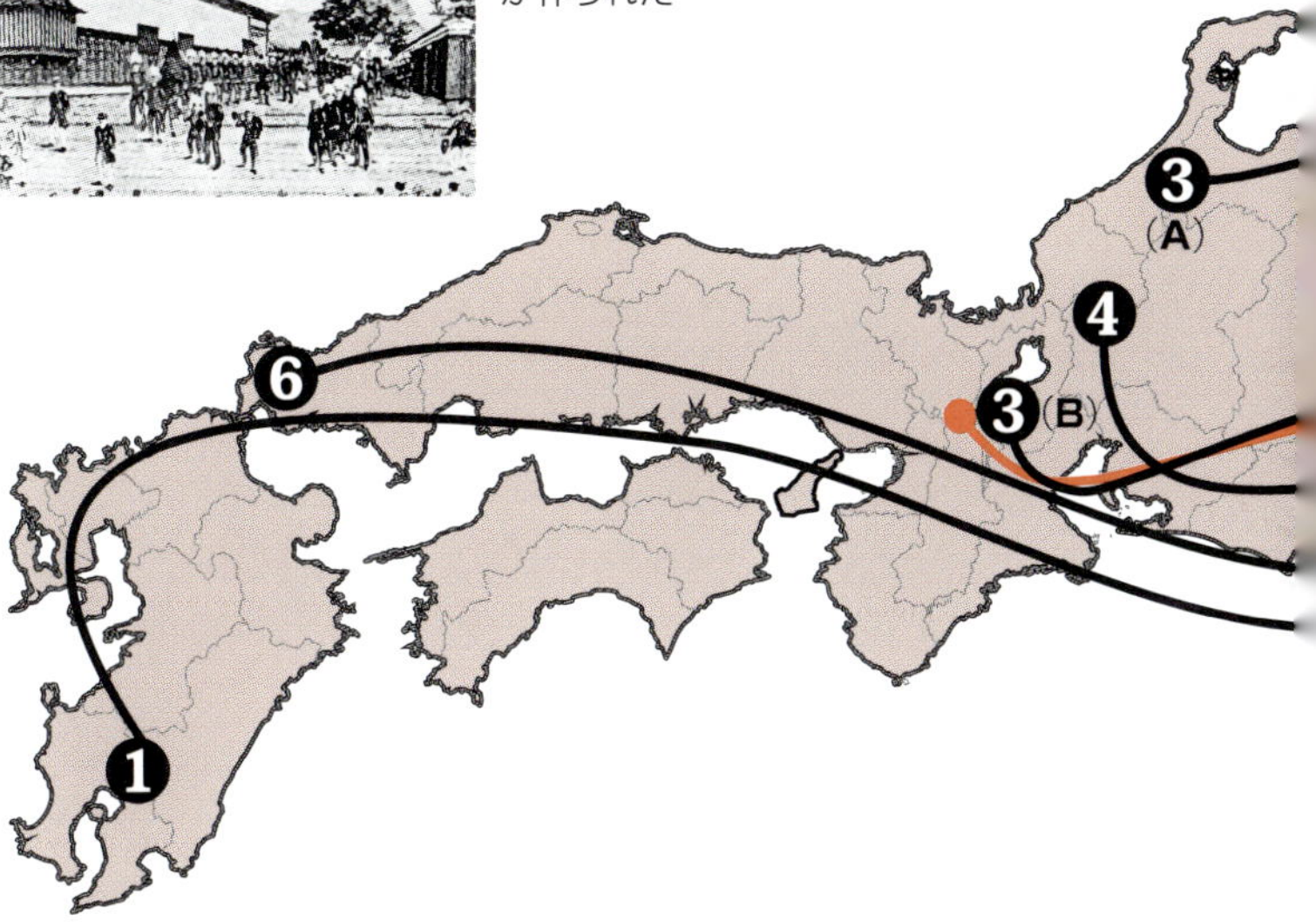

ん京都にもどり、東京と名をあらためた江戸に翌年、皇居がうつりました。

天皇がどこかに出かけることを行幸《ぎょうこう》、複数の目的地に出かけることを巡幸《じゅんこう》といいます（皇后や皇太子は行啓《ぎょうけい》・巡啓《じゅんけい》）。今のご公務の「お出かけ」です。江戸時代までの天皇は御所から外に出ることはほとんどなかったのですが、明治天皇は騎馬《きば》か馬車に乗って軽装で出かけるようになり、一般の人が天皇の顔を見ることができるようになりました。1872年（明治5）には大阪および中国・西国巡幸に出発し鹿児島まで巡幸しました。以後、明治初期の混乱期にしばしば巡幸がおこなわれ、1885年（明治18）年までに6回の大巡幸がありました。その巡幸は、明治維新の内戦に敗れた諸藩がある東北地方をくまなく巡ることに力点が置かれました。天皇が関東地方や東北地方に出かけるのは日本史上になかったことです。沿道の町々では軒提灯《のきぢょうちん》をつるして巡幸を迎え、名誉なこととして喜びました。明治天皇がおとずれたことを記念する「御幸《みゆき》」「聖蹟《せいせき》」といった地名が各地にあり、今も「明治天皇行幸地」といった記念碑が見られます。

第7部
近代・現代の天皇
3

万世一系の天皇の祭祀は明治の神仏分離から

平成の天皇まで125代の皇統《こうとう》は明治・大正時代に確定した。

天皇と国体

14ページにあるように、今の皇居にある宮中三殿には皇祖《こうそ》の天照大神《あまてらすおおみかみ》と天神地祇《てんじんちぎ》（日本古来の神々）、歴代天皇の霊がまつられ、天皇によって祭祀《さいし》が行われています。この形は明治天皇からはじまりました。それ以前には御所にも仏間《ぶつま》があり、歴代天皇の位牌《いはい》がおかれて命日《めいにち》の法要《ほうよう》がいとなまれました。四季おりおりに仏事《ぶつじ》もありました。なにしろ聖武《しょうむ》天皇の大仏建立にみられるように、天皇は天神地祇とともに仏をまつって国家の安泰を祈ってきたのです。また、平安時代には本地垂迹《ほんじすいじゃく》（仏が日本の神々の姿をとって現れること）という考え方が広まって寺と神社は一体のものになりました。しかし、江戸時代の水戸学・国学（→72ページ）では本来の神々のまつりを取り戻し、天照大神を祖とする天皇をいただく「国体《こくたい》（日本らしさ）」を守るべきだと主張して尊王運動をおこします。そして明治維新後、神仏分離が行われ、天皇は神祇のみをまつるものになりました。その象徴的な出来事が1869年（明治2）が天皇が伊勢神宮に参拝したことです。皇祖の天照大神をまつる神社なのに天皇親拝の記録は明治天皇が最初なのです。

　このことは明治政府にとって非常に重要なことでした。欧米の強国がアジアにも植民地を広げたり、不平等な貿易を強要したりしていた当時、それまで幕府や諸藩の領民《りょうみん》に分かれていた日本の国民をひとつにまとめていくには、大日本帝国憲法第1条にいう「万世一系の天皇」によるほかにないと考えられたからです。ところが、水戸学者や国学者以外の多くの人には「万世一系」といわれても何のことか、よくわかりません。そこで天皇みずから伊勢の天照大神に参拝し、万世一系の天皇の姿を見せたのでした。また、伊勢神宮を頂点として全国の神社を国営化しました。各地の神社にはさまざまな神がまつられ、祭式《さいしき》（まつりかた）もいろいろだったのですが、1875年（明治8）年には「神社祭式」を布告し、祝詞《のりと》や祭具を統一しました。先祖供養《せんぞくよう》の墓参りをする春秋の彼岸《ひがん》も神社では歴代天皇の霊をまつる皇霊祭《こうれいさい》になり、初代神武《じんむ》天皇の即位日を紀元節《きげんせつ》として祝日にしました。さらに学校の教科書で『古事記』の神話をとりあげ、天皇の歴史を教えました。

　歴代天皇の系図も整理されました。じつは天皇の歴代の数え方は一定ではなく、淳仁《じゅんにん》天皇や安徳《あんとく》天皇は歴代に入れない考え方もありました。とりわけ南北朝の天皇をどう考えるかで意見が分かれ、平成の天皇まで125代の万世一系の皇統《こうとう》が確定されたのは大正時代のことでした。

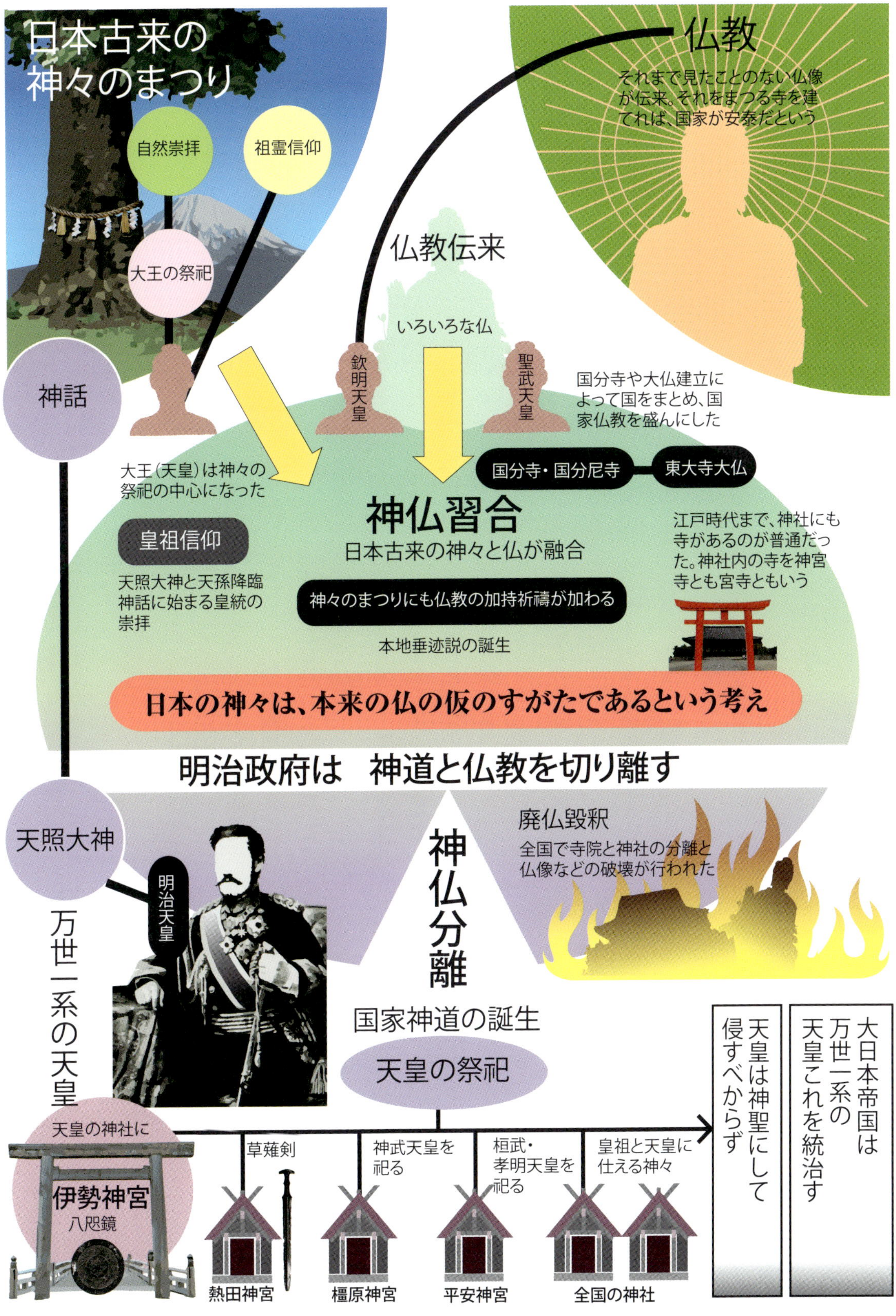
日本古来の
神々のまつり
自然崇拝
祖霊信仰
大王の祭祀
神話
仏教
それまで見たことのない仏像が伝来。それをまつる寺を建てれば、国家が安泰だという
仏教伝来
いろいろな仏
欽明天皇
聖武天皇
国分寺や大仏建立によって国をまとめ、国家仏教を盛んにした
大王（天皇）は神々の祭祀の中心になった
国分寺・国分尼寺
東大寺大仏
神仏習合
日本古来の神々と仏が融合
皇祖信仰
天照大神と天孫降臨神話に始まる皇統の崇拝
神々のまつりにも仏教の加持祈祷が加わる
本地垂迹説の誕生
江戸時代まで、神社にも寺があるのが普通だった。神社内の寺を神宮寺とも宮寺ともいう
日本の神々は、本来の仏の仮のすがたであるという考え
明治政府は　神道と仏教を切り離す
天照大神
明治天皇
神仏分離
廃仏毀釈
全国で寺院と神社の分離と仏像などの破壊が行われた
万世一系の天皇
国家神道の誕生
天皇の祭祀
大日本帝国は万世一系の天皇これを統治す
天皇は神聖にして侵すべからず
天皇の神社に
伊勢神宮
八咫鏡
草薙剣
神武天皇を祀る
桓武・孝明天皇を祀る
皇祖と天皇に仕える神々
熱田神宮
橿原神宮
平安神宮
全国の神社

明治天皇は軍をひきいて戦う大元帥になった

髭《ひげ》をはやした軍服姿の天皇は明治天皇が最初。

徴兵制の制定と2つの戦争

天皇が一般の人の前に出ることはほとんどなかったのですが、明治天皇はさまざまな姿で人々の前に立ちました。工場などの視察のときは洋服、帝国議会の開会式は洋装の礼服、神社に親拝するときは伝統の衣《い》冠束帯《かんそくたい》などです。髪《かみ》を洋風にととのえて髭《ひげ》を伸ばした姿もそれまでの天皇にはないもので、文明開化の日本を象徴する姿でした。以前の天皇とくらべてとりわけ特異なのは洋装軍服姿です。天皇が軍をひきいて戦うようなことは古代の大王《おおきみ》にあったぐらいです。明治時代には『古事記』『日本書紀』の神武東征《じんむとうせい》（↓34ページ）の絵がさかんに描かれ、教科書にものせられて、戦う天皇が復活しました。ただし、その姿は欧米の元帥《げんすい》（最高指揮官）ふうの軍装だったのです。

大日本帝国憲法には第11条に「天皇は陸海軍を統帥《とうすい》す」、第20条に「日本臣民は法律の定むる所に従い兵役《へいえき》の義務を有す」とあって、天皇は国民に兵役を課した全軍の統帥者になったのでした。

徴兵令《ちょうへいれい》は憲法より早く１８７３年（明治6）に公布され、男子は原則として全員が兵役の義務をおうことになりました。この兵制の制定にあたって徴兵制か志願兵制かの論議がありました。当時、徴兵制をとるフランス、ロシアなどの大陸国では大きな陸軍をもっていました。いっぽう、海洋国家のイギリス、アメリカは志願兵制でした。日本では、維新《いしん》の内戦をへたばかりなのに志願兵制にすれば、ふたたび分断が深まりかねません。国民皆兵《こくみんかいへい》の徴兵制にして国家の統一を守るべきだということに決しました。そして１８８２年（明治15）、「朕《ちん》（天皇）は汝《なんじ》ら軍人の大元帥《だいげんすい》なるぞ」と宣言して軍人に忠節や武勇を重んじるようにと説く軍人勅諭《ぐんじんちょくゆ》が布告されました。勅諭とは「天皇陛下が教え諭《さと》す」ということです。

その後、２つの対外戦争がありました。１８９４年（明治27）から翌年にかけての日清《にっしん》戦争、１９０４年（明治37）から翌年の日露《にちろ》戦争です。両戦争とも広島に大本営《だいほんえい》（陸海軍を統帥するところ）をおき、明治天皇も広島に行きました。

この２つの戦争は、清《しん》（中国）とロシアを相手に戦って日本が勝利したものですが、戦場になったのは朝鮮半島でした。当時、朝鮮半島は李氏朝鮮《りしちょうせん》の時代です。日本の江戸幕府より２００年以上早い１３９２年にはじまる古い王国です。そこに北からロシアがせまり、中国も干渉《かんしょう》を強めるなかでおこった戦争でした。それに対して天皇は、できれば戦争を避けたい意向のようでしたが、世論には好戦的なところもあり、戦争へと動いていきました。

明治天皇と2つの戦争

大久保利通

アジア利権を奪え

自由民権運動

軍人がこれに影響されると危険だ

山県有朋

明治6年1873年
徴兵制

1877年
西南戦争

西郷隆盛

日本帝国
陸軍1871年・海軍1872年
創設

統帥権

軍人勅諭

軍を天皇の軍隊にする

天皇は西郷を殺すことはなかったと語ったという

信頼と愛着

伊藤たち内閣を信頼しない天皇

❶ きっかけは台湾の領有問題

❷ 琉球漁民の虐殺を契機とする台湾出兵

❸ 朝鮮の利権を求める

❹ 江華島事件
東学党の乱への出兵

❺ 日清両国が朝鮮からの撤兵で対立

伊藤博文
陸奥宗光

天皇に開戦の裁可を求めるが、天皇はすぐには応じない

❻ 開戦の裁可
御前会議

最後は裁可するも

1894年
日清戦争 ❼

❽ 勝利

個人の心情と立憲君主の役割

しかし天皇は戦いを憂いた

今回の戦争は朕（ちん）素（もと）より不本意なり…

❾ 清国を侵略する列強国
ロシア
ドイツ
フランス
日本

日本はロシアと利権交渉を試みる

しかしロシアは拒否

▶ ⓫ 日本の朝鮮進出と、ロシアの満州の鉄道を認める

▶ ⓬ 日本の朝鮮権益とロシアの満州権益を共に認める

❿ 三国干渉

⓭ ロシアとの開戦の裁可
御前会議

裁可

しかし天皇は戦争を支持してはいない

今回の戦は朕が志にあらず。然れども事既に茲に至る。之れを如何ともすべからざるなり

1904年
日露戦争 ⓮

天皇は戦いの趨勢を憂い、増える将兵の犠牲に心を痛めた。その心痛が天皇の死期を早めたとも言われる

⓯ 勝利

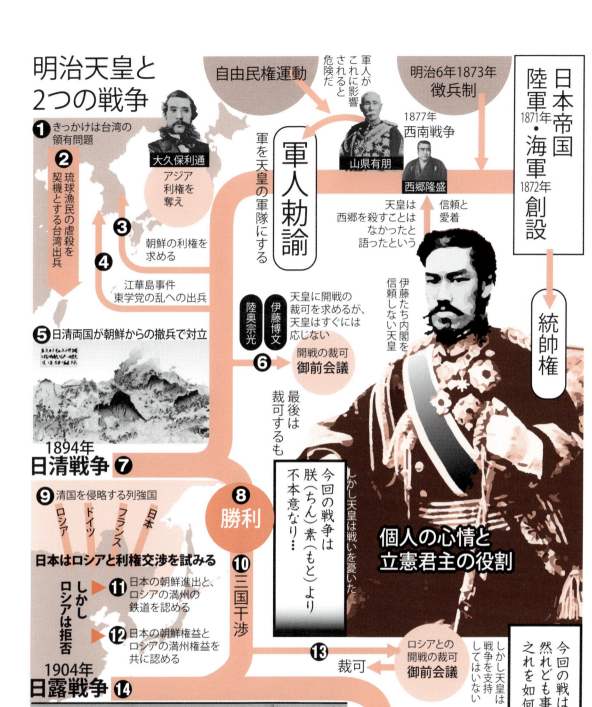

第7部
近代・現代の天皇
5

大正から昭和になったころ、ナショナリズムが高まってきた

天皇が現人神《あらひとがみ》（現実の人の姿の神）とされるようになった。

大正時代から昭和時代へ

1912年7月30日の午前0時より少し前に明治天皇が崩御。大正天皇が即位して元号が大正になりました。これは皇室典範《こうしつてんぱん》に「天皇が崩じたときは皇嗣《こうし》がただちに即位する」と決められているためです。また、昔は元号がよく変わりましたが、明治からは天皇一代にひとつの元号になりました。大正時代は1926年12月に昭和になるまでです。その時代は大正デモクラシーとよばれる自由なふんいきの時期でした。しかし、その間に第一次世界大戦（1914～18年）があり、世界は大きく変わりました。戦車や戦闘機、機関銃などの新兵器が大量に使われてヨーロッパ諸国の都市が焼け野原になりました。

そうした危機的な世界情勢のなかで昭和になったころに世界的な大不況《だいふきょう》の時期があり、ナショナリズム（自国・自民族を第一に考える国家主義）が強まってきました。そして1935年（昭和10）に天皇機関説《てんのうきかんせつ》事件《じけん》がおこりました。

天皇機関説は憲法学者の美濃部達吉《みのべたつきち》が提唱した学説で、天皇も省庁と同じく国家のひとつの機関であるという説です。それは立憲君主制の天皇を法的に位置づけたものとして当然のことと考えられていたのですが、ナショナリズムが高まると、帝国憲法第3条に「神聖にして侵《おか》すべからず」とある天皇にたいして不敬にあたると非難されるようになり、とうとう美濃部の著書は発行禁止になりました。この言論弾圧事件が天皇機関説事件です。

そのとき、時の岡田啓介内閣《おかだけいすけないかく》は「国体明《こくたいめい》徴《ちょう》に関する政府声明」をだしました。「国体」とは江戸時代の水戸学・国学で万世一系の天皇をいただくことが他国にない日本のすぐれた国の形だという意味でつかわれた言葉です。そして文部省（今の文科省）が『国体の本義』という文書をまとめ、1937年に刊行しました。それには「天皇は、皇《こう》祖皇宗《そこうそう》（歴代天皇）の御心《みこころ》のままに我が国を統治し給《たま》ふ現御神《あきつみかみ》であらせられる」と記されています。政府として天皇を現人神《あらひとがみ》とした最初です。それは日本の伝統でいう神で、人間をキリスト教の神のようにあがめるものではないとするものでしたが、その後の戦争のなかで天皇を神とあがめる風潮が強まっていきました。

第123代
大正天皇
1879~1926年
在位
1912~1926年

幼少より病弱で、勉学にも遅れをとったと言われる。しかし、結婚後の皇太子時代の全国巡幸によって健康となり、自由で闊達な性格との証言も。

大正デモクラシー
都市のインテリ・労働者たちの護憲・普通選挙を通しての、民主主義を求める広範な社会運動が展開された

1921年
皇太子・裕仁（ひろひと）を摂政とする

1926年 大正天皇崩御
昭和天皇即位

1912年
明治天皇の崩御を受けて天皇に即位して、その責任の重圧で再び健康の不安が増す。1921年に皇太子裕仁を摂政として、自らは葉山の御用邸での静養生活を送り、1926年に47歳で崩御された

1929年　世界経済恐慌

ニューヨークのウォール街での株の暴落を発端に、世界を経済危機が襲う。日本経済にも深刻な影響が

1917年
ロシア帝国の崩壊と共産主義革命

1917年にロマノフ朝が、民衆の蜂起によって倒される。共産主義革命へいたる権力闘争の末に、1922年にソビエト社会主義共和国成立

1914年　第一次世界大戦勃発

ヨーロッパ列強間での戦争が、世界大戦に。戦争は国力を総動員する総力戦となり、近代兵器の登場により、その被害は甚大となった

広がる社会不安が、日本の共産主義化への不安と繋がる

天皇の神格化による、日本独自の国家の統一原理を求める動き

天皇機関説

国家 ↘　　法人 ↙

国家は法律的には法人である
天皇はこの法人の最高機関である

天皇

国の機関

- 統帥 — 帝国陸・海軍
- 官務 — 宮内大臣 — 内大臣
- 国務 — 国務大臣

大日本帝国憲法

憲法論の正当な弁明をするも

これは単に、天皇を法的に位置づけるものです

美濃部達吉

帝国大学教授
貴族院議員

日本の憲法学の第一人者として、「天皇機関説」は正当な学説として定説となっていた

ナショナリストの勢力が強くなると、法曹界、マスコミは手の平を返して、美濃部批判に転じる

美濃部博士は学者生命を絶たれる

1935年
「天皇機関説」攻撃

執拗な攻撃

退役軍人　右翼扇動家　国会議員　メディア

天皇機関説は不敬だ

天皇を機関とお呼びするのは不敬罪だ

天皇を会社の社長と同一視するとは、なにごとだ

天皇の主権を否定する機関説は詭弁共産主義思想だ

機関説論者は学匪だ

美濃部の著書は発禁処分に

学匪と罵倒される

貴族院議員辞任

学匪=学問を犯罪に使う悪人

天皇の統帥権が軍部の暴発をまねき戦争が拡大していった

天皇も政府も軍の動きをおさえることができなかった。

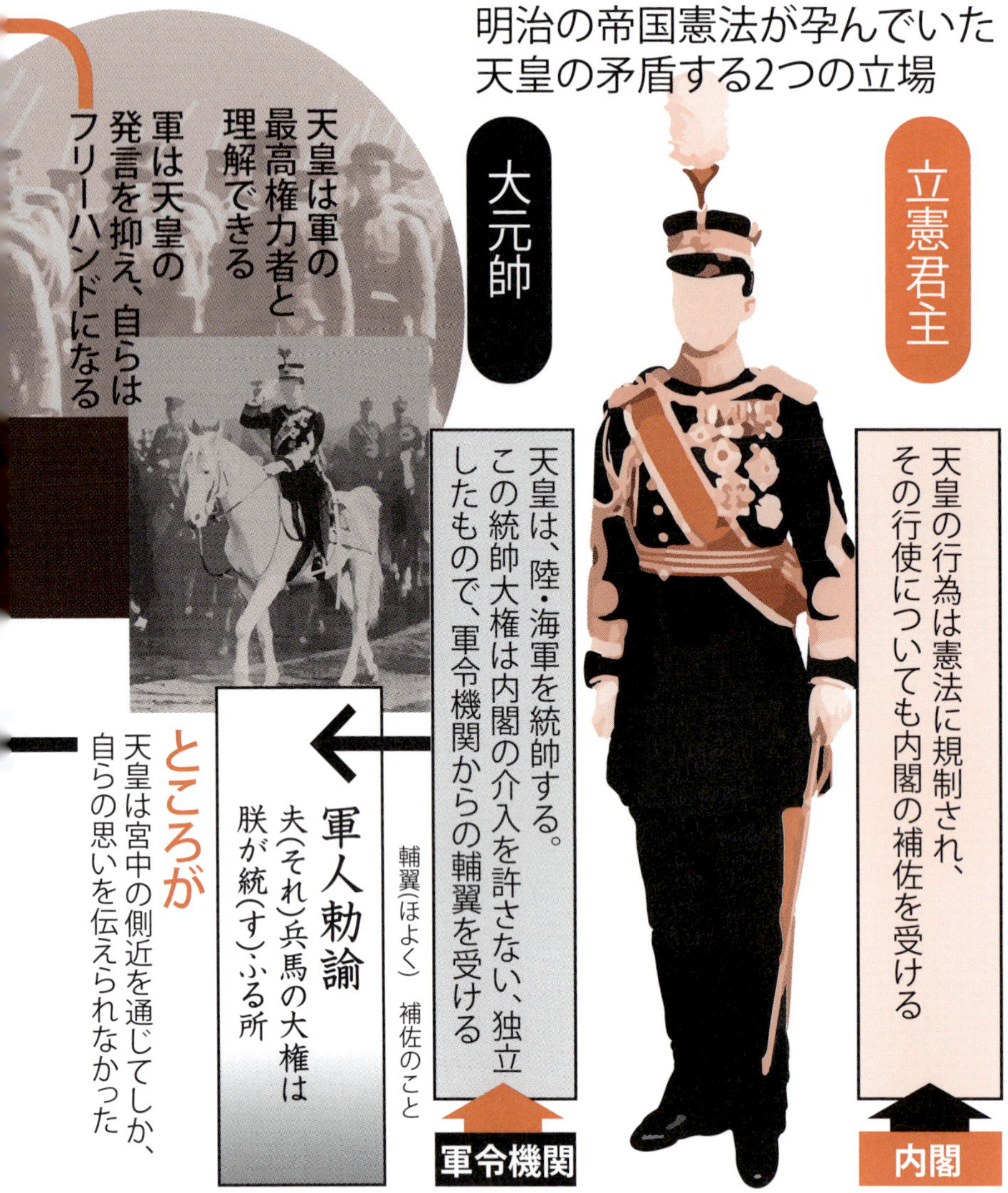
明治の帝国憲法が孕んでいた
天皇の矛盾する2つの立場
立憲君主
天皇の行為は憲法に規制され、その行使についても内閣の補佐を受ける
内閣
大元帥
天皇は、陸・海軍を統帥する。この統帥大権は内閣の介入を許さない、独立したもので、軍令機関からの輔翼を受ける
軍令機関
輔翼(ほよく)　補佐のこと
天皇は軍の最高権力者と理解できる
軍は天皇の発言を抑え、自らはフリーハンドになる
軍人勅諭
夫(それ)兵馬の大権は朕が統(す)ぶる所
ところが
天皇は宮中の側近を通じてしか、自らの思いを伝えられなかった

太平洋戦争への道

日清戦争の結果、日本は台湾《たいわん》を領有。日露戦争ではサハリン島（樺太《からふと》）の南半分、1910年（明治43）には朝鮮半島を領土としました（韓国併合《かんこくへいごう》）。さらに1932年（昭和7）に中国東北部を独立させて満《まん》州国《しゅうこく》を建国。その国は独立国の体裁はとっていても軍隊は日本陸軍が派遣《はけん》した関東軍《かんとうぐん》が支配しました。関東軍は1931年に満《まん》州事変《しゅうじへん》、翌年に上海事変《しゃんはいじへん》という騒乱《そうらん》をひきおこして中国に介入《かいにゅう》し、満州国をつくったのです。それには莫大《ばくだい》な軍事費が必要となり、政府は不拡大方針をとりましたが、軍の動きをおさえることはできませんでした。領土拡大は国民が圧倒的に支持したうえ、帝国憲法に軍をおさえられない理由があったのです。憲法には「天皇はこの憲法の条規《じょうき》によって統治する」（第4条）と定

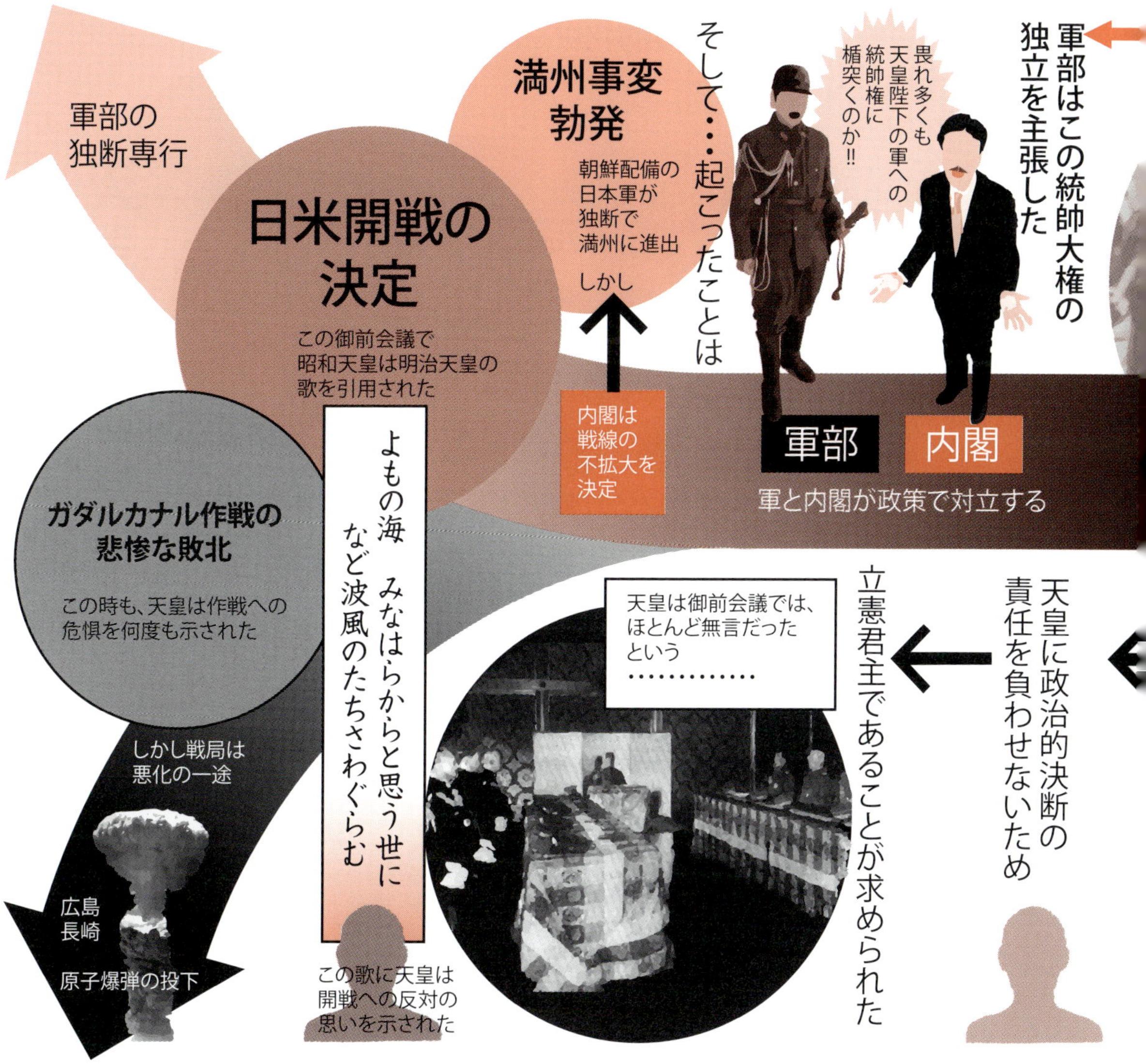
軍部はこの統帥大権の独立を主張した
畏れ多くも天皇陛下の軍への統帥権に楯突くのか!!
そして…起こったことは
満州事変勃発
朝鮮配備の日本軍が独断で満州に進出
しかし
内閣は戦線の不拡大を決定
軍部
内閣
軍と内閣が政策で対立する
軍部の独断専行
日米開戦の決定
この御前会議で昭和天皇は明治天皇の歌を引用された
よもの海　みなはらからと思う世に
など波風のたちさわぐらむ
この歌に天皇は開戦への反対の思いを示された
ガダルカナル作戦の悲惨な敗北
この時も、天皇は作戦への危惧を何度も示された
しかし戦局は悪化の一途
広島
長崎
原子爆弾の投下
天皇は御前会議では、ほとんど無言だったという…………
天皇に政治的決断の責任を負わせないため
立憲君主であることが求められた

められていたのですが、第31条には憲法の他の条項は「戦時又《また》は国家事変の場合に於《お》いて天皇大権《たいけん》の施行を妨《さまた》ぐることなし」とあり、非常時には陸海軍を統帥《とうすい》する天皇の大権がすべてに優先すると定められていたのです。それは1877年（明治10）に九州でおこった西南戦争《せいなんせんそう》のような内戦に対処するためには必要なことだったのですが、軍部は政府が軍とちがった路線をとり、議会が軍事費を認めないのは天皇の大権をおかすものだと主張しました。政府内には陸軍・海軍大臣もいましたが、その大臣も軍人で、軍部の意を政府内で主張しました。

軍部とは軍の上層部を漠然《ばくぜん》とさす言葉で、内実は陸・海軍大学の同窓会のようなものでした。かれらは世界戦争にも勝つといった勇ましい言葉が好きでした。そして1937年（昭和12年）に日中戦争がはじまり、1941年（昭和16）1月には東条《とうじょう》英機《ひでき》陸軍大臣（のち首相）が「生きて虜囚《りょしゅう》の辱《はずかしめ》を受けず」という戦陣訓《せんじんくん》を示達。同年12月、太平洋戦争がはじまりました。開戦にあたっては御前会議《ごぜんかいぎ》（天皇が臨席する会議）が開かれます。そのとき天皇も開戦に同意し、「開戦の詔勅《しょうちょく》」を発しました。

悲惨な太平洋戦争が天皇の玉音放送でおわった

敗戦を軍や国民に納得させるには天皇の肉声で伝えることが必要だった。

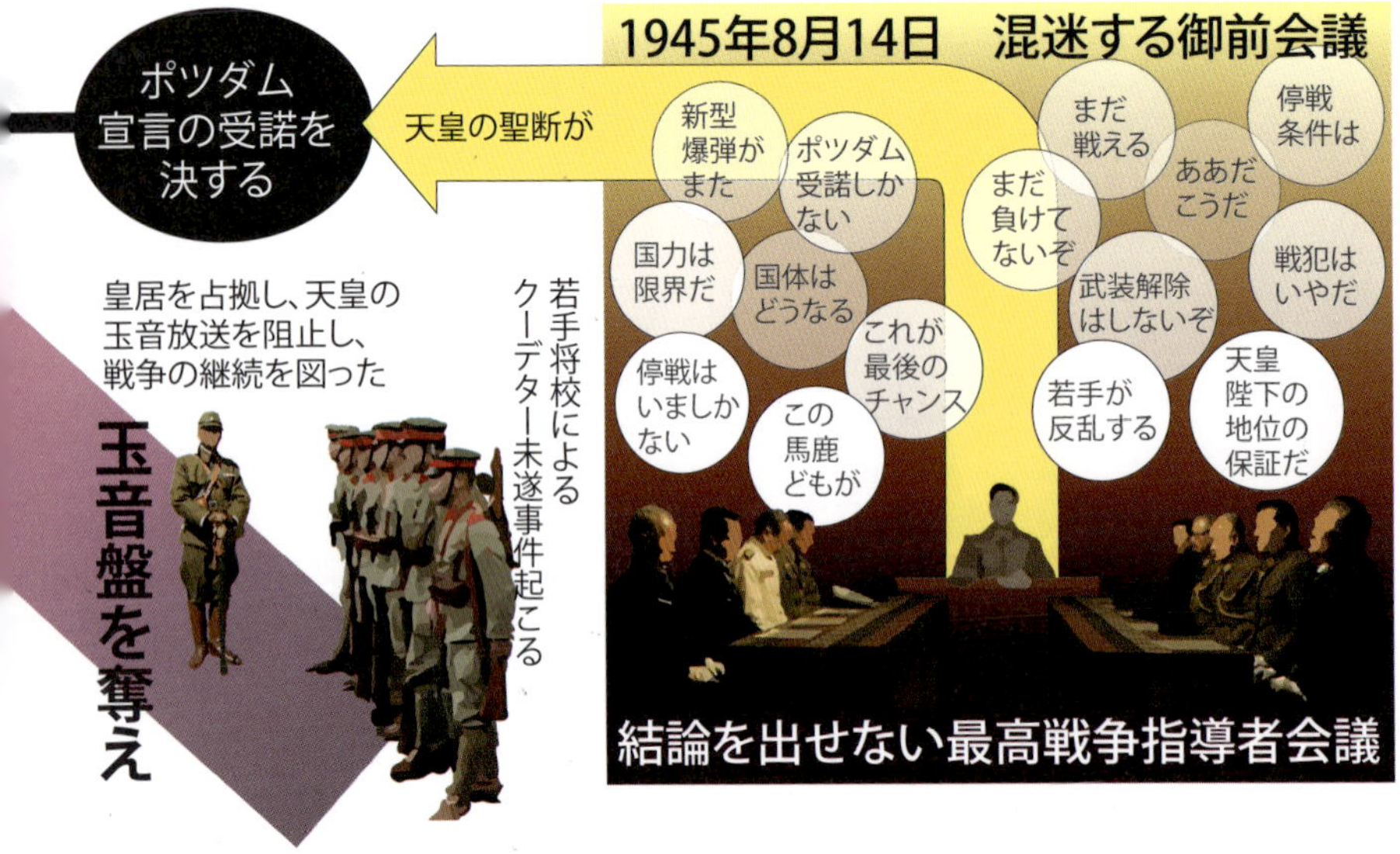
1945年8月14日　混迷する御前会議
新型爆弾がまた
ポツダム受諾しかない
国力は限界だ
国体はどうなる
停戦はいましかない
これが最後のチャンス
この馬鹿どもが
まだ戦える
まだ負けてないぞ
ああだこうだ
停戦条件は
戦犯はいやだ
武装解除はしないぞ
若手が反乱する
天皇陛下の地位の保証だ
天皇の聖断が
ポツダム宣言の受諾を決する
結論を出せない最高戦争指導者会議
若手将校によるクーデター未遂事件起こる
皇居を占拠し、天皇の玉音放送を阻止し、戦争の継続を図った
玉音盤を奪え

太平洋戦争の敗戦

1939年（昭和14）、ヨーロッパでドイツ・イタリアの同盟国がイギリス、フランス、アメリカ、ソ連（ロシアなど）、中国の連合国と戦う第二次世界大戦がはじまりました。日本は同盟国の一国です。そして1941年にはじまったのが太平洋戦争です。当時は「大東亜《だいとうあ》戦争」といいました。

同盟国側にはトルコや、イギリスからの独立をめざすインド国民党軍も参加しましたが、オーストラリア、カナダなど、当時の独立国の多くが連合国側で参戦しました。当初、日本軍は東南アジアやポリネシアに占領地を拡大しましたが、開戦から2年くらいたつと、しだいに追いつめられました。ヨーロッパでも1945年5月までにイタリアとドイツが降伏《こうふく》。日本の降伏も近いと見込まれた同年7月から8月2日にかけてドイツのポツダムにアメリカ、イギリス、ソ連の首脳による戦後の方針についての会談が行われました。日本に無条件降伏と日清戦争以後に拡大した領土の放棄《ほうき》などを求めるポツダム宣言がだされます。

日本では新聞・ラジオでさかんに戦勝が報じられたりしていましたが、政府内では戦況の絶望的なことがしだいに明らかになり、1944年（昭和19）8月に政府・軍部による最高戦争指導会議《さいこうせんそうしどうかいぎ》が御前会議として設置されました。ポツダム宣言をうけいれて降伏するかどうかも議論されましたが、結論がでないうちに1945年（昭和20）8月6日に広島、同9日に長崎に原爆が投下されます。すでに沖縄は占領され、他の都市の多くも空爆《くうばく》で焼け野原になっていました。それでも軍部は降伏をうけいれなかったので、天皇の声（玉音《ぎょくおん》）でポツダム宣言受諾《じゅだく》を国民に告げるため、「大東亜戦

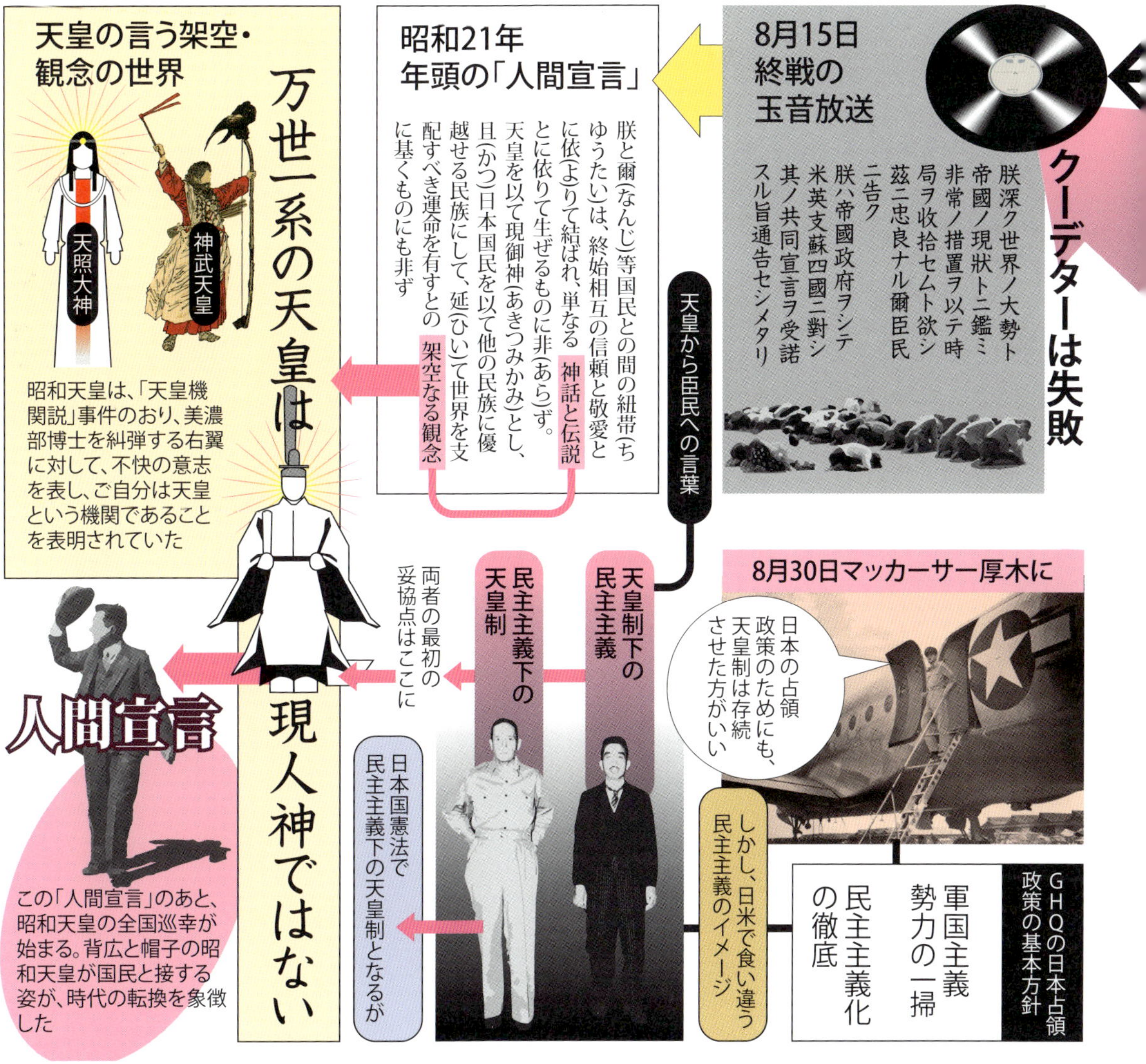
天皇の言う架空・観念の世界
天照大神
神武天皇
昭和天皇は、「天皇機関説」事件のおり、美濃部博士を糾弾する右翼に対して、不快の意志を表し、ご自分は天皇という機関であることを表明されていた
万世一系の天皇は現人神ではない
昭和21年年頭の「人間宣言」
朕と爾(なんじ)等国民との間の紐帯(ちゆうたい)は、終始相互の信頼と敬愛とに依(よ)りて結ばれ、単なる神話と伝説とに依りて生ぜるものに非(あら)ず。天皇を以て現御神(あきつみかみ)とし、且(かつ)日本国民を以て他の民族に優越せる民族にして、延(ひい)て世界を支配すべき運命を有すとの架空なる観念に基くものにも非ず
8月15日終戦の玉音放送
朕深ク世界ノ大勢ト帝國ノ現狀トニ鑑ミ非常ノ措置ヲ以テ時局ヲ收拾セムト欲シ茲ニ忠良ナル爾臣民ニ告ク
朕ハ帝國政府ヲシテ米英支蘇四國ニ對シ其ノ共同宣言ヲ受諾スル旨通告セシメタリ
クーデターは失敗
天皇から臣民への言葉
8月30日マッカーサー厚木に
日本の占領政策のためにも、天皇制は存続させた方がいい
天皇制下の民主主義
民主主義下の天皇制
両者の最初の妥協点はここに
日本国憲法で民主主義下の天皇制となるが
しかし、日米で食い違う民主主義のイメージ
GHQの日本占領政策の基本方針
軍国主義勢力の一掃
民主主義化の徹底
人間宣言
この「人間宣言」のあと、昭和天皇の全国巡幸が始まる。背広と帽子の昭和天皇が国民と接する姿が、時代の転換を象徴した

争終結ノ詔書《しょうしょ》」を読み上げて8月15日にラジオで放送されました。同時に軍の全部隊が現地でただちに武装解除《ぶそうかいじょ》に応じて無条件降伏することが命じられました。

天皇の人間宣言

敗戦国日本はアメリカ軍を主体とするGHQ（連合国軍最高司令官総司令部《れんごうこくぐんさいこうしれいかんそうしれいぶ》）に占領されました。日本政府は存続しますが、GHQの指導下で憲法改正をはじめ、戦後の改革を進めることになります。GHQは12月15日に「神道指令《しんとうしれい》」を発し、国家と神社を切り離すことを命じました。翌年の元日、「新日本建設に関する詔書」が発せられました。「官民挙《あ》げて平和主義に徹《てっ》し、教養豊かに文化を築き、以《もっ》て民生の向上を図り、新日本を建設すべし」と日本の再生を呼びかける天皇の言葉です。この詔書に「朕《ちん》（天皇）と爾等《なんじら》国民との間の紐帯《ちゅうたい》は（中略）神話と伝説とに依《よ》りて生ぜるものに非《あら》ず。天皇を以《もっ》て現御神《あきつみかみ》とし、且《かつ》日本国民を以て他の民族に優越せる民族にして、延《ひい》て世界を支配すべき運命を有すとの架空《かくう》なる観念に基《もとづ》くものにも非ず」という文があることから「天皇の人間宣言」とよばれます。

第7部
近代・現代の天皇
8

新憲法によって天皇のありかたが大変化した

日本国憲法とともに皇室典範《こうしつてんぱん》も新たに制定された。

統治者から「象徴」へ

戦後、大日本帝国憲法を改正して現在の日本国憲法が発布され、1947年5月3日から施行されました。同時に皇室典範《こうしつてんぱん》も改正・施行されました。

現憲法は第1条に「天皇は、日本国の象《しょう》徴《ちょう》であり日本国民統合の象徴であって、この地位は、主権《しゅけん》の存する日本国民の総意に基く」と定めています。天皇は旧憲法にいう国家の統治者から「国民統合の象徴」に変わりました。

しかし、単に国民をまとめあげるということなら、戦争とともに専制的になった戦前の天皇のほうが大きな存在でした。太平洋戦争のときには天皇は現人神《あらひとがみ》だとさえいわれて国民はみな天皇の赤子《せきし》とされました。その天皇のもとで国民が一丸となれば絶対に戦争に負けないといわれたものです。

戦争は多くの犠牲者を生み、敗戦におわりました。そして戦後、天皇の戦争責任を問う声もあがりました。その天皇がどのようにふるまい、憲法にいう象徴になっていったのかは次の項であらためてふれることにし、ここでは皇室関係の変化についてまとめておきます。

大きく変わった皇室典範

皇室典範は天皇・皇族にかんする法規《ほうき》です。74ページにあるように戦前の天皇・皇族は臣下である国民の上にあって、臣民の最高法規である憲法とも別の存在でした。そのため、憲法とは別に皇室の規則として皇祖と歴代天皇に誓う形で皇室典範が定められ、国民に公布されることもありませんでした。しかし、現憲法の施行と同時に旧皇室典範は廃止され、新たに憲法のもとの法律のひとつとして現在の皇室典範が施行されました。となると、職業選択の自由、居住の自由など、憲法が国民に保障する権利も皇室に認められなければならないのですが、皇族にはそれを認めていません。天皇の長男に生まれたら天皇になりたくないとは言えないのです。宮中祭祀は憲法の政教分離の原則によって天皇の私事とされますが、その祭祀を天皇個人の判断でやめることも、おそらくできないでしょう。

なお、戦前には皇室典範のもとに皇室の経費について定めた皇室経済法、皇族の結婚にかんする皇室婚嫁令《こんかれい》など「皇室令」と総称される多くの法令がありましたが、旧皇室典範とともに一斉に廃止されました。皇室経済法は新たに制定されましたが、他の皇室令は廃止されたままです。

なお、戦前には徳川幕府の領地をひきついだ皇室の御料地《ごりょうち》が全国に広く存在しましたが、戦後は国有地になりました。

現在の皇室典範へ ← 旧皇室典範

皇室典範の位置付け

旧皇室典範

大日本帝国憲法　皇室典範

相互対等な法

立憲君主制

現在の皇室典範

日本国憲法

法律A　皇室典範　法律B　法律C

他の法律と同様に、その改変には国会の承認が必要

国会

政治　軍事

政治・軍事的権力から途絶している

象徴天皇

天皇の祭祀について

旧

皇室令により

天皇の祭祀は国家の行為

現在

国事行為

公務

祭祀

天皇の祭祀は、天皇の私的行為

祭祀費も国費ではなく、皇室費で

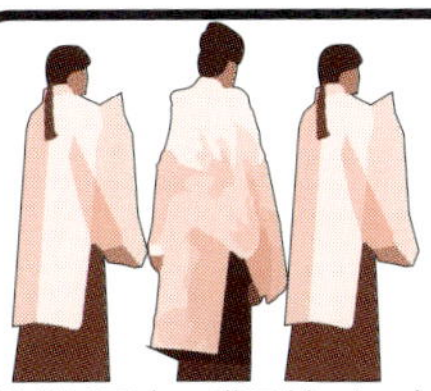

戦前は国家の職員だった、宮中の祭祀に関わる人々(掌典職・しょうてんしょく)は、現在は天皇の私的な雇用者に

天皇の財政について

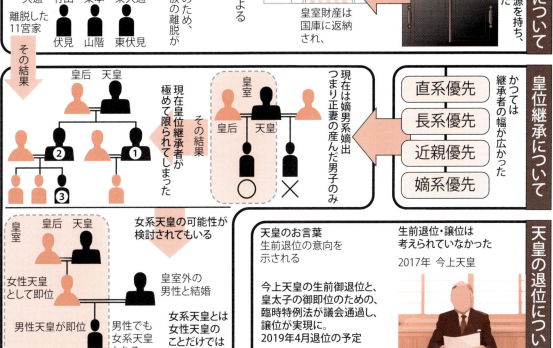

皇室は独自の財源を持ち、自主管理していた

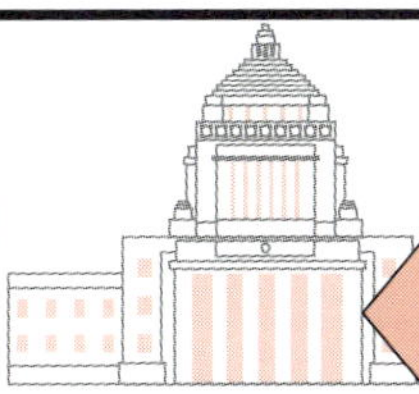

皇室財産は国庫に返納され、

閣議決定による皇室費が支出される

また皇室費圧縮のため、GHQにより皇族の離脱が行われた

離脱した11宮家

朝香　賀陽　閑院　北白川

久邇　竹田　梨本　東久邇

伏見　山階　東伏見

その結果

皇位継承について

かつては継承者の幅が広かった

- 直系優先
- 長系優先
- 近親優先
- 嫡系優先

現在は嫡男系嫡出つまり正妻の産んだ男子のみ

皇室　皇后　天皇　○　×

その結果 現在皇位継承者が極めて限られてしまった

皇后　天皇　①　②　③

女系天皇の可能性が検討されてもいる

皇室　皇后　天皇

女性天皇として即位

皇室外の男性と結婚

男性天皇が即位

男性でも女系天皇となる

女系天皇とは女性天皇のことだけではない

天皇の退位について

生前退位・譲位は考えられていなかった

2017年　今上天皇

天皇のお言葉
生前退位の意向を示される

今上天皇の生前御退位と、皇太子の御即位のための、臨時特例法が議会通過し、譲位が実現に。

2019年4月退位の予定

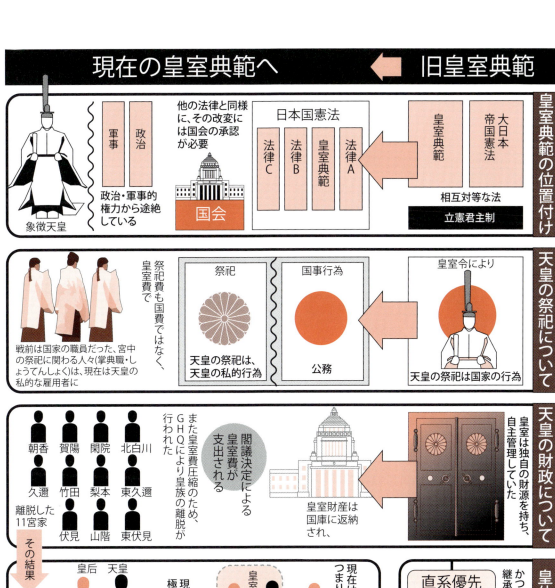

戦後の天皇は地方巡幸や被災地訪問によって国民統合の象徴になった

GHQは戦後日本の安定のために天皇制を存続させた。

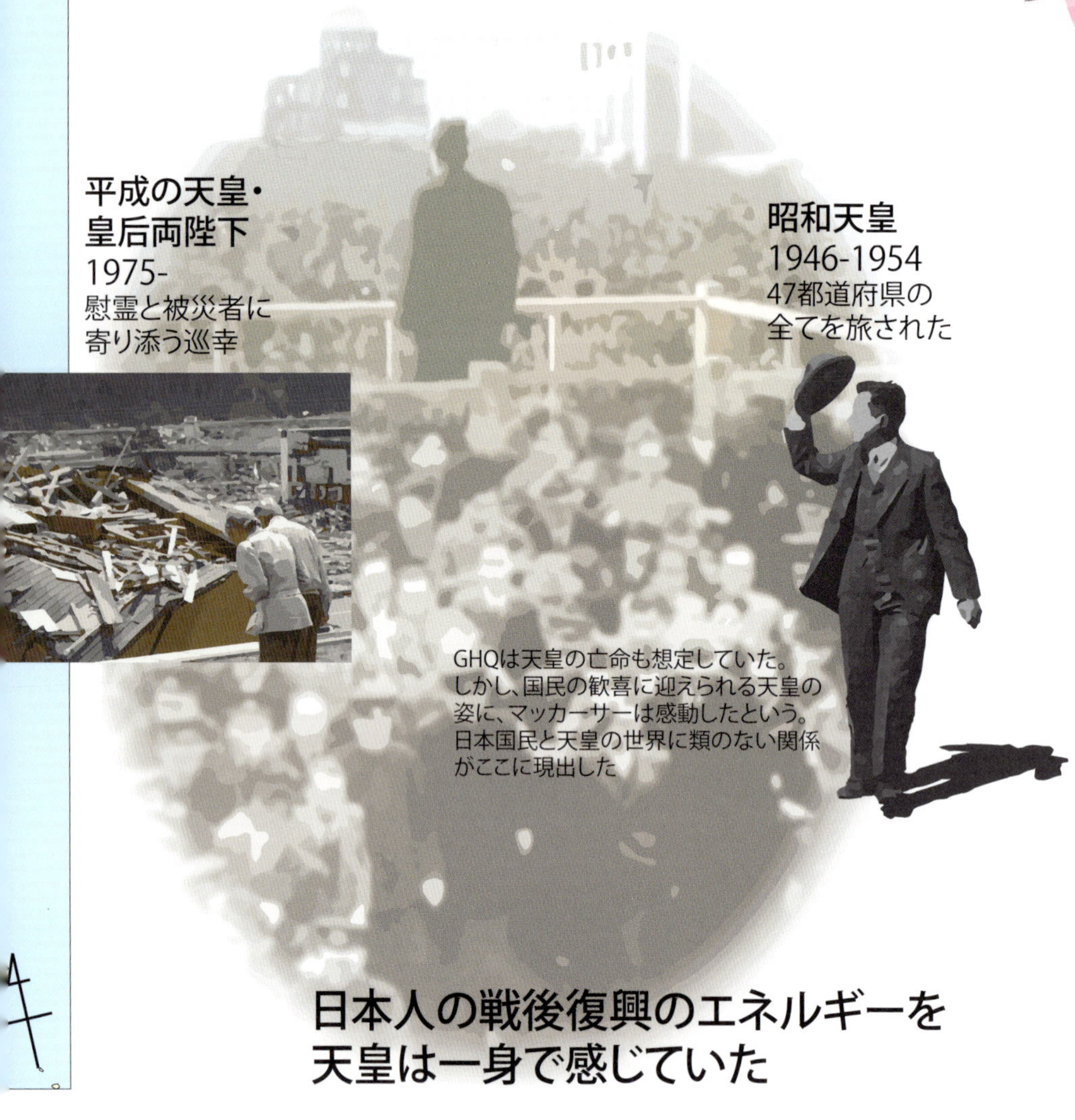

平成の天皇・皇后両陛下
1975-
慰霊と被災者に寄り添う巡幸

昭和天皇
1946-1954
47都道府県の全てを旅された

GHQは天皇の亡命も想定していた。しかし、国民の歓喜に迎えられる天皇の姿に、マッカーサーは感動したという。日本国民と天皇の世界に類のない関係がここに現出した

日本人の戦後復興のエネルギーを天皇は一身で感じていた

戦後も天皇制が存続

1945年（昭和20）9月2日、日本は降伏文書に調印し、GHQの占領下に入りました。同時に東南アジアなどの各地に国《こく》際軍事裁判所《さいぐんじさいばんしょ》がもうけられ、捕虜虐待《ほりょぎゃくたい》などの罪で6000名近くが起訴され、約1000人が死刑判決をうけることになりました。東京では戦争指導者がA級戦犯《せんぱん》として28名が起訴《きそ》されます。帝国憲法で全軍の統帥権《とうすいけん》をもつと定められていた天皇の戦争責任も問題になりましたが、GHQは占領した日本の安定のためには天皇の存在が欠かせないとして天皇の退位を認めませんでした。そして天皇制が存続しますが、天皇の性格は大きく変化しました。

国民統合の象徴になった天皇

1946（昭和21）5月3日に施行され

平成の天皇の主な慰霊と被災地への巡幸の記録

昭和50年　皇太子御夫婦として、沖縄の祖国復帰後、沖縄国際海洋博への列席のためにご訪問。その時過激派による火炎瓶事件が起こる。
昭和51年　昭和天皇の名代として、南部戦跡を訪れ鎮魂の言葉をのこす

平成3年　雲仙・普賢岳噴火に伴う被災地お見舞い（長崎県）
平成4年　中華人民共和国を訪問し、先の大戦についての謝罪をされる
平成5年　北海道南西沖地震に伴う被災地お見舞い(北海道)
　沖縄を訪ねられ、ひめゆり学徒隊の慰霊に行幸
平成6年　硫黄島ご訪問
平成7年　長崎県・広島県ご訪問　沖縄県ご訪問
　阪神・淡路大震災被災地のお見舞い（兵庫県）
　雲仙・普賢岳噴火被災地の復興状況ご視察（長崎県）
平成11年　北海道南西沖地震災害復興状況ご視察（北海道）
　豪雨災害復興状況ご視察（福島県・栃木県）
平成13年　阪神・淡路大震災復興状況ご視察（兵庫県）
　新島、神津島及び三宅島 災害状況ご視察
平成15年　有珠山噴火災害復興状況ご視察（北海道）
平成16年　新潟県中越地震災害に伴う被災地お見舞（新潟県）
平成17年　阪神・淡路大震災10周年のつどい（兵庫県）
　サイパンご訪問
平成18年　三宅島噴火被害による全島避難から帰島後１年の島内状況ご視察
平成19年　新潟県中越沖地震災害に伴う被災地お見舞（新潟県）
　福岡県西方沖地震被災者ご訪問・災害復興状況ご視察（福岡県）
平成20年　新潟県中越地震災害復興状況及び地方事情ご視察（新潟県）
平成23年4月14日　東日本大震災に伴う被災地お見舞（千葉県）
　4月22日　東日本大震災に伴う被災地お見舞（茨城県）
　4月27日　東日本大震災に伴う被災地お見舞（宮城県）
　5月6日　東日本大震災に伴う被災地お見舞（岩手県）
　5月11日　東日本大震災に伴う被災地お見舞（福島県）
平成24年　東日本大震災に伴う被災地ご訪問（福島県）
平成25年　東日本大震災に伴う被災地ご訪問（岩手県）
平成26年　東日本大震災復興状況ご視察（宮城県）
　大雪による被害の復興状況ご視察, 地方事情ご視察（埼玉県）
平成27年　阪神・淡路大震災20年追悼式ご出席(兵庫県)
　東日本大震災復興状況ご視察（宮城県）
　パラオご訪問
　広島市被爆70周年記念事業ご参加
　関東・東北豪雨による被災地お見舞（茨城県）
平成28年　東日本大震災復興状況ご視察（福島県・宮城県）
　熊本地震による被災地お見舞（熊本県）
　東日本大震災復興状況ご視察(岩手県)
　フィリピンご訪問

天皇・皇后両陛下は昭和天皇のご意志を継承し、太平洋戦争の犠牲者への慰霊と、日本を襲う天災の犠牲となった人々に寄り添い続けてきた

有珠山噴火
北海道
南西沖地震
新潟県中越地震
東日本大震災
中華人民共和国　北京
先の大戦についての謝罪
広島
三宅島噴火
長崎
阪神・淡路
大震災被災
雲仙・普賢岳噴火
熊本地震
沖縄
硫黄島
サイパン
フィリピン
パラオ

た日本国憲法の第1条に「天皇は、日本国の象徴《しょうちょう》であり日本国民統合の象徴であって、この地位は、主権《しゅけん》の存する日本国民の総意に基く」と定められています。そして新憲法にいう「国民統合の象徴」がどういうことなのかを身をもって示していったのが戦後の昭和天皇でした。

天皇は戦災で焼け野原になった町々への行幸《ぎょうこう》を開始しました。最初は1946年2月、神奈川県横浜・横須賀方面で戦災者の共同宿舎、引揚援護所《ひきあげえんごしょ》、病院などを訪問しました。以前とちがって平服（ふだんの洋服）で、新聞記者などの質問や写真の撮影は自由になりました。人々は戦争で悲惨《ひさん》な目にあったにもかかわらず、歓声をあげて天皇を迎えました。

翌年正月、初めて新年一般参賀がおこなわれました。天皇は庁舎の屋上に上がり、大勢の参賀者に帽子をふって応《こた》えました。

その後、天皇の地方巡幸は全国におよび、戦後の復興に立ち上がった人々に迎えられました。また、戦後に始まった都道府県対抗の国民体育大会や全国植樹祭への臨席などのご公務をとおして、天皇は新しい日本の「国民統合の象徴」になったのでした。

おわりに　天皇と皇室の今後

大角　修

日本国憲法に天皇の地位は「主権《しゅけん》の存する日本国民の総意に基く」と定められています。しかし、天皇は選挙で選ばれたわけではないし、国民投票によって信認を受けたわけでもありません。また、皇位は世襲《せしゅう》であるといった規定は憲法にあるのですが、「象徴」という言葉が何を意味するのかは書かれていません。それをどう考えるのかについては天皇自身が平成28年（２０１６）８月、「象徴としてのお務めについての天皇陛下のおことば」というビデオメッセージで国民に直接、次のように語られています。

「即位以来、私は国事行為を行うと共に、日本国憲法下で象徴と位置づけられた天皇の望ましい在り方を、日々模索《もさく》しつつ過ごして来ました。伝統の継承者として、これを守り続ける責任に深く思いを致し、更《さら》に日々新たになる日本と世界の中にあって、日本の皇室が、いかに伝統を現代に生かし、いきいきとして社会に内在し、人々の期待に応えていくかを考えつつ、今日に至っています」

平成の天皇は、戦後の昭和天皇の全国巡幸の姿勢を引きついで太平洋戦争の激戦地を訪ねたり、災害に見舞われた人々を慰問したりする旅をつづけてこられました。

「私が天皇の位についてから、ほぼ28年、この間私は（中略）国民統合の象徴としての役割を果たすためには、天皇が国民に、天皇という象徴の立場への理解を求めると共に、天皇もまた、自らのありように深く心し、国民に対する理解を深め、常に国民と共にある自覚を自らの内に育てる必要を感じて来ました。こうした意味において、日本の各地、とりわけ遠隔の地や島々への旅も、私は天皇の象徴的行為として、大切なものと感じて来ました。皇太子の時代も含め、これまで私が皇后と共に行って来たほぼ全国に及ぶ旅は、国内のどこにおいても、その地域を愛し、その共同体を地道に支える市井《しせい》の人々のあることを私に認識させ、私がこの認識をもって、天皇として大切な、国民を思い、国民のために祈るという務めを、人々への深い信頼と敬愛をもってなし得たことは、幸せなことでした」（同）

天皇の各地への訪問は、いわゆる「ご公務」にあたる行為で、必ず行わねばならないことではありません。しかし、それによって天皇は「国民統合の象徴」になったことを明確に述べられています。

そして天皇は「既に80を越え（中略）これまでのように、全身全霊をもって象徴の務めを果たしていくことが、難しくなるのではないかと案じています」と語って譲位《じょうい》の意向を示されました。それが国民の圧倒的な支持を受けたことによって皇室典範《こうしつてんぱん》の特例法が国会で議決され、平成31年（２０１９）年４月30日に退位、５月１日に新天皇の即位という日程が閣議で決定されたのでした。

本書では古代から現代までの天皇の歴史をたどってきましたが、いつの時代にも、古代の大和国家以来の皇統をうけつぐ天皇が存在しつづけたことは他国に例のない日本の歴史と文化の特質です。とはいえ、天皇の性格は時代とともに大きく変化してきました。

とりわけ明治以来の近代国家の天皇は、それ以前とは様変わりした姿を見せました。その後、現代の天皇は「はじめに」にも記されているように日本国憲法第九条の「戦争放棄」条項と不可分の象徴天皇として再出発しました。そして、日本の国の状況が大きく変化している今、天皇と皇室のありかたが改めて国民に問われています。とりわけ、日本の国民や居住者に他国・他民族をルーツにもつ人が増えていくなかで、「日本国民統合の象徴」としての天皇のありかたは、どうあるべきなのでしょうか。その点で平成29年9月に私的ご旅行で天皇・皇后が埼玉県の高麗《こま》神社に参拝し、桓武天皇の生母が百済《くだら》系の子孫だと『続日本紀《しょくにほんぎ》』に記されていることから韓国とのゆかりを感じると述べられたことには重要なメッセージが込められていると思われます。

　今後の天皇と皇室は、ボーダーレス化する国際社会において平和と共生の象徴であることを求められるからです。

◉参考文献

大津亨・他著「天皇の歴史」（全10巻）講談社２０１１
笠原英彦著『歴代天皇総覧』中央公論新社２００１
『天皇の本　日本の霊的根源と封印の秘史を探る』学習研究社１９９８
『歴代天皇全史　万世一系を彩る君臨の血脈』学習研究社２００３
吉野裕子著『天皇の祭り』講談社２０００
和田翠著『日本古代の儀礼と祭祀・信仰』塙書房１９９５
古瀬奈津子著『シリーズ日本古代史６ 摂関政治』岩波書店２０１１
保立道久著『平安王朝』岩波書店１９９６
渡邊大門著『戦国の貧乏天皇』柏書房２０１２
宮内庁編『孝明天皇紀』（全5巻）平安神宮１９６７〜１９６９
家近良樹著『幕末の朝廷　若き孝明帝と鷹司関白』中央公論新社２００７
飛鳥井雅道著『明治大帝』講談社２００２
宮内庁編『明治天皇紀』（全12巻）吉川弘文館１９６８〜１９７５
原武史著『大正天皇』朝日新聞社２０００
保阪正康著『ナショナリズムの昭和』幻戯書房２０１６
保阪正康著『昭和天皇』中央公論新社２００５
矢部宏治・須田慎太郎著『戦争をしない国　明仁天皇のメッセージ』小学館２０１５
宮内庁編『昭和天皇実録』（1〜15巻）東京書籍２０１５〜２０１７
久能靖著『天皇の祈りと宮中祭祀』勉誠出版２０１３

◉索引

数字は、該当の語句がある項目の見出しページを示す。

監修

山折哲雄（やまおり・てつお）

1931 年生まれ。宗教学者。東北大学文学部印度哲学科卒業。同大学文学部助教授、国立歴史民俗博物館教授、国際日本文化研究センター教授、同センター所長などを歴任。著書は『死者と先祖の話』『勿体なや祖師は紙衣の九十年 - 大谷句仏』『「ひとり」の哲学』『空海の企て』『天皇の宮中祭祀と日本人』『天皇と日本人』など多数。

著

大角　修（おおかど・おさむ）

1949 年生まれ。東北大学文学部宗教学科卒業。地人館代表。著書は『天皇家のお葬式』『平城京全史解読』『全品現代語訳　法華経』など多数。

インフォビジュアル研究所

2007 年より代表の大嶋賢洋を中心に、編集、デザイン、CG スタッフにより活動を開始。これまで多数のビジュアル・コンテンツを編集・制作・出版。主なものに『イラスト図解　イスラム世界』(日東書院本社)、『超図解　一番わかりやすいギリスト教入門』(東洋経済新報社)、『図解でわかる　ホモ・サピエンスの秘密』『図解でわかる　14 歳からのお金の説明書』『図解でわかる　14 歳から知っておく AI』(ともに太田出版) がある。

企画・図版構成……大嶋 賢洋
イラスト・図版制作……高田 寛務
DTP 制作……佐藤修久 (地人館)
校正……鴎来堂
本文執筆……大角　修
カバーデザイン……河野 謙
人物イラスト……二都呂 太郎

図解でわかる
14 歳からの天皇と皇室入門

2018 年 4 月 18 日 初版第 1 刷発行

監修 山折哲雄
著者 大角修／インフォビジュアル研究所

発行人 岡 聡
発行所 株式会社太田出版
〒 160-8571 東京都新宿区愛住町 22 第三山田ビル 4 階
Tel03-3359-6262 Fax03-3359-0040
http://ohtabooks.com
印刷・製本 株式会社シナノパブリッシングプレス

ISBN978-4-7783-1624-2 C0030